»EBEN KOMME ICH VON HAYDN . . .«

»EBEN KOMME ICH VON HAYDN ...«

Georg August Griesingers Korrespondenz
mit Joseph Haydns Verleger Breitkopf & Härtel
1799–1819

Herausgegeben und kommentiert
von Otto Biba

Atlantis Musikbuch-Verlag

Umschlag: Heinz Unternährer, Zürich
Druck: Kösel, Kempten
Printed in Germany
ISBN 3-254-00130-3

VORWORT

So wichtig literarische wie dokumentarische Biographien auch sind, die unmittelbarste Kenntnis einer historischen Persönlichkeit ermöglicht doch die Lektüre ihrer Briefe. Freilich ist diese Kenntnis zwangsläufig meist unvollständig, weil vom Zweck und Inhalt der Briefe sowie von der Stellung des Korrespondenzpartners zum Schreiber abhängig.

Einen besonderen Glücksfall stellt es allerdings dar, wenn eine historische Persönlichkeit nicht nur in ihren Briefen, sondern auch in einer sie betreffenden Korrespondenz studiert werden kann. Einerseits vermittelt eine solche Korrespondenz die Beobachtungen, Eindrücke und Erlebnisse eines Augenzeugen, so daß der Leser vermeint, unmittelbar an ihnen teilzunehmen, und sie bemüht sich andererseits, ein so umfassendes Bild zu liefern, wie es in persönlicher Korrespondenz nie der Fall sein könnte.

In den letzten zehn Lebensjahren Joseph Haydns korrespondierten über ihn *Georg August Griesinger,* Hofmeister im Hause des kursächsischen außerordentlichen Gesandten und bevollmächtigten Ministers am Wiener Hof und später Legationssekretär der kursächsischen Gesandtschaft in Wien, mit *Gottfried Christoph Härtel,* Eigentümer des renommierten Leipziger Verlagshauses Breitkopf & Härtel. Mit diesem regen

Briefwechsel sollte Haydn weder ein biographisches Denkmal gesetzt noch für ihn eine biographische Quelle geschaffen werden. Härtel ging es vielmehr darum, Werke des damals wohl berühmtesten Komponisten Europas für seinen Verlag zu gewinnen. Er benötigte daher einen – wie man heute sagen würde – Agenten, der das Vertrauen Haydns besaß, der ihn laufend über den Komponisten und sein Schaffen informieren und der in seinem Auftrag auch mit Haydn verhandeln konnte.

Die Nachrichten über Haydn sind das hauptsächliche Thema von Griesingers Briefen. Bald erwachte aber auch das Interesse Härtels an Beethoven, so daß Griesinger auch zu diesem zur Mittelsperson wurde. Gut stand Griesinger ferner mit Wolfgang Amadeus Mozarts Witwe Konstanze, zu der er ebenfalls einen Verlagskontakt herstellte. Griesinger war der erste, der versuchte, mit ihr Mozarts Begräbnisstätte zu eruieren. Als Klavierhändler bemühte sich Härtel um den Vertrieb von Wiener Flügeln in Leipzig; auch die dafür notwendigen Kontakte zu Wiener Instrumentenbauern knüpfte und pflegte Griesinger. Alle die genannten Persönlichkeiten waren von Griesinger natürlich nicht isoliert, sondern mit ihrer Tätigkeit vor dem Hintergrund des Wiener Musiklebens zu betrachten, über dessen wichtigste Neuigkeiten Härtel ebenfalls unterrichtet sein wollte. Somit vermitteln unsere Briefe über alle biographischen Details hinaus ein farbenreiches Bild jener wichtigen Epoche der Wiener Musikgeschichte.

Wir besitzen nicht viele Augenzeugenberichte über die in jene Jahre fallenden Ereignisse, die Musikgeschichte gemacht haben. Griesingers Briefe können aber – besonders im Hinblick auf Details des musikalischen Alltags – nicht nur Lücken füllen, sondern sie zeichnen sich überdies auch dadurch aus, daß sie ohne jede Schönfärberei den Eindruck und die Erfahrungen eines musikalisch versierten Beobachters wiedergeben, der einem interessierten und vertrauten Partner erzählt und nicht literarische Berichte für die Öffentlichkeit oder die Nachwelt schreibt.

Griesinger hat die Uraufführung von Haydns »Jahreszeiten« miterlebt und die von Beethovens »Eroica« kommentiert; mit der Lektüre seiner Briefe nehmen auch wir daran teil. Er hat die Vorbereitungen des ersten öffentlichen Auftritts von W. A. Mozart-Sohn beobachtet, das Konzert besucht und sich seine Gedanken darüber gemacht, ob der Knabe wirklich künstlerischer Nachfolger seines Vaters werden könne. Wir wissen heute rückblickend, daß der damals kaum Vierzehnjährige die Hoffnungen, die er weckte, und die künstlerischen Versprechen, die er als Komponist und Pianist machte, schließlich doch nicht einhalten konnte. Griesingers Briefe geben aber nicht nur unmittelbare Eindrücke von den Persönlichkeiten, die wir heute in erster Linie mit dem Musikleben jener Jahre assoziieren, sondern auch von der Struktur und Organisation dieses Musiklebens.

Griesinger verkehrte in den Musikalischen Salons, jenen halböffentlichen Musikveranstaltungen, die damals wichtigster Faktor der Musik-Rezeption waren. Sie waren eine Art Hausmusikpflege der bürgerlichen wie adeligen Gesellschaft, die regelmäßig zu festgesetzten, gleichbleibenden Zeiten stattfand und zu der Freunde des Hauses und meist auch von diesen eingeführte oder sonstwie legitimierte Fremde Zutritt fanden. Es musizierten dort Berufsmusiker und Dilettanten – allerdings Dilettanten im damaligen Sinne des Wortes, also ausgebildete Musiker, die aber mit der Musik nicht ihren Lebensunterhalt verdienten, sondern sie aus Freude daran auf einem beachtenswertem Niveau betrieben. Für den Musikalischen Salon – so genannt nach dem Ort, an dem musiziert wurde, und nach dem Grund, warum man sich dort traf, aber auch so genannt als ein Begriff für eine Form des Musizierens und Darbietens von Musik – und für die Hausmusikpflege im engeren, privaten Sinne haben die Komponisten ihre Klavier-, Kammermusikwerke und Lieder komponiert. Hier war auch der Kundenkreis, für den die Verleger diese Werke publizierten.

Denn Kammerkonzerte, Klavier- und Liederabende, wie wir sie heute gewohnt sind, gab es damals noch nicht. Die Programme öffentlicher Konzerte waren ebenso umfangreich wie gemischt. Traten Instrumental- oder Vokalsolisten in Konzerten oder als Veranstalter eines Konzertes auf, so wollten ja mußten sie in erster Linie mit technischem Können brillieren. Die Veranstalter von Konzerten waren neben den Interpreten hauptsächlich die Komponisten. Professionelle Konzertveranstalter kannte man damals noch nicht. Von frühen Versuchen, Abonnementskonzerte auf einer Art vereinsmäßiger Basis zu organisieren, lesen wir ebenfalls in Griesingers Briefen: von den noch relativ exklusiven, aber jedenfalls einige Zeit funktionierenden Konzerten der Associierten Cavaliers und von Plänen für eine auf breiterer Basis zu organisierenden Konzertreihe, die allerdings nicht realisiert werden konnte. Erst mit der Gründung der »Gesellschaft der Musikfreunde« in Wien im Jahre 1812 waren endlich die Voraussetzungen für eine kontinuierliche Veranstaltungsreihe von Abonnementkonzerten geschaffen.

In Wien gab es damals noch kein stehendes Orchester für Konzerte. Orchester fand man an Theatern für die Aufführung von Opern, Singspielen, Schauspielmusiken und Zwischenaktmusiken. An den spielfreien Tagen konnten die Orchestermitglieder von Konzertveranstaltern – also in erster Linie von Interpreten und Komponisten – engagiert werden. Die Theater ließen sich für Konzerte mieten, die aber auch in Sälen verschiedener Art (im Sommer eventuell auch im Freien) stattfanden; einen eigentlichen Konzertsaal gab es in Wien ebenfalls noch nicht. Die einzelnen Mitglieder der Theaterorchester, also die einzigen berufsmäßigen Orchestermusiker, fanden immer genügend Möglichkeiten, um bezahlten oder unbezahlten Nebenbeschäftigungen nachzugehen – nicht zuletzt in den Musikalischen Salons. In einigen Salons wurde auch Orchestermusik gespielt. Daß es im Repertoire und in den Aufführungsmöglichkeiten keine Standesunterschiede gab, belegt Griesinger mit seinem Bericht über die erste und zweite Aufführung von Beethovens »Eroica«, die im Winterhalbjahr 1804/05 bei Franz Joseph Maximilian Fürst von Lobkowitz, Herzog zu Raudnitz, und bei dem – geadelten – Großhändler Joseph von Würth stattfanden. Beide haben für ihre »Akademien« genannten Hauskonzerte Orchester aus Berufsmusikern und Dilettanten (im oben erläuterten Sinn) zusammengestellt, die wir uns nicht zu klein vorstellen dürfen. Die Zeit der eigentlichen Adelskapellen war schon lange vorbei. Der letzte, der sich eine solche halten konnte, war Nikolaus II. Fürst von Esterházy de Galantha; wir gehen wohl nicht fehl mit der Annahme, daß – abgesehen von der Musikliebe des Fürsten – nicht zuletzt Haydns Name und Ruf die Auflösung dieser Kapelle verhindert haben. In den anderen Adelshäusern gab es bestenfalls fest besoldete Kammer- oder Harmoniemusikensembles, öfter allerdings einen Musikunterricht erteilenden Musiker, der auch eine besondere musikalische Vertrauensstellung bekleidete. Bei Griesinger lernen wir in einer solchen Funktion *Giacomo Conti* im Haus des Grafen Moritz Fries kennen.

Warum damals die Blütezeit der Adelskapellen vorbei war, ist mit den wirtschaftlichen und politischen Schwierigkeiten zu erklären, die den Adel zu Sparmaßnahmen veranlaßten. Auch davon erfahren wir aus Griesingers Briefen, zusammen mit vielen wertvollen Details. Die letzten Endes zum Staatsbankrott führende Inflation, die Zurücklegung der römischen Kaiserwürde durch Kaiser Franz II., seine Annahme der österreichischen Kaiserwürde als Franz I., die glücklichen und unglücklichen Schlachten gegen Napoleon, die zweimalige Besetzung Wiens durch französische Truppen, die Neuordnung Europas durch den Wiener Kongreß – alles das hat jene Jahre geprägt, aus denen diese Korrespondenz stammt, und von all dem handelt sie.

Ein nicht nur wirtschaftlich bedingter soziologischer Wandel, das erstarkte Selbstbewußtsein des Bürgertums und ein neues gesellschaftliches Leben des Adels haben auch ihre Auswirkungen auf die Musik gehabt. Alle musikalischen Gattungen waren nun für alle Schichten der Bevölkerung interessant. Sogar die Kirchenmusik blieb nun nicht mehr ein Spezialgebiet für von der Kirche besoldete Musiker, weil die katholische Kirche – ebenso wie der Adel durch gesellschaftlichen Wandel, durch Reformen und kriegsbedingte Steuerlasten wirtschaftlich lange nicht mehr so mächtig wie früher – nicht mehr alleine von sich aus für die Kirchenmusik sorgen konnte. Kräfte aus der Gemeinde, sogenannte Dilettanten und hier nebenbeschäftigte Theatermusiker begannen sich ihrer anzunehmen; andererseits wurde katholische Kirchenmusik nun auch als Programmbeiträge in Konzerten und zu musikalischen Studienzwecken verwendet. Für den Verleger, der den Beginn dieses Wandels rechtzeitig bemerkt hatte, wurde nun plötzlich die Publikation von Kirchenmusik interessant und auf lange Sicht zu einem Geschäft. Klavierauszüge von Opern und Oratorien hingegen brachten ihm nicht nur lang-, sondern auch schon kurzfristig finanzielle Erfolge, weil das Interesse daran in den Kreisen des privaten Musizierens, der Hausmusik und des Musikalischen Salons sich rasant entwickelt und einen enormen Umfang angenommen hatte. Die Oper trat in Klavierauszügen aus dem Theater zum Publikum, das sich mit ihr nun auch auf diese Weise auseinandersetzte; dasselbe gilt für das Oratorium. Die Diskussion um die Anfertigung und Publikation von Klavierauszügen, ihre Qualität und ihre Bezahlung, aber auch um die Publikation von Kirchenmusik, nimmt in Griesingers Korrespondenz einen vorrangigen Platz ein.

Ferner gab es in dieser Zeit auch die ersten Ansätze zu einer Art von musikalischem Historismus und zu einem enzyklopädischen Denken im musikalischen Repertoire. Bei Interpreten wie Publikum – damals noch eine kaum ganz zu trennende Interessengruppe – war nun nicht mehr nur das Neueste und das nach persönlichem Empfinden Gefälligste interessant. Wir erfahren von Joseph Sonnleithners Projekt einer historischen Beispielsammlung zur Musik, dem bezeichnenderweise der alte Haydn skeptisch bis negativ gegenüberstand, von – wenn auch oft noch bearbeiteten – Ausgaben Händelscher und Bachscher Werke und von sogenannten Gesamtausgaben einzelner Werkgruppen Mozarts und Haydns. Denn wer etwa an einigen Klaviersonaten Mozarts oder Haydns Gefallen gefunden hatte, sollte die Möglichkeit haben – und wollte diese nutzen – möglichst alle derartigen Werke dieses Komponisten zu erwerben und zu spielen. Und wer sich nicht mehr nur aus künstlerischer Neugierde mit der neuesten musikalischen Entwicklung und Mode auseinandersetzte, sondern anhand früherer Werke nunmehr anerkannter Komponisten auch den Weg dazu kennenlernen wollte, für den wurden auch Vorläufer dieser Meister aus einer anderen Stilepoche interessant. Kurz, wer an Haydns Oratorien Gefallen fand, war für den Verleger Gottfried Christoph Härtel nunmehr auch ein potentieller Abnehmer von Mozarts Bearbeitungen Händelscher Oratorien oder gar unbearbeiteter Oratorien Händels. Das konnte auch Joseph Haydn, obgleich noch aus einer anderen Epoche der Musikrezeption stammend, nachvollziehen, und er unterstützte deshalb Härtels Interessen. Daß aber ein Verleger auch Klavierwerke Bachs druckte, mußte Haydn – wie wir von Griesinger erfahren – geschäftlich absolut unrentabel erscheinen. Haydn hat solche Werke in Abschrift besessen und studiert, er selbst hat den stilistischen und musikalischen Wandel dieser Jahre mitgeprägt, aber an diesem Detail erkennen wir, daß selbst ein so progressiver, an diesem Wandel Anteil nehmender und immer auch wirtschaftlich denkender Musiker wie Joseph Haydn gar nicht mehr absehen konnte, wieviel sich in diesen Jahren im Musikleben wirklich änderte.

Schließlich liefert uns Griesinger auch instruktive Beispiele für ein damals beginnendes Bemühen um eine Art von Urheberrecht und dessen Schutz. Haydn selbst hat lange unter dessen Fehlen gelitten, dieses Fehlen aber auch ausgenützt. Nachdrucke haben seinen Verlegern zu schaffen gemacht und ihn um höhere oder mehr Honorare gebracht; dafür hat er manche Werke auch mehrmals an verschiedene Verleger verkauft. Nun war er als alter Mann besonders vorsichtig; seine letzten Werke wollte er zu möglichst hohen Honoraren verkaufen und sich wie seine Verleger vor Nachdrucken gesichert wissen. Illegale Publikationen konnte er aber noch genauso wenig verhindern wie Beethoven oder deren beider Verleger Härtel. Mit welchen Methoden für und gegen diese Nachdrucke gearbeitet wurde, wieviel Mißtrauen und Vorsicht auf allen Seiten bestand, ist ein weiteres stets wiederkehrendes Thema in Griesingers Korrespondenz. Kompositionen waren zu einer Handelsware geworden; eigene Werke gedruckt zu sehen, war nicht mehr Ehre, sondern Geschäft. Langsam begann sich die Möglichkeit abzuzeichnen, als Komponist von seinen Werken zu leben – und nicht von Einkünften aus einer musikalischen Position, die nebenbei das Komponieren verlangte oder ermöglichte.

Bevor man sich Griesingers Briefen im Detail widmen kann – jene Härtels sind verschollen – müssen die beiden Korrespondenzpartner kurz vorgestellt werden.

Georg August Griesinger stammte aus Württemberg. Er wurde am 8. Januar 1769 in Stuttgart geboren, studierte in Tübingen Theologie, fühlte sich aber nicht zur geistlichen Laufbahn hingezogen. Nach Abschluß des Studiums führte ihn eine Reise nach Wien, wo er – worauf er im Alter gerne und mit Stolz hinwies – am 30. September 1791 der Uraufführung von Mozarts »Zauberflöte« beiwohnte. Kurz danach ging er als Erzieher zu einem Seigneur de Montrichy-Lully nach Morges am Genfersee. Fünfeinhalb Jahre blieb er in dieser Position. Im Frühjahr 1797 zog Griesinger mit zwei jungen Adeligen aus der französischen Schweiz nach Leipzig und ließ sich mit diesen an der dortigen Universität immatrikulieren. Er hatte sie während ihrer Auslandsstudien zu beaufsichtigen und zu betreuen, nützte die Gelegenheit aber auch, um ihm interessant erscheinende Lehrveranstaltungen selbst zu inskribieren, freilich ohne irgendeinen weiteren Studienabschluß – er war ja Magister der (evangelischen) Theologie – anzustreben. Zwei Jahre später, im Frühjahr 1799, erhielt er wieder ein Angebot in die französische Schweiz, er entschied sich aber für Wien, wo er nun während sechs Jahren Ludwig Johann Heinrich, den ältesten Sohn des Grafen Johann Hilmar Adolph von Schönfeld erziehen und unterrichten sollte. Neben dieser Tätigkeit als Hofmeister im Hause des kursächsischen außerordentlichen Gesandten und bevollmächtigten Ministers am Wiener Kaiserhof fand Griesinger Zeit und Gelegenheit, als politischer Korrespondent für zwei auswärtige Zeitungen und im geschilderten Sinne als inoffizieller Vertreter für das Verlagshaus Breitkopf & Härtel zu fungieren, sowie auch immer wieder die in diesem Verlag erscheinende »Allgemeine

Musikalische Zeitung« mit Meldungen zu versorgen.

Wien wurde zu Griesingers zweiter Heimat. Lediglich die Sommermonate verbrachte er mit der gräflichen Familie auf dem in deren Besitz befindlichen Gut Störmthal bei Leipzig. Anfang Januar 1802 lesen wir in einem seiner Briefe, daß ihn das Württembergische Konsistorium zur Übernahme einer Pfarre berufen habe, doch lehnte er dies ebenso ab wie im Juli 1802 ein wegen der höheren Entlöhnung verlockendes Engagement als Hofmeister in die französische Schweiz. Als im März 1804 der Legationssekretär der kursächsischen Gesandtschaft in Wien von einem Schlaganfall getroffen wurde, bat man Griesinger kurzfristig, ihn zu vertreten. Er überlegte sich den Übertritt in den diplomatischen Dienst und wurde schließlich im Oktober 1804 zum Legationssekretär bestellt. Fünf freie Tage in der Woche gaben ihm nun noch mehr Zeit, sich seinen musikalischen und kulturellen Interessen zu widmen. Nach der Pensionierung des Grafen von Schönfeld avancierte Griesinger zum Legationsrat, und wenn auch in den folgenden Jahren die Gesandten wechselten, Griesinger blieb Angehöriger der sächsischen Gesandtschaft in Wien; interimistisch war er auch mit dem Amt des Geschäftsträgers betraut. Als sich im Oktober 1813 nach der sogenannten Völkerschlacht bei Leipzig Friedrich August von Sachsen – vormals Parteigänger Napoleons – nach Berlin in Gefangenschaft begeben mußte, wurde Griesinger wenig später von Wien abberufen und nach Berlin beordert. Dort hörte er Vorlesungen an der Universität, blieb aber während seines ganzen knapp einjährigen Aufenthaltes in Berlin voll Sehnsucht nach Wien. »Wie glücklich will ich mich preisen, wenn ich wieder den Stephansturm sehen werde!« schrieb er an Härtel. Die folgenden Jahre brachten Griesinger einen kontinuierlichen Aufstieg im diplomatischen Dienst. Im August 1819 wurde er in den erblichen Adelsstand erhoben und 1828 zum Geheimen Legationsrat ernannt; seit 1831 vertrat er neben seiner Tätigkeit für den Dresdner Hof als Großherzoglich Sachsen-Weimarischer Geschäftsträger auch den Weimarer Hof in Wien. Am 9. April 1845 ist Griesinger in Wien verstorben. Seine 1823 mit der Sängerin Maria von Lagusius geschlossene Ehe blieb kinderlos.

*

Der am 27. Januar 1763 in Schneeberg im Erzgebirge geborene Gottfried Christoph Härtel trat 1795 als Kompagnon in das traditionsreiche Leipziger Verlagshaus Breitkopf ein, das unter der Leitung von Johann Gottlob Immanuel Breitkopf (1719–1794) zu einem der wichtigsten Musikverlage im deutschen Sprachraum geworden war. Mit dessen Sohn und Nachfolger Christoph Gottlob Breitkopf (1750–1800) schloß Härtel aber schon 1796 einen geheimen Kaufvertrag. Kurz vor seinem Tod setzte ihn der kinderlos gebliebene Breitkopf – sicherlich auch dankbar dafür, daß ihn Härtel nach außen hin immer noch als Kompagnon hatte gelten lassen – zu seinem Universalerben ein. Härtel hatte einen Verlag mit gutem Ruf, aber beträchtlichen wirtschaftlichen Schwierigkeiten gekauft. Diese überwand er mit neuartigen Projekten und großzügigen Initiativen, die von bemerkenswerter unternehmerischer Risikobereitschaft und einer sicheren Einschätzung des Marktes getragen waren. 1798 begründete er die »Allgemeine Musikalische Zeitung«, die erste Musikzeitschrift von Rang im deutschen Sprachraum. Im selben Jahr erschien der erste Band der »Œuvres complettes« von W. A. Mozart, denen 1799 eine gleiche Reihe für Joseph Haydn folgte. Beide Reihen waren freilich keine wirklichen Gesamtausgaben, doch soll man das nicht kleinlich bekritteln, sondern den Mut eines derartigen damals ebenso neuen wie zukunftsweisenden Publikationsvorhabens bewundern. Härtel war ein scharf kalkulierender Unternehmer, der laufend an einer Verbesserung der Druckmöglichkeiten für Musikalien interessiert war, da ihm die Rentabilität des Druckes ebenso am Herzen lag wie dessen Qualität. Um ihm wichtig erscheinende Autoren an seinen Verlag zu binden oder um bedeutende Werke für seinen Verlag zur Publikation zu erhalten, bezahlte er hohe Honorare. Seit 1802 beschäftigte Härtel auch der Handel mit Klavierinstrumenten; 1807 begann er mit deren Produktion. Am 25. Juli 1827 ist Gottfried Christoph Härtel auf seinem Gut Cotta bei Leipzig verstorben.

Obwohl ursprünglich wissenschaftlich ausgebildet, war Härtel zu einem Unternehmer im durchaus modernen Sinn geworden, wie ihn das Musikverlagswesen bis dahin nicht gekannt hatte. So muß es nicht verwundern, daß er die Notwendigkeit sah, in Wien, dem damaligen musikalischen Zentrum Europas, mit einem vertrauenswürdigen Vertreter präsent zu sein. Er wollte nicht – wie bisher üblich – auf die Angebote der Komponisten warten, sondern über ihr Schaffen informiert sein, im Entstehen begriffene, interessant scheinende Werke noch vor ihrer Fertigstellung für seinen Verlag erwerben, um damit die Konkurrenz auszuschalten, und er wollte bei den Komponisten auch Werke anregen. Für all dies war ihm Griesinger, den er wohl in Leipzig kennengelernt hatte – vielleicht war dort auch schon Griesingers Tätigkeit für Breitkopf & Härtel in Wien besprochen worden –, ein idealer Partner. Es ist müßig, die Frage zu stellen, ob Griesinger von Härtel entlöhnt oder belohnt wurde, ob Griesingers Wirken Freundschaftsdienst oder Auftrag war oder ob es Griesinger ganz einfach nur Freude machte, mit dem renommierten Verlagshaus im Rükken musikalische Kontakte zu knüpfen und zu pflegen. – Seine Briefe sagen über diese Fragen nichts aus.

Georg August Griesingers Name ist heute vor allem wegen seiner 1809 in den Nummern 41 bis 49 der »Allgemeinen Musikalischen Zeitung« und 1810 in selbständiger Buchform erschienenen »Biographischen Notizen über Joseph Haydn« ein Begriff. Seine Korrespondenz mit Härtel wurde von einigen Haydn-Biographen in geringen – überdies oft denselben – Auszügen zitiert und in ebensolchen fragmentarischen Auszügen auch von einigen wenigen anderen Autoren herangezogen. Mit der Vernichtung eines wesentlichen Teils des Verlagsarchives von Breitkopf & Härtel im Zweiten Weltkrieg gingen Griesingers 193 dort erhalten gewesene Briefe verloren. Ein von *Carl Ferdinand Pohl* 1882 angelegtes umfangreiches Exzerpt aus dieser Korrespondenz, das im Archiv der »Gesellschaft der Musikfreunde« in Wien aufbewahrt ist und hier erstmals veröffentlicht wird, bringt uns 126 dieser Briefe ganz oder teilweise zur Kenntnis. Mit (leider oft nur kleinen oder regestenartigen) Exzerpten anderer Autoren können in der vorliegenden Ausgabe insgesamt 178 Briefe Griesingers zur Kenntnis gebracht werden. Damit läßt sich der Verlust der Korrespondenz nicht beheben, aber diese einzigartige Quelle wird nun endlich und in der heute größtmöglichen Vollständigkeit zugänglich gemacht. Sie bietet – zu ihrem größeren Teil erstmals publiziert – dem interessierten Musikfreund einen unmittelbaren Einblick in die Umwelt des alten Haydn und des jungen Beethoven, dem Fachmann aber zahlreiche neue Details, die unsere bisherigen Kenntnisse vertiefen, erweitern und richtigstellen können. In diesem Sinne will die vorliegende Publikation gelesen und benützt werden.

Dr. Otto Biba
Direktor von Archiv und Sammlungen der Gesellschaft der Musikfreunde in Wien

DIE BRIEFE

Wien, 18. Mai 1799

Theuerster Freund,
Ihren Brief vom 4ten May erhalte ich so eben und ich beeile mich, Sie durch die umgehende Post zu versichern, daß ich mir nur alle erdenkliche Mühe geben werde, Ihren Auftrag zu Ihrer Zufriedenheit zu besorgen. Sie verschaffen mir dadurch eine angenehme Gelegenheit, die Bekanntschaft eines der größten Tonkünstler zu machen und Ihnen einen geringen und mir garnicht beschwerlichen Dienst zu erweisen. Ich will Herrn Haydn morgen aufsuchen und Ihnen alsdann das Resultat unserer Unterredung aufs getreueste berichten.

Nach den fünf Tonkünstlern deren Namen Sie mir vor meiner Abreise aufschrieben, habe ich mich erkundigt; Kozeluch[1] wurde mir als purus-putus musicus geschildert, der unfähig sey, einen geordneten Aufsatz zu schreiben, die übrigen sind theils unbekannt, theils durch Lectionen, welche hier sehr gut bezahlt werden zu viel beschäftigt als daß sie noch Arbeiten übernehmen könnten. Einer meiner Landsleute, Streicher[2], der die Tochter des berühmten Instrumentenmachers Stein aus Augsburg zur Frau hat, und hier in gutem Credit steht, versprach mir Materialien zur Musicalischen Zeitung, die ich bearbeiten sollte. Der gute Mann ist aber auch mit Lectionen so überhäuft, daß er

1 Leopold Anton Koželuch (1747–1818), Kammer-Kapellmeister und Hofkompositor am Wiener Kaiserhof.

2 Johann Andreas Streicher (1761–1833), geboren in Stuttgart, Klavierlehrer und Klavierkomponist, seit 1794 mit Nannette Stein, Tochter des Augsburger Klavierbauers Johann Andreas Stein, vermählt, mit der er die Steinsche Werkstatt nach Wien verlegte.

sein Wort bis jetzt noch nicht halten konnte. Ich kam überhaupt zu einer Zeit hier an, wo fast alle reichen Leute auf ihre Landgüter gehen und nicht viele Concerte gegeben werden; daher sah ich auch noch nie mehrere Musiker vereiniget. Man sagte mir, daß die Wittwe Mozart[3] die Aechtheit der Anecdoten, welche in der Music-Zeitung stehen nicht verbürgen möchte. – Die Orchester in den Haupttheatern sind vortrefflich, doch schwerlich besser als in Prag. Kirchenmusiken gibt es hier seit Kaiser Joseph nicht mehr.[4] Halten Sie Ihr Wort und kommen Sie, wenn es möglich ist, noch diesen Sommer hierher. Sie werden in dieser ganz auf Sinnlichkeit berechneten Stadt manche Unterhaltung und Zerstreuung finden.

3 Konstanze Mozart (1763–1842), geb. Weber, seit 1809 verehelichte Nissen. Die erwähnten Anekdoten stehen in der Allgemeinen Musikalischen Zeitung, 1. Jg., Nr. 19, vom 6. Februar 1799, Spalte 289–291.

4 Die von Kaiser Joseph II. 1783 reglementierte und stark eingeschränkte Kirchenmusikpflege hat unter seinen Nachfolgern Leopold II. und Franz II. wieder zunehmen können. Für die Bevölkerung waren die erlaubten Möglichkeiten zu kirchenmusikalischen Produktionen freilich nur mehr ein Schatten dessen, was bis 1783 möglich und üblich war. So ist Griesingers übertriebene und in der Aussage nicht richtige Formulierung zu erklären.

5 Graf Ludwig Johann Heinrich von Schönfeld (1791–1828).

6 Am 12. März 1799 hat Frankreich Österreich den Krieg erklärt; es begann der sogenannte Zweite Koalitionskrieg. Im März und April haben in mehreren Schlachten im Bodenseeraum und in Oberitalien österreichische Truppen (am 27. April in der Schlacht bei Cassano gemeinsam mit den verbündeten Russen) die Franzosen geschlagen. Das Hofkriegsratsgebäude befand sich am Platz Am Hof, an der Ecke zur Bognergasse.

7 Haydn hat 1793 in der Vorstadt Gumpendorf das in der Unteren Steingasse gelegene Haus Nr. 71 gekauft. Bei einer 1795 durchgeführten neuen Häuserzählung erhielt es die Nummer Gumpendorf 73. Die Adresse des erhaltenen und als Museum eingerichteten Hauses lautet heute: Wien VI, Haydngasse 19.

Mir ist der Anblick einer so großen Volk- und Steinmasse noch neu und in mancher Rücksicht sehr anziehend. Mit meiner häuslichen Lage bin ich im Ganzen sehr zufrieden; mein Zögling[5] ist aber noch ein neunjähriges Kind, dem ich die ersten Anfangsgründe vorkauen muß, und der den ganzen Tag um mich ist. Wie viele Stunden schwinden mir unter kindischen Tändeleyen hin! Diese Beschwerden sind aber von meinem Stande unzertrennlich, und ich trage sie in Geduld. Vor einigen Tagen wurden sechs von den Franzosen und Cisalpinern erbeutete Fahnen auf der Kriegskanzley[6] ausgestellt. Dieses Schauspiel lockt eine ungeheure Menge Menschen herbey; alles jubelt über die erhaltenen Siege. Ein Courier, welcher heute ankam, brachte die Nachricht, daß die Engländer in Nizza, und die Kaiserlichen in Novi, Alexandria, Mayenfeld und Chur eingerückt sind. Morgen wird in der Stephanskirche ein Te Deum in Gegenwart des Kaisers und des ganzen Hofes gehalten.

Noch einmal. Was ich im Stande bin bey Haydn auszurichten, werde ich gewis thun. Nächstens ein mehreres, und unterdessen empfehle ich mich Ihrem freundschaftlichen Andenken.

Ihr ergebenster
Griesinger.

Wien, 25. Mai 1799

Theuerster Freund!
Nachdem ich Herrn Haydn mehremale in den äussersten Vorstädten[7] aufgesucht hatte, fand ich ihn endlich diesen Morgen. Ich trug ihm Ihr Anliegen vor und las

ihm zu mehrerer Bekräftigung den grössten Theil Ihres Briefs. Er schäme sich, sagte er mir, dass er Ihnen noch nicht geantwortet habe; er hoffe indessen, Sie würden es ihm als einen Mann von 67 Jahren, dem jeder Augenblick kostbar ist verzeihen. Die von Ihnen projektirte Ausgabe seiner Claviercompositionen[8] hat seinen ganzen Beyfall und ich habe den bestimmtesten Auftrag, Sie seiner vollkommensten Genehmigung zu versichern. Da schon vieles unter seinem Namen herausgekommen ist, wovon er nicht Verfasser ist, so wünschte er von Ihnen das Verzeichniss der Compositionen zu erhalten, welche gedruckt werden sollen. Er selbst besitze die Originale nicht mehr, in seiner Jugend habe er seine meisten Partituren verschenkt.

Unmöglich sey es ihm, drey neue Sonaten zu ver-

[8] Zwischen Dezember 1799 und Dezember 1806 erschienen im Verlag Breitkopf & Härtel zwölf Bände *Oeuvres Complettes de Joseph Haydn,* die Klaviermusik, Klaviertrios, Sonaten für Klavier und Violine sowie Vokalmusik mit Klavierbegleitung enthalten.

[9] 1798 begann im Verlag Breitkopf & Härtel eine Serie *Oeuvres Complettes de Wolfgang Amadeus Mozart* zu erscheinen; die ersten, 1798 und 1799 erschienenen Bände enthielten Klaviermusik, Violinsonaten und Lieder mit Klavierbegleitung.

[10] Joseph Sonnleithner (1765–1835) plante die Edition einer *Geschichte der Musik in Denkmälern,* für die er als Mitarbeiter Johann Nikolaus Forkel, Joseph Haydn, der schon in seinem Vaterhaus freundschaftlich verkehrte, Johann Georg Albrechtsberger und Antonio Salieri gewann. Um die Publikation zu bewerkstelligen, beteiligte er sich 1801 an der Gründung des Kunst- und Industrie-Comptoirs (Bureau des Arts et d'Industrie) in Wien. Nachdem dort der erste Band dieser Denkmäler-Reihe gestochen war, wurden dessen 270 Stichplatten von den französischen Truppen, die 1805 Wien besetzt hatten, beschlagnahmt und zu Munition umgeschmolzen. Die erhalten gewesenen Korrekturabzüge sind seit dem Zweiten Weltkrieg verschollen. Warum Haydn Griesinger gegenüber von diesem Publikationsprojekt so negativ spricht, ist nicht ganz verständlich.

sprechen, da er von Geschäften überhäuft sey und noch alte Bestellungen für die Kaiserin, den Prinzen Esterhazy, und viele andere reiche Wiener zu besorgen habe. Seit fünf Jahren habe er auch einen Vertrag mit Englischen Verlegern die ihm für drey Sonaten fünf und siebenzig Pfund Sterling bezahlen; den Engländern verdanke er überhaupt sehr viel, denn erst seitdem er aus England zurückgekommen sey, habe man angefangen, in Deutschland auf ihn zu halten. Vielleicht willigen einige Privatpersonen, denen er neue Arbeiten versprochen habe, ein, dass er dieselben Ihnen zum Druck mittheile; er wolle einen Versuch machen, und es werde ihm sehr angenehm seyn, wenn er Ihnen damit einen Dienst erweisen könne.

Ihre Ausgabe von Mozarts Werken[9] habe ihm sehr gefallen, und ich solle Ihnen seine Danksagung für die ihm überschickten Hefte machen.

Kürzlich sey ein gewisser Sonnleitner[10] (oder Sonnenleiter) von hier abgereist, der ohne Zweifel nächstens nach Leipzig kommen werde, und Pränumeration auf eine Geschichte der Musik fordre, worin auch seine Werke (nemlich Haydns) erscheinen sollen. Er halte dieses Unternehmen für eine Beutelschneiderey, und sey versichert, dass es nicht zu Stande komme; aus Gefälligkeit gegen einige gute Freunde habe er sich nicht widersetzen wollen. Sie sollen sich durch diese Concurrenz nicht abschrecken lassen.

Dieses ist, verehrtester Freund, der Innhalt meiner Unterredung mit Haydn; er ist ein heiterer, noch wohl constituirter Mann, und für alle seine Collegen ein Muster von Bescheidenheit und Simplicität...

Wien, 12. Juni 1799

Wehrtester Freund!
Eben komme ich von Herrn Haydn, und ich beeile mich, Ihnen von meinem Besuche Rechenschafft abzulegen. Er ist mit der Ankündigung, wovon ich ihm das

[11] Am 5. Juni 1799 ist in der Nr. 36 des 1. Jahrgangs der Allgemeinen Musikalischen Zeitung (Intelligenzblatt XIV) eine Pränumerations-Anzeige für die *Oeuvres Complettes de Joseph Haydn* erschienen: »Wir glauben, den Wunsch aller Liebhaber vorzüglicher und besonders Haydn'scher Musik zu erfüllen, wenn wir ihnen eine vollständige, geschmackvolle und äußerst wohlfeile Ausgabe der sämmtlichen Werke dieses großen Mannes, und vorerst seiner Klavierkompositionen – in unserm Verlage, unter Zustimmung und Autorität des Verfassers selbst, ankündigen. Das so oft getäuschte Publikum hat hier durchaus nicht zu befürchten, daß irgend etwas in diese Sammlung aufgenommen werde, was nicht Haydn selbst noch jetzt für sein würdig und ächt erkennete... Übrigens hoffen wir, daß man diese unsre Ausgabe der Werke Haydn's mit einer andern von einem Herrn Lehmann in Leipzig vor kurzem angekündigten, nicht verwechseln werde...« Am 29. Juni 1799 erscheint die selbe Anzeige in der Allgemeinen Literatur Zeitung (Jena). Eine vierbändige Ausgabe von Haydnschen Klaviersonaten und Klaviertrios wird 1800/01 bei C. F. Lehmann in Leipzig publiziert.

[12] Ein Verleger oder Verlagsmitarbeiter dieses Namens ist nicht nachweisbar. Wahrscheinlich handelt es sich um eine Persönlichkeit, die – ähnlich wie Griesinger für Breitkopf & Härtel – für den Londoner Verlag Clementi and Broderip mit Haydn verhandelte. Eine Verwechslung mit Clementis Teilhaber Banger ist wohl auszuschließen.

[13] Vgl. Anmerkungen 12 und 32.

[14] Francesco Bartolozzi (1727–1815), königlicher Kupferstecher in London, gewann während Haydns erstem Londoner Aufenthalt dessen Freundschaft; Haydn war Trauzeuge für Bartolozzis Sohn und widmete dessen Gattin drei Klaviersonaten und drei Klaviertrios. Ein Bildnis Haydns nach einer verschollenen Miniatur von A. M. Ott hat Bartolozzi 1791 gestochen. Daß Bartolozzi ein Bildnis korrigiert habe, soll wohl heißen, daß sein Stich gegenüber der Vorlage dem Portraitierten ähnlicher geworden sei.

schriftliche Exemplar gab, vollkommen zufrieden, und er bemerkte besonders, dass Sie sehr wohl gethan haben, anzuhängen, dass man Ihre Ausgabe nicht mit der Lehmannschen verwechsle.[11] Herr Lehmann habe ihm kürzlich geschrieben, er werde ihm aber gar nicht antworten...

Sein Verleger in England ist ein Mister Bay[12], ein ziemlich unbedeutender Mann, wie Haydn sagt, der aber mit Clementi und Broderip[13] associrt ist. Sein Accord sey auf fünf Jahre eingerichtet, wovon jetzt drey vorüber seyen und Bay habe sich engagirt, alles, was aus seiner Feder komme, anzunehmen, auch den Preis für jeden Psalmen, Sonate und dergleichen mehr zum voraus festgesetzt. Wegen überhäufften Arbeiten habe er aber in den drey Jahren nur einige Quartette, und zwar ganz kürzlich, nach England geschickt. Bay dringe besonders auch auf Claviersonaten, er habe seinen Wunsch bis jetzt noch nicht erfüllen können.

Die Themen von seinen jüngsten Claviersonaten habe er nicht gleich bey der Hand, er wolle sie aber suchen. Über die Erklärung, dass Sie für drey neue Claviersonaten noch erkenntlicher seyn würden, als sein Englischer Verleger, schien er sich zu verwundern; ich zeigte ihm die Stelle Ihres Briefes, worauf er mir noch Einmal auftrug, Ihnen zu sagen, dass er sich zu nichts anheischig machen könne, dass er sich aber ein Vergnügen daraus mache, Ihnen eine Gefälligkeit zu erweisen, und dass, wenn er Musse fände, Sie den Vorzug vor allen andern haben sollten.

Haydn ist mit den Portraits, welche man im Publicum verkauft, nicht zufrieden; dreymal sey er in England gestochen worden, eines habe Bartolozzi[14] selbst corrigirt, es sey aber keines recht getroffen. Besser sey ein Gemälde von Guttenbrunn[15], welches er einem seiner Bekannten zum Abzeichnen gegeben habe. Das beste sey im Profil von einem Engländer Danz (so sprach wenigstens Haydn aus)[16], einem sehr guten Kopfe, welches er alle Tage aus England erwarte und zum Nachstechen vor Ihre Ausgabe seiner Claviercompositionen gerne geben wolle.

Sie möchten ja seine Lebensbeschreibung nicht

15 Ludwig Guttenbrunns Haydn-Bildnis – Öl auf Holz – liegt in zwei Fassungen vor. Die Datierung ist umstritten. Es zeigt Haydn mit der Feder in der Hand an einem Tasteninstrument sitzend.

16 George Dance (1741–1825), Londoner Stadtbauinspekteur. Seine Bleistiftzeichnung von Haydn im Profil liegt in zwei Fassungen vor, von denen eine mit 20. März 1794 datiert ist.

17 Gottfried van Swieten (1734–1803), Präfekt der k. k. Hofbibliothek; Musikfreund, der sich vor allem in organisatorischen Belangen verdient gemacht hat, dilettierender Komponist und Dichter.

18 Moritz Graf Fries (1777–1826). Die Quintette hat Haydn nicht mehr komponiert, wohl hat er ihm aber sein letztes, unvollendet gebliebenes Streichquartett (Hob. III:83) gewidmet.

19 Im Nachlaßinventar Haydns sind »40 Canons mit deutschen, ital. und lat. Text, welche in Herrn Haydn's Studier Cabinette als Bilder hängen und in 6 abgetheilten Packten hergegeben werden« verzeichnet. Sie wurden bei der Nachlaßauktion von Nikolaus II. Fürst von Esterházy de Galantha erworben, befanden sich danach im Schloß Esterháza, sind aber heute verschollen.

20 Graf Karl Leonhard IX. von Harrach (1765–1831) ließ 1793 im Park seines Schlosses Rohrau ein Denkmal für Joseph Haydn errichten.

21 Vinzenz Georg Kininger (1765–1851) hat von Haydn eine Zeichnung und eine Sepiazeichnung geschaffen, letztere nach Guttenbrunns Gemälde (vgl. Anmerkung 15) und im Auftrag von Griesinger für Breitkopf & Härtel. Ein danach angefertigter Kupferstich von Carl Hermann Pfeiffer (1769–1829) diente als Titelkupfer für den Band I von Breitkopf & Härtels *Oeuvres Complettes de Joseph Haydn*.

22 Clemens Kohl (1754–1807), Kupferstecher.

drucken, ehe er sie durchgesehen habe; es sey ihm manches in seinem Leben begegnet, wovon nur wenige wissen. Uebrigens schien ihm das Unternehmen nicht zu misfallen. Haydn wird ein Gegenstück zu seiner Schöpfung, die vier Jahreszeiten, componiren, van Swieten[17] macht den Text dazu. Dem Grafen Fries hat er Quintette versprochen.[18] – In seinem Cabinette hat er statt Zeichnungen Musicalische Canons hängen[19], und auf einem Tische steht das Model von dem Monumente, welches ihm der Graf von Harrach in Rorau, seinem Geburtsorte setzen ließ.[20] ...

Wien, 19. Juni 1799

... Ihre Ausgabe der Mozartschen Werke sah er mehremale an und sagte: gar schön; ich und Mozart schäzten uns sehr, fügte er hinzu, er nannte mich auch seinen Papa.

(*Couvert:* Seiner Wohlgeboren Herrn Herrn Buchhändler Härtel Associé von Herrn Breitkopf zu Leipzig.)

Wien, 3. Juli 1799

... Herr Kinninger[21] ist bereit, das Portrait, so wie Sie es verlangen, abzuzeichnen. Mit Herrn Kohl[22] habe ich noch nicht gesprochen; er ist auf dem Lande.

Herr Haydn will mir in drey Tägen das Guttenbrunnsche Portrait zustellen; er befürchtet, dass es als Kupferstich einen üblen Effekt machen möchte, indem er in einer Stellung abgemacht sey, wo er eben an einer

Composition studire. Hierüber müssen, wie mich dünkt, die Herren Kinninger und Kohl entscheiden. Auf den Fall, dass sie das Guttenbrunnsche Portrait nicht passend finden und dass das Danzische nicht bald aus England komme, räth Haydn, das von Artaria[23] besorgte copiren zu lassen, weil viele seiner Bekannten es nicht unähnlich finden. Ich werde über diesen Punkt das Urtheil der Herren Kinninger und Kohl einziehen, und Ihnen davon Nachricht geben.

Herr Haydn will selbst einen Clavierauszug von seiner Schöpfung machen, der beynahe zu gleicher Zeit als die Partitur erscheinen soll. Er will ihn auch selbst verlegen so wie die Partitur, um den Collisionen auszuweichen, worein er mit seinen älteren Verlegern kommen würde. Der hiesige Adel, welcher zahlreich

[23] 1770 gründeten Carlo Artaria (1747–1808) und Francesco I. Artaria (1744–1808) in Wien eine Kunsthandlung, die sich seit Oktober 1776 auch dem Musikalienhandel widmete. Seit 1778 betätigten sich die Artarias – die komplizierte Folge der Besitzer und Teilhaber der Firma, die alle der Familie Artaria entstammten, braucht hier nicht weiter verfolgt zu werden – auch als Musikalienverleger. Artaria war in den achtziger Jahren einer der wichtigsten Verleger Haydns geworden. 1781 erschien dort ein Portrait Haydns, als Kupferstich geschaffen von Johann Ernst Mansfeld (1739–1796).

[24] Am 19. Juni 1799 hat Haydn in der Wiener Zeitung die Herausgabe der Partitur der *Schöpfung* im Selbstverlag angekündigt. Die Anzeige erschien gleichlautend am 26. Juni 1799 in der Allgemeinen Musikalischen Zeitung. Das dieser Partitur-Erstausgabe beigegebene Subskribenten-Verzeichnis nennt 409 Personen, die 507 Exemplare bestellt haben. Ein Exemplar kostet 3 Dukaten oder 13 Gulden und 30 Kreuzer.

[25] Haydn verbrachte die Sommermonate – etwa Juli bis September – am Hof von Nikolaus II. Fürst von Esterházy de Galantha (1765–1833), der den 1790 als fürstlicher Kapellmeister pensionierten Haydn 1795 gebeten hatte, die Leitung der wieder aufgebauten Hofkapelle zu übernehmen.

Joseph Haydn: Sämtliche Werke. Titelblatt von Band 1, Verlag Breitkopf & Härtel, Leipzig 1799. Brustbild Haydns gestochen von Carl Pfeiffer nach einer Zeichnung von Vinzenz Georg Kininger

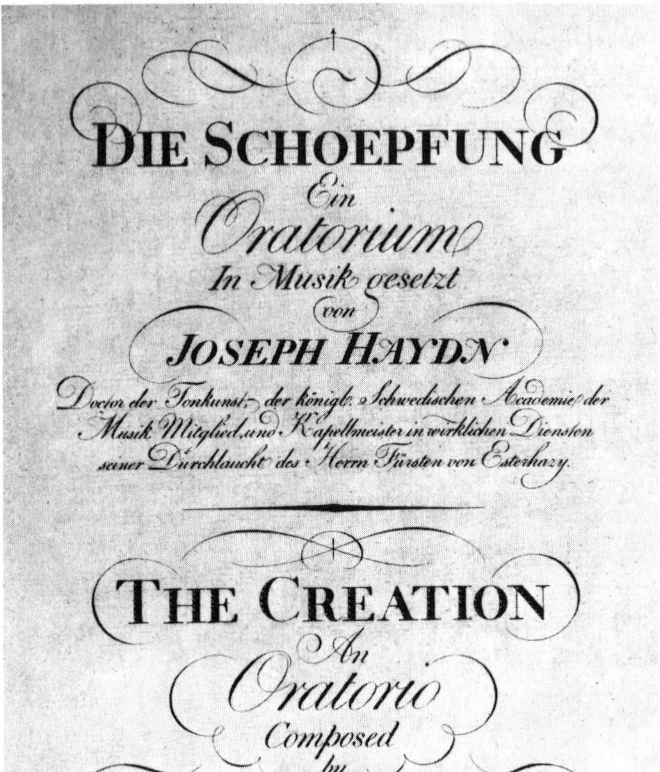
DIE SCHOEPFUNG
Ein
Oratorium
In Musik gesetzt
von
JOSEPH HAYDN
Doctor der Tonkunst, der königl. Schwedischen Academie der Musik Mitglied, und Kapellmeister in wirklichen Diensten seiner Durchlaucht des Herrn Fürsten von Esterhazy.

THE CREATION
An
Oratorio
Composed
by
JOSEPH HAYDN
Doctor of Musik, and Member of the royal Society of Musik in Sweden, in actuel Service of his highness the Prince of Esterhazy.
Vienna
1800.

Joseph Haydn: Die Schöpfung. Titelblatt der Erstausgabe der Partitur, Selbstverlag, Wien 1800 und freigebig auf die Schöpfung pränumerirte, veranlasste Haydn, den Druck auf eigne Kosten zu besorgen.[24]

Bis jetzt kenne ich niemand, der mir Material zu Haydns Lebensbeschreibung liefern könnte; ich will mir die Sache aber merken, denn öfters zeigt sich eine gute Gelegenheit unverhofft und ungesucht. Rechnen Sie dabey auf meine Discretion...

(*Couvert:* Seiner Wohlgeboren Herrn Herrn Buchhändler Härtel Associé von Herrn Breitkopf zu Leipzig.)

Als Nachschrift: Sonnenleitner hat hieher geschrieben, dass sein Unternehmen bis jetzt guten Erfolg habe; mit seiner Aufnahme in Dresden war er sehr zufrieden. Die reichste Erndte hofft er aber in England zu machen. Haydn sagt, ihm sey es leyd, daß sein Name solchen Geldschneidereien zum Dekmantel diene, er hat sich auch von der hiesigen Censur ausgebeten, daß man keine Oeuvres mehr unter seinem Namen zu druken erlauben solle, ausser wenn er sie für ächt erkannt habe.

Wien, 20. Juli 1799

... Es wird Ihnen befremdend seyn, dass ich Ihnen noch keine Nachricht wegen des Haydnschen Portraits mitgetheilt habe. Dieser Aufschub ist nicht durch meine Schuld veranlasst worden. Herr Haydn ist zu dem Fürsten Esterhazy nach Eisenstadt in Ungarn gereist[25], und seine Frau, eine gute alte Matrone, hielt mich einige Zeit hin, bis sie das Guttenbrunnsche Portrait von einem ihrer Bekannten abholen, und mir zustellen liess.

Es scheint mir sehr ähnlich, Haydns Frau hielt es für das beste und Herr Kinninger, dem ich es sogleich übergab, ist auch damit zufrieden. Er wird höchstens in 14 Tagen mit der Zeichnung fertig seyn, weil er glaubt, dass Johns[26] Manier eleganter und netter als die Kohlsche ist. Da Sie in Ihren Briefen keinem der beyden Künstler einen Vorzug geben, und Herrn Kinningers Urtheil alle Rücksicht verdient, so habe ich über seine Wahl nicht

26 Friedrich John (1769–1843), Kupferstecher.

27 Johann Baptist von Alxinger (1755–1797), Dichter und Schriftsteller in Wien. Das von John nach Kininger gestochene Medaillonportrait (Halbfigur sitzend, nach rechts, in der rechten aufgestützten Hand ein aufgeschlagenes Buch, die linke Hand im Revers) entstand 1796.

28 Bei Breitkopf & Härtel erschien 1800 die Partitur-Erstausgabe von W. A. Mozarts *Requiem,* KV 626. Das Frontispiz ist ein Kupferstich von Amadeus Wenzel Böhm nach Vinzenz Georg Kininger.

29 Johann Traeg (1747–1805), Musikverleger in Wien. Er hat hier 1782 eine Kopieranstalt gegründet, begann 1789 einen Musikalienhandel und 1794 mit der von ihm besorgten Klavierfassung des zweiten Satzes von Haydns Symphonie Hob. I:75 seine Tätigkeit als Verleger gestochener Musikalien. Der Verlag bestand bis 1818. Traeg hatte schon 1789 dem Verlag Breitkopf eine Klaviersonate Joseph Haydns zur Publikation vermittelt (Hob. XVI:48); Haydn versprach Traeg damals, Breitkopf sechs Klaviersonaten zu liefern. Wahrscheinlich bezieht sich Haydn nun darauf.

30 Seit 1783 ist die vormalige Minoritenkirche (Wien I, Minoritenplatz) die sogenannte italienische Nationalkirche in Wien, das Gotteshaus für die in Wien lebenden Italiener.

31 Wenzel Pichl (1741–1805) seit 1775 Violinist und Kammerkomponist Erzherzog Ferdinands in Mailand, von wo er 1796, nachdem die Franzosen die Lombardei besetzt hatten, nach Wien zurückkehrte.

32 Muzio Clementi (1752–1832), Pianist und Komponist, seit 1799 Teilhaber des Londoner Verlagshauses Longman & Broderip, das nunmehr den Namen Longman, Clementi & Co. führte und von 1805 bis 1820 Clementi & Co. hieß.

die mindeste Einwendung gemacht. Sie kennen ohne Zweifel Alxinger's Portrait in der Göschen'schen Ausgabe.[27] Auf diese Art soll das Haydn'sche gemacht werden. Herr Kinninger wird Ihnen selbst den Preis, welchen John verlangt schreiben und die Zeichnung zu dem Mozart'schen Requiem[28] schicken.

Haydn gedenkt bis October in Eisenstadt zu bleiben.

Wien, 24. Juli 1799

Griesinger schickt Haydns Antwort, die bestimmte Aussichten auf ungedruckte Sonaten giebt. Hier ist sie also. Was er von einem gewissen Herrn Traeg[29] schreibt ist Ihnen vielleicht verständlicher als mir. *Hoffnung auf Clavierauszug.*

Wien, 21. September 1799

...Morgen geben die hier befindlichen Italiäner in ihrer Kirche[30] eine große Messe um die Eroberung Mantuas zu feyern. Der ganze Hof wird mit dem Kaiser zugegen seyn und wegen des Mangels an Raum wird man nur nach Vorweisung von Charten eingelassen. Pichl[31] hat die Musik komponirt und dirigirt sie selbst; die besten Sänger und Sängerinnen des Theaters lassen sich hören. Ich war gestern bey der Probe und erstaunte über die Wirkung eines solchen Orchesters... Clementi[32] ist seit einigen Wochen hier...

Wien, 6. November 1799

... Haydn ist in Buchhändlerischen Speculazionen nicht unerfahren ... Er hat drey oder vier ungedrukte Messen in seinem Pulte, und er trug mir auf, Sie zu fragen, ob sie wohl Abgang finden könnten und ob Sie dieselben in Verlag nehmen möchten. Sie haben den Vorteil, daß sie auch von nicht sehr vollständig besetzten Orchestern leicht ausgeführt werden können und sie sind gewis gut; ...

[Zitat eines Satzes von Haydn:] Auf meine Messen bin ich etwas stolz ...

Mit Pichl's Werke war man sehr wohl zufrieden.

33 Johann Georg Albrechtsberger (1736–1809), angesehener Organist und Komponist, Domkapellmeister. (Es geht wohl um die im Brief vom 21. September erwähnte Kirchenmusik.)

34 Antonio Salieri (1750–1825), Komponist und Hofkapellmeister in Wien. Salieri war sicher der angesehenste in Wien lebende italienische Komponist und fühlte sich als solcher vielleicht bei dem Gottesdienst am 22. September übergangen. Doch hatte es sicher große symbolische Bedeutung, zum Dankgottesdienst für die Rückeroberung habsburgischer Gebiete in Oberitalien die Kirchenmusik einen Komponisten besorgen zu lassen, der drei Jahre zuvor bei der Eroberung dieser Gebiete durch die Franzosen von dort hatte fliehen müssen.

35 Der Großindustrielle Peter Freiherr von Braun (1758–1819) hat von 1794 bis 1806 die beiden Hoftheater – das Burgtheater und das Kärntnertortheater – gepachtet gehabt.

36 In Wien bestand damals kein Orchester von Berufsmusikern, dafür wurden – an spielfreien Tagen – Theaterorchester herangezogen oder – in der Mehrzahl der Fälle – Orchester ad hoc aus Dilettanten und Berufsmusikern zusammengestellt. An spielfreien Tagen konnte man auch das Burg- oder Kärntnertortheater für Konzertveranstaltungen mieten. Es ist nicht klar, ob Griesinger von der Uraufführung der *Schöpfung* (am 29. April 1798, wiederholt am 30. April) oder von der ersten öffentlichen Aufführung am 19. März 1799 im Burgtheater spricht. Letzteres ist wahrscheinlicher.

Albrechtsberger[33], welcher selbst die Orgel dabey spielte, urtheilte darüber günstig; Salieri[34] schimpft wie über alles was nicht – Salierisch ist. Haydn war damals nicht in Wien, er schäzt aber Pichln und sagt er habe schon einmal eine gute Messe von Pichl in der Augustinerkirche gehört...

Hier hält es schwer, ein einträgliches Concert zu Stande zu bringen. Das Hof- und Kärntnerthor-Theater sind an einen Baron Braun[35] verpachtet, welcher bey Hofe viele gute Freunde hat. Dieser tritt sein Orchester nicht leicht zum accompagnieren ab, oder er läßt an dem Tage, wo das Concert gegeben werden sollte, ein neues oder sehr beliebtes Stück und Ballet ankündigen, und bringt dadurch den armen Musiker um sein zahlreiches Publicum. Sollten Sie glauben, daß selbst Haydn, als er seine Schöpfung zum Erstenmal gab, der besonderen Fürsprache der Kaiserin bedurfte, um einen günstigen Tag zur Aufführung seines Meisterwerkes zu erhalten.[36]

[Schluß politisch, Schweiz, Waffenstillstand]

Wien, 13. November 1799

...Haydn ist stämmig, kurz und breitschultrig...

Wien, 7. Dezember 1799

...Ich will Herrn Haydn mit seinen Messen so höflich als möglich zurückweisen. Leben Sie wohl...

Wien, 21. Dezember 1799

... Sie haben Haydn vortreflich erraten; verschieben heißt bey ihm aufheben, ... morgen wird die Schöpfung zum Besten der Wittwen und Waisen Casse von 400 Musikern aufgeführt werden.[37] ...

Haydn stellt es Ihnen frey, die Ausgabe zu dediciren, wem Sie wollen. Er für seine Person widmet sie dem Publicum. – Der Schluß machte dem guten Manne viele Bedenklichkeit, die aber durch wiederholte Versicherung, daß das Versprechen nur bedingt sey, endlich gehoben wurde.

[Über die Musikalienhandlung von Franz Anton Hoffmeister[38] in Wien, von der Breitkopf & Härtel noch Geld zu bekommen haben; Griesinger nennt sie eine] kleine Bude ...

37 Am 22. und 23. Dezember 1799 wurde im Burgtheater von der Tonkünstler-Sozietät unter Haydns Leitung die *Schöpfung* aufgeführt. Die 1771 gegründete Tonkünstler-Sozietät war ein Sozialinstitut für Musiker, das nach dem Tod eines Mitgliedes dessen Witwe bzw. Waisen eine Pension ausbezahlte. Die Mitglieder waren zur unbezahlten Mitwirkung bei den Chor- und Orchesterkonzerten der Sozietät (je ein jeweils einmal wiederholtes Konzert in der Advent- und Fastenzeit) verpflichtet. – Die *Schöpfung* wurde schließlich das in den Konzerten der Sozietät meistaufgeführte Werk.

38 Franz Anton Hoffmeister (1754–1812), Komponist und Musikverleger. Hoffmeister gründete 1784 in Wien einen Musikverlag, der seinen Namen führte, 1800 in Leipzig gemeinsam mit Ambrosius Kühnel den Musikverlag Bureau de Musique. 1805 wurde Kühnel dessen alleiniger Inhaber. 1806 stellte Hoffmeister seine Wiener Verlagstätigkeit nach finanziellen Schwierigkeiten ein. Hoffmeister bot in Wien neben seinen eigenen Verlagswerken auch ein gutes Musikaliensortiment an.

39 Anton Grassi (1755–1807), Bildhauer in Wien, Griesinger nennt ihn in der Folge fälschlich auch Grasset. Grassi schuf 1799 eine lebensgroße Gipsbüste von Haydn, nach der er mehrere – heute verschollene – Medaillons anfertigte.

Wien, Dezember 1799

[Über Portraitmedaillons von Haydn, die Anton Grassi[39] *nach seiner Büste Haydns in kleiner Anzahl angefertigt hat:]* Was nun die Ähnlichkeit betrifft, so ist sie in diesem Abdrucke gewis getroffen, besonders ist die untere fleischige und massive Lippe charakteristisch. Die gutmütigen Züge, welche sich in Haydns Gesicht entfalten, so bald er spricht, seine braune und blatternarbige Haut, das volle Aug, die Perücke – ließen sich freilich auf diesem antiken Kopf nicht darstellen, aber auch nur das fehlt um ihn gleich zu erkennen ...

Wien, 5. Februar 1800

... Dem ehrwürdigen Vater Haydn habe ich vorläufige Nachricht von seinem Brillantring gegeben. Er will nicht zugeben, dass er etwas um Sie verdient habe, er war über Ihr verbindliches und freygebiges Geschenk beschämt und erfreut. »Sagen Sie den Herren Breitkopf und Härtel dass Sie meinen schwachen Fleck getroffen haben, ich bin wie ein Kind; Geschenke von der Art sind mir angenehmer als grosse Geldsummen. Ich mache mir Erkenntlichkeit zur Pflicht und so bald ich Musse habe, will ich Noten schicken.«

Die Schöpfung wird innerhalb 14 Tägen erscheinen; Haydn will auf einem besonderen Blatt einige gedrukte Notizen, die Ausführung betreffend, in alle grosse Städte schicken. »Meine Composition ist gros geschrieben, sagte er, sie wird daher auch nur bey einem zahlreichen und wohlgeübten Orchester ihr Glük und den gehörigen Effekt machen.« Ich will sorgen, dass Sie gleich eine Anzahl Exemplare bekommen. An einem Clavierauszug, zu welchem Sie ohne Zweifel die erste Veranlassung gaben, wird endlich auch unter Haydns Aufsicht gearbeitet.[40] Doch spricht Haydn davon noch immer mit einiger Bedenklichkeit und Widerwillen. Er glaubt, es gehe zu viel dabey verloren, das Unternehmen sey zu schwer, und es wäre weit besser, wenn die Weiber sich gewöhnen wollten nach der Partitur zu spielen.[41] Der Anblik des Rings wird hoffentlich unsern Orpheus in gute Laune versezen; ich will ihm als dann den Vorschlag machen, den Verlag des Clavierauszuges Ihnen zu überlassen. Wenn ich mit dem Antrag nicht zu spät komme!

Die Biographie habe ich auch nicht vergessen und

40 Der im März 1800 im Wiener Verlagshaus Artaria erschienene Klavierauszug wurde von Haydns Schüler Sigismund Neukomm (1778–1858) geschaffen. Haydn hat sich später in einigen Belangen kritisch darüber geäußert (vgl. Griesingers Brief vom 9. Dezember 1801).

41 Nach dem Bildungsideal der Zeit sollten Damen das Klavierspiel beherrschen; sie waren daher eine wichtige Zielgruppe für alle Art von Klaviermusik, nicht zuletzt auch von Klavierauszügen. Zu erwarten, daß dieser auch für den Verleger sehr wichtige Interessentenkreis am Partiturspiel Freude hat bzw. Partituren statt der gewohnten Klavierauszüge kauft, war unrealistisch.

42 Zur Komposition dieses Werkes kam es nicht. Der Übersender des Textes kann wohl mit dem k. k. Feldmarschalleutnant Graf Johann Nepomuck Nostitz-Rieneck (1768–1840) identifiziert werden, der in Österreichisch-Schlesien Besitzungen hatte, sich neben und nach seiner militärischen Laufbahn mit Begeisterung der Musik widmete und auch als Komponist versuchte.

43 Vgl. Anmerkung 39.

44 Die Radierungen wurden 1794 von Nikolaus von Heideloff (1761?–1837) geschaffen.

45 Das nach Kiningers Zeichnung von Carl Hermann Pfeiffer gestochene Titelkupfer in dem im Dezember 1799 ausgegebenen ersten Band von Breitkopf & Härtels *Oeuvres Complettes de Joseph Haydn*. (Vgl. Anmerkung 21.)

ich hoffe Haydn werde mir wenigstens Beyträge zu seinem curriculum geben. Mit dem bedächtlichen Manne kann man aber nichts brüsquiren. – Er ist mit den vier Jahreszeiten schon ziemlich vorgerückt. Kürzlich schickte ihm ein Graf Nostiz aus Schlesien den Text eines Vater Unsers, der ihm so wohl gefiel, dass er nach Jahresfrist die Composition davon zu unternehmen entschlossen ist.[42]

Die Aehnlichkeit des Grassetschen Medaillons[43] kann ich Ihnen verbürgen; aber, wie gesagt nur die Perrüke und die braune, unebene Haut muss man vermissen können. Haydn versicherte mich auch, dass jedermann damit zufrieden sey. Grasset arbeitete con amore, denn er ist selbst ein guter Violinspieler...

Haydn gab mir vier radirte Ansichten aus dem Garten von Rohrau[44], mit dem Zusagen dass Sie dieselben vielleicht benüzen könnten. Sie sind nicht erheblich und für einen Brief zu dik. Ich werde sie aber dem Kaufmann, dessen Ankunft Sie mir ankündigen, zustellen. Sollten Sie etwa der Kaufmann seyn? Reisen Sie bald und glüklich. Unser erster Besuch soll zu Haydn gehen. Mit unveränderlicher Hochachtung und Freundschaft

Ihr ergebener
Griesinger

Wien, 12. Februar 1800

Breitkopf und Härtel schickten drei Exemplare der Haydnschen Werke, die Allgemeine [Musikalische Zeitung] und Haydns Porträt.

Haydn war mit der Ausgabe außerordentlich zufrieden, er wird Ihnen selbst danken... Das Portrait[45]

schien ihm etwas steif; er will einige Abdrücke seinen Bekannten in England schiken. Die Aehnlichkeit ist meines Erachtens ziemlich erreicht, nur ist der Mund im Original ernsthafter, weniger freundlich, und das Auge ist nicht so weit geöfnet.

Folgt Beschreibung des Orchestrion Instrumentes von Mälzel[46].

Hier kommen die Themen zu dem 11. Hefft der Haydnschen Werke zurük. Haydn erkennt alle als ächt und findet nichts daran zu verbessern.[47] ...

Wien, 26. März 1800

[Über Griesingers jüngsten Besuch bei Haydn.]

46 Johann Nepomuk Mälzel (1772–1838), Inhaber einer mechanischen Werkstätte, insbesondere für Musikinstrumente, in Wien. Das beschriebene Instrument war wohl ein Vorläufer von Mälzels 1805 vollendetem »Panharmonikon«. 1808 erhielt Mälzel, der uns vor allem als Erfinder des Metronoms bekannt ist, den Titel eines kaiserlichen Hofkammermaschinisten.

47 Der Band 11 der *Oeuvres Complettes de Joseph Haydn* enthält die Klaviersonaten Hob. XVI:27–32, 21–23, 51, 12, 13. (Bezüglich Haydns Kontrolle der Echtheit der Werke vgl. Anmerkung 11.) Der Band ist 1806 erschienen; Härtel plante also die Produktion und Herausgabe dieser Reihe lange im voraus.

48 Karl Philipp Fürst von Schwarzenberg (1771–1820). Sein 1894 demoliertes Stadtpalais stand auf dem Areal zwischen Wien I, Kärntnerstraße 26 und Marco d'Aviano-Gasse 1 und hatte seine Hauptfassade zum Neuen Markt. In diesem Palais fanden die Konzerte der »Gesellschaft der Associierten Cavaliers« statt, der Auftraggeber für Haydns Oratorien *Die Schöpfung* und *Die Jahreszeiten*.

49 Joseph Weigl (1766–1846), Patenkind Joseph Haydns, Kapellmeister und Kompositor am Hofburgtheater.

Wien, 31. März 1800

[Über Griesingers jüngsten Besuch bei Haydn.]

Wien, 6. April 1800

[Ein von Breitkopf & Härtel vorgesehenes Geschenk an Haydns Frau hat dieser mit folgenden von Griesinger wiedergegebenen Worten abgelehnt:] Dawider protestiere ich förmlich, ich liebe mein Weib, es fehlt ihr an nichts, aber sie hat keine Verdienste, die Belohnung verdienen. Ich verlange nichts, ich lade auch nicht gern Verbindlichkeiten auf mich; sind indessen die Herren in der Lage, daß sie ohne Ungemächlichkeit meine bis jetzt unbedeutenden Verdienste vergelten wollen, so werde ich es freilich auch nicht ausschlagen...

Wien, 8. April 1800

[Griesinger versichert, daß Haydn] in Klagen über Musikhändler *[Breitkopf & Härtel]* immer ehrenvoll auszeichnete.

Wien, 16. April 1800

[Bericht über die am 12. und 13. April stattgefundene Aufführung der Schöpfung bei Fürst Schwarzenberg[48], die Haydn nicht leiten konnte, da er an rheumatischem Kopffieber erkrankt war und zu Bette lag. Statt ihm dirigierte Joseph Weigl[49].] ... ich hörte sie zum fünftenmal, und könnte sie noch zehnmal mit Vergnügen hören.

Wien, 26. April 1800

[Haydn ist genesen und kann wieder ausfahren.]

[Haydns Angebot an Breitkopf & Härtel, seine Sieben Worte[50] *zu verlegen.]*

... Seine Composition verspricht er mir, so oft ich ihn sehe, aber er ist noch immer nicht damit fertig. Halten Sie es ihm zu gut, er darf jetzt noch nicht viel arbeiten, und er mag wohl auch seinen Genius nicht an den Haaren herbeiziehen ...

Doctor Gall in Wien, der ein physiognomisches System, krafft dessen er am Hirnschädel das Maas und den Umfang der Geistesfähigkeiten bestimmt, erfunden hat, und ... mit viel Beyfall vorträgt.[51] ...

Wien, Mai 1800

[Griesinger überbringt Haydn zwei Bände von Breitkopf & Härtels Mozart-Ausgabe.]

... Haydn war vom besten Humor, noch convalescent, trug mir wieder eine Menge Entschuldigungen an Sie auf, bittet um Nachsicht, daß er Ihre Gedult auf eine so lange Probe seze, versichert mir aber noch einmal, daß er gewis nicht undankbar seyn werde ...

50 *Die sieben letzten Worte unseres Erlösers am Kreuze,* Vokalfassung als Oratorium, Hob. XX:2.

51 Franz Joseph Gall (1758–1828), Anatom und Phrenologe. Die Vorträge über seine Schädellehre, die ihm sogar eine Zeitlang untersagt waren, erregten beträchtliches Aufsehen. Sie waren schließlich auch Ursache dafür, daß Haydns Leichnam im geheimen der Schädel abgetrennt wurde, da man ihn nach der Gall'schen Schädellehre untersuchen wollte; damals (1809) lebte Gall allerdings nicht mehr in Wien, sondern schon in Paris.

Wien, 1. Juli 1800

[Griesinger überbrachte Haydn einen pretiosen Ring als Geschenk des Verlagshauses und schließt seinem Schreiben einen Brief Haydns an Härtel bei, in dem sich dieser für das Geschenk mit zwei dem Verlag zur Publikation übergebenen Kompositionen bedankt. Haydn war aber] nicht im stande, *[den Verlag – wie von diesem erhofft –]* mit einer neuen Clavir Sonaten zu bedienen.

Wien, 3. Juli 1800

[Breitkopf & Härtel wollten Materialien zu Haydns Biographie]

Wien, 5. Juli 1800

[Über Mozarts Requiem und Mozarts Nachlaß]

Wien, 9. Juli 1800

[Über Mozarts Requiem. Breitkopf & Härtel haben die Publikation von Haydns Sieben Worten abgelehnt.]

Wien, 12. Juli 1800

[Über Griesingers jüngsten Besuch bei Haydn.]

Wien, 30. Juli 1800

... Haydn ist jetzt in Eisenstadt, und wird vor zwey Monaten nicht zurückkommen. Ich habe das Mozartsche Requiem seiner alten Haushälterin übergeben, die es ihm mit der nächsten Gelegenheit zustellen wird. Die Nachricht, dass Sie die Sieben Worte in Verlag nehmen, wird ihn freuen; Sie hätten ihn, wie ich Ihnen bereits schrieb, mit einem geringeren Honorar befriedigt, und er erwartet kaum so viel. Da das Werk bis auf die Michaelismesse[52] erscheinen soll, und Haydn es ohne Zweifel nicht bey sich in Eisenstadt hat, so will ich ihn in einem Brief anmahnen, daß er ohne Verzug Anstalten mache, dass Sie es erhalten...

[52] Frühjahrsmesse, veranstaltet rund um den Festtag des hl. Michael (8. Mai).

[53] Nachdem Rußland im März 1800 die zwischen Österreich, England, Rußland, Portugal, Neapel und der Türkei bestehende Koalition gegen Frankreich verlassen hatte, war England der wichtigste Verbündete Österreichs. Allerdings gab es Stimmen, die behaupteten, in diesem sogenannten Zweiten Koalitionskrieg habe England mehr Interessen zu vertreten als Österreich, das überdies in der letzten Zeit eine Reihe von Niederlagen hatte hinnehmen müssen.

[54] Am 15. Juni war zwischen Frankreich und Österreich der Waffenstillstand von Alessandria geschlossen worden, doch ließ sich voraussehen, daß dieser kaum zu einem Friedensschluß führen würde. Preußen blieb im Zweiten Koalitionskrieg neutral, begünstigte de facto aber Frankreich und trat überdies in der Nordischen Konvention gegen England auf, das mit Österreich verbündet war. Preußens Vermittlung war nicht sehr erfolgreich.

[55] Georg Johann Stuwer (1732–1802), Kunstfeuerwerker, der seit 1774 in Wien tätig war und sich hier großer Beliebtheit erfreute. Kaiser Joseph II. hatte ihm für seine Darbietungen die sogenannte Jesuitenwiese im Prater überlassen.

[56] Im Juli 1800 war bei Breitkopf & Härtel der von August Eberhard Müller (1767–1817) angefertigte Klavierauszug der *Schöpfung* erschienen.

Swieten feilt, so viel ich höre, noch immer an seinem Texte zu den Jahreszeiten, während Haydn componirt...

Die Nachricht, dass das Haus des Englischen Gesandten gestürmt worden sey, ist ohne allen Grund[53]; der hiesige Pöbel ist zu dumm, und zu stolz, als dass er glauben sollte, sein mächtiger Kaiser stehe unter dem Einfluß eines Fremden Hofes. Wer bliebe uns auch noch in dieser letzten betrübten Zeit, wenn wir es mit England verderben wollten? Alle Gerüchte die bis jetzt wegen der Friedenspropositionen circuliren, sind blosse Muthmassungen. Man fährt immer fort zu werben und schikt Fremde, die ohne Beschäftigung sind, fort; doch macht man keine Anstalten, Wien in Belagerungszustand zu sezen und die Bürger in den Waffen zu üben. Wir haben von Glück zu sagen, wenn Buonaparte Mäßigung zeigt. Dass man die Preussische Vermittlung verlangt und erhalten hat, wissen Sie wohl schon.[54]

Hier leben wir noch wie zu Sodom und Gomorra; man jagt dem Vergnügen nach, fährt in den Prater, und sieht die schönen Stuwerschen Feuerwerke[55] abbrennen...

Wien, 15. November 1800

...Nach vier Monaten sah ich gestern Vater Haydn wieder. Er ist mit seinem Aufenthalt in Ungarn nicht zufrieden, die scharfe Luft hat ihm Unpässlichkeiten zugezogen und übler Humor benahm ihm die Lust zur Arbeit. Er versicherte mich, daß der Müllersche Clavierauszug[56] aus der Schöpfung der beste, verständlichste und leichteste unter seinen Brüdern sey. Sie dürfen mir das kek überal nachsagen... Es wundert mich sehr, daß er Ihnen die Sieben Worte noch nicht geschickt hat, da ihm doch im Sommer die Sache so stark am Herzen zu liegen schien. Er erklärte mir, dass er im Sinne habe, künftiges Jahr nach Dresden, Berlin, Hamburg und wenn Friede ist ins Reich zu reisen[57]; und um etwas aufführen lassen zu können das nicht überal bekannt sey, wolle er die 7 Worte mit Gesang und vielleicht die 4 Jahreszeiten mit sich nehmen.

Da Sie sich zur Uebernahme der 7 Worte doch nur aus Gefälligkeit entschlossen haben, so liegt Ihnen

57 Trotz des am 25. Dezember 1800 geschlossenen Waffenstillstandes von Steyr und des am 9. Februar 1801 geschlossenen Friedens von Lunéville ist es nicht zu diesen Reisen gekommen; sie wären für Haydn wohl schon zu anstrengend gewesen.

58 Die »Gesellschaft der Associierten Cavaliers« veranstaltete regelmäßig Oratorienaufführungen. Jedes Mitglied bezahlte für die Uraufführung der *Jahreszeiten* als Anteil zu Haydns Honorar 50 Dukaten und als Anteil zu den Aufführungskosten 120 Gulden. Die Uraufführung fand am 24. April 1801 im Palais Schwarzenberg am Neuen Markt in Wien statt.

59 In dem 1781 eröffneten Theater in der Leopoldstadt, das auf dem heutigen Areal Wien II, Praterstraße 31 stand, wurden Schauspiele, Singspiele und Opern gegeben. Da anfangs die Figur des »Kasperl« in vielen der eigens für dieses Theater geschriebenen Stücke dominierte, wurde das Theater im Volksmund auch kurz Kasperl-Theater genannt. Das musikalische Niveau scheint nicht schlecht gewesen zu sein, auch wenn Haydn in diesem Fall nicht recht zufrieden war. Kapellmeister an diesem Theater war Wenzel Müller (1767–1835).

60 Ignaz Pleyel (1757–1831), Schüler Joseph Haydns, Komponist, gründete 1797 in Paris einen Musikverlag und begann 1807 zusätzlich auch noch mit einer Klavierproduktion. Nachdem 1800 im Pariser Verlag Erard eine – nicht korrekte – Partitur der Schöpfung mit französischem Text erschienen war, veröffentlichte Pleyel 1801 eine weitgehend authentische Partitur mit französischem und italienischem Text.

Jacopo (Giacomo) Conti. Unbezeichneter Punktierstich,
Wien um 1800

Gottfried van Swieten. Kupferstich von Joseph Axmann nach einer Zeichnung von Peter Fendi, Wien 1825

vielleicht nicht viel daran, dass Haydn seinen Vorsatz wieder aufgiebt. – Swieten soll Ihnen, wie mir Haydn sagte, schon geschrieben haben, dass man die 4 Jahreszeiten zuerst einigemal aufführen, und ihren Effect beurteilen wolle, ehe man dem Publicum etwas vom Plan mittheilen werde. Haydn welcher fast immer von Swietens Meynung ist, will auch ehe sein Werk geendigt und einigemal aufgeführt worden ist, wegen des Verlags noch keine Maasregeln treffen. Er hofft auch mehr dafür zu bekommen, wenn der Ruf davon in alle Welt erschallt seyn wird. Mit diesem Monat hofft er den »Herbst« zu beendigen, und dann bleiben ihm noch drei Monate, um den »Winter« zu componiren, denn vor dem März soll es nicht gegeben werden. Eine Gesellschaft von 24 Musikliebhabern[58], die den Haydn besoldet, und wovon Swieten das Haupt ist, wird die Jahreszeiten zum erstenmal im Fürstlich Schwarzenbergischen Hause aufführen. Ich will trachten ein Billet zu bekommen und Ihnen zu seiner Zeit den Erfolg melden.

Diesen Abend giebt man im Leopoldstädter Theater (dem Casperle) die Schöpfung zum Besten des daselbst angestellten Musikpersonals.[59] Haydn war mit der Probe nur mittelmässig zufrieden.

Fürst Esterhazy hat seine Capelle mit acht Gliedern vermehrt so dass jezt wieder eine vollstimmige Harmonie beisammen ist. Eine verdienstvolle Aufopferung in einem Zeitpunkte, wo der Krieg so starke Beyträge erheischt...

Pleyel[60] hat Haydn um den ausschliessenden Verlag der Schöpfung und einiger anderer Compositionen für Frankreich ersucht und ihm dafür 50 bis 60 Louisdor angeboten. Haydn, der über seinen Zögling mancherley Beschwerden führt, will unter der Bedingung einwilligen dass Pleyel 100 Louisdor an einem sichern Ort für ihn deponire. Ein schöner Gewinn für die blosse Namensunterschrifft!

Swieten übersetzt die 4 Jahreszeiten ins Französische. Er ist seit einiger Zeit sehr kränklich. Erhalten Sie ihn bey guter Laune wegen des Verlags der 4 Jahreszeiten; Haydn muß durch einen Stoss von aussen zu einem Entschluss gebracht werden und einem Swieten hält er eher Stand als einem andern.

Aus München, Italien, Schottland, Schweden und Russland erhielt Haydn sehr schmeichelhaffte Briefe wegen seiner Schöpfung.

Bey der Vermählung des Grafen Fries[61] mit der Prinzessin von Hohenlohe Schillingsfürst (am 15ten October) wurde eine vollständige italiänische Cantate mit vielem Beyfall aufgeführt. Der Text ist von dem

61 Moritz Graf Fries (1777–1826) vermählte sich am 15. Oktober 1800 mit Maria Theresia Josepha Prinzessin von Hohenlohe-Waldenburg-Schillingsfürst (1779–1819). Seine Schwester Ursula Margaretha Agnes Victoria Ludovica war seit 18. Juli 1788 mit Graf Johann Hilmar Adolf von Schönfeld verheiratet, in dessen Haus Griesinger angestellt war, auf ihren am 6. März 1805 erfolgten Tod kommt Griesinger in seinem Brief vom 16. März 1805 zu sprechen. Die verwandtschaftlichen Beziehungen zwischen den Häusern Fries und Schönfeld haben Griesinger sicher die Aufnahme in die Wiener Musikszene erleichtert und ihn mit Informationen aus erster Hand versorgt.

62 Giovanni de Gamer(r)a (1743–1803), italienischer Librettist und Theaterdirektor.

63 Ferdinando Paër (1771–1839), italienischer Komponist, 1798 bis 1804 Kapellmeister am Kärtnertortheater in Wien.

64 Gräfin Ursula Margaretha Agnes Victoria Ludovica von Schönfeld, geborene Gräfin von Fries (1767–1805) und Sophie Gräfin von Haugwitz, geborene Gräfin von Fries (1769–?).

65 George Thomson (1757–1851), Buchhalter, Musikliebhaber, Sammler von Volksliedern und Verleger in Edinburgh.

Theaterdirektor Gamerra[62], die Musik von Capellmeister Pär.[63] Die redenden Personen sind die Tugend, die Glükseligkeit und Hymen. Friesens beyde Schwestern, die Gräfinnen Schönfeld und Haugwitz[64] sangen die zwey ersten Stimmen mit mehr als gründlicher Dilettantenkunst, Pär die dritte. Wir wissen noch nicht ob wir Friede oder Krieg bekommen; die Anstalten zum letzteren werden wenigstens immer fortgesetzt...

Wien, 19. November 1800

...Haydn hat das Blatt mit den Themen in meinem Beysein durchgesehen, und alles für ächt befunden. Er versicherte mich, dass das, was er vor 40 Jahren geschrieben hat, ihm noch so gegenwärtig sey, als wenn er es vor einigen Wochen componirt hätte...

Ueber Swietens Text zu den 4 Jahreszeiten ist er sehr übel zu sprechen, und er will in ihn dringen beträchtliche Veränderungen daran zu machen; es sey immer die nemliche Leyer, klagt Haydn ohne clair obscuro; nach dem Hoho! Tajo! der Jäger soll er das Juchheisa! der Winzer in ekelhafften Repetitionen unmittelbar folgen lassen und ausdrücken. Die Winzer singen nicht nur: es lebe der Wein! sondern sogar: es lebe das Fass, das ihn enthält; es lebe der Krug aus dem er fliesst!

Thomson[65], ein Musikalienhändler aus Edinburg, hat Haydn ein paar Duzend alter schottischer Lieder zugeschikt, die er harmonisch machen soll. Haydn wird ihn auf künftige Zeiten vertrösten; er hat schon 250 solcher schottischer Lieder bearbeitet und für jedes eine Guinee bekommen. Sie sind ganz kurz, öfters machte er sechs bis acht in Einem Tage, zuweilen studierte er acht Tage über Einem. – Haydn wird diesen Winter nicht wie sonst in die Stadt ziehen, sondern in seinem Haus in einer der äussersten Vorstädte wohnen. Er lebt hier ungestörter, jeder Besuch zu ihm ist aber eine kleine Reise. »Wenn ich auch alle Tage 1 fl. für Fiaker ausgebe, sagte er mir, so kommt es mich doch nicht so hoch als ein Logis in der Stadt.« Beurtheilen Sie den häuslichen Mann nach dieser Rede.

Unsere italiänische Oper wird auseinander gehen, bald aber durch ein neues Personale ersetzt werden.[66]

[66] Offensichtlich nur ein Gerücht, zu dem sich nichts weiteres nachweisen läßt. (An der Hofoper war ein italienisches und ein deutsches Ensemble engagiert). Dennoch wurde die Nachricht – gemeinsam mit der folgenden über die Sängerin Tomeoni und solchen aus Griesingers Brief vom 15. November – in die Allgemeine Musikalische Zeitung aufgenommen (3. Jg., Nr. 12, 17. Dezember 1800, Sp. 200). In der Nr. 24 der Allgemeinen Musikalischen Zeitung vom 11. März 1801 (Sp. 420) wurde die Nachricht widerrufen.

[67] Irene Tomeoni, Witwe des Florido Tomeoni, verehelichte Dutillieu (1760–1830); 1791 bis 1805 Mitglied der k. k. Hofoper. Über eine Verehelichung mit einem jüdischen Kaufmann läßt sich nichts nachweisen, sie hat auch ihre Karriere nicht aufgegeben, sondern blieb bis 3. April 1805 Mitglied des Opernensembles.

[68] Sir William Hamilton (1730–1803), Ziehbruder des englischen Königs Georg III., dessen zweite Gattin Lady Emma Hamilton (1765–1815) und Miss Ellis Cornelia Knight (um 1756–1837) begleiteten Admiral Horatio Nelson (1758–1805) – damals berühmt durch seinen Sieg über Napoleon Bonaparte in der Seeschlacht bei Abukir am 1. August 1798 – im August 1801 nach Wien. Lady Hamilton galt als Geliebte des Admirals. Sie kamen am 19. August in Wien an, von 6. bis 10. September waren sie Gast am esterházyschen Hof in Eisenstadt, am 26. September reisten sie von Wien ab.

[69] *Lines from the battle of the Nile,* Hob. XXVIb:4. Miss Cornelia Knights Gedicht »The Battle of the Nile« wurde 1800 in Wien gedruckt. Haydn hat zehn der siebzehn Strophen des Gedichtes für Sopran und Klavier vertont. Die Erstausgabe erschien nicht bei Artaria, sondern bei Clementi in London.

Die erste Sängerin Tomeoni[67] heiratet einen reichen Juden...

Wien, 24. Dezember 1800

[Über die Schöpfung und die Jahreszeiten]

[Charakteristik Baron van Swietens:] Wer, wie er, so vielen Weihrauch von Höflingen, Halbkennern und Schmeichlern verschluckt hat, mag nicht mehr in die Schule gehen...

Wien, 21. Januar 1801

...An Milady Hamilton[68] fand Haydn einen großen Verehrer. Sie machte einen Besuch mit Nelson auf Esterhazys Gütern in Ungarn, bekümmerte sich aber wenig um seine Herrlichkeiten und wich zwey Tage hindurch nie von Haydns Seite. Haydn componirte damals ein englisches Loblied auf Nelson und seinen Sieg. Milady Knight, Begleiterin der Hamilton, hatte den Text gemacht.[69] – Artaria, welcher es erfuhr, bittet Haydn es ihm zu überlassen...

[Über die Aufführung der Schöpfung am 16. Januar im Großen Redoutensaal, deren Reinerträgnis für die Verwundeten aus der am 3. Dezember 1800 geschlagenen Schlacht bei Hohenlinden bestimmt war:] Diese Musik scheint bestimmt zu seyn, alle Sammlungen zu guten Werken zu befördern, und verfehlte auch diesesmals den Zweck keineswegs. Haydn dirigierte selbst mit jugendlichem Feuer...

Der Friede ist so viel als gewis, nur das Wie? ist noch problematisch. Leben Sie wohl...

Wien, 31. Januar 1801

... Der Friede ist noch nicht ratifizirt, aber wie es heißt in Lüneville[70] bereits unterzeichnet ...

Wien, 11. Februar 1801

Werthester Freund,
Ohne Zweifel erhalten Sie mit der heutigen Post ein Schreiben von Vater Haydn. Als ich ihm das Blättchen des Pariser Journals[71] zustellte, bezeugte er mir, daß ihm mein Besuch sehr willkommen sey, weil er jezt fest beschlossen habe, Ihnen »die 7. Worte« zu überlassen. Swieten habe selbst seine Einwilligung dazu gegeben, nachdem er ihn lange gequält habe, die Ausgabe auf eigene Kosten zu besorgen[72]; bey seinem Alter und übrigen Geschäften möge er sich damit nicht befassen, und er wünsche Ihre vielen Gefälligkeiten auch mit

---

70 Nach der Niederlage Österreichs bei Hohenlinden am 3. Dezember 1800, kam es am 25. Dezember zum Waffenstillstand von Steyr und am 9. Februar zum Friedensschluß von Lunéville, in dem Österreich alle von Frankreich errichteten Republiken anerkannte und von seinen oberitalienischen Besitzungen nur Venedig, Istrien und Dalmatien behielt. Alle Reichsgebiete am linken Rheinufer fielen an Frankreich, die dadurch geschädigten deutschen Fürsten sollten mit rechtsrheinischen Gebieten entschädigt werden.

71 Nicht eruierbar.

72 Ähnlich wie die Partitur der *Schöpfung*.

73 Emmerich Graf zu Eltz-Kempenich (1765–1844), seit 1794 kaiserlicher Gesandter am sächsischen Hof.

74 Vgl. Anmerkung 38. Seit 1800 erschien in Hoffmeisters Leipziger Bureau de musique – teilweise in Kooporation mit seinem Wiener Verlagshaus – eine Ausgabe von J. S. Bachs Klavierwerken in Einzelheften und in der Serie *Oeuvres complettes de Jean Sebastian Bach*.

einer zu erwiedern. Es solle bey den 50. Ducaten Honorar verbleiben, er bitte aber, daß das unter uns bleibe. Nach Haydns früheren Aeußerungen war mir dieser Antrag etwas unerwartet, und er ist es Ihnen wohl nicht weniger. Ich hatte keine ausdrükliche Instruction von Ihnen jezt noch wegen der 7. Worte zu unterhandeln, auf der andern Seite konnte ich auf eigene Faust nichts abschlagen und durch Zögern wollte ich nichts verderben. Ich bat also Haydn Ihnen selbst zu schreiben, dankte vorläufig in Ihrem Namen und nahm die Musik in Empfang. Sie werden dieselbe durch den Grafen Els[73], der höchstens in 8. Tägen nach Dresden reist, um Abschied zu nehmen (er kommt als Botschafter nach Madrid) von Dresden aus erhalten. Bey dem großen Rufe, den Haydn im Inn- und Ausland hat, werden Sie wie ich hoffe bey dem Verlage nichts verlieren. Um dem Unternehmen mehr Authentität zu geben, schlug ich Haydn vor, ob es nicht zweckmäßig wäre, dem Werke einen ganz kurzen Vorbericht und seines Namens Unterschrift vorzudruken. Weil er sich zum Buchstabenschreiben schwer entschließt, so trug er mir das auf, und ich werde es Ihnen mit einer der nächsten Posten überschicken; er soll nur Haydns ipsissima verba enthalten. Über Hofmeisters bureau de musique[74] lachte er herzlich, so wie über seinen Einfall, Sonaten von Sebastian Bach »die vielleicht höchstens von sechs Frauenzimmern gespielt werden dürften und könnten« drucken zu lassen...

Wien, 21. Februar 1801

... Graf Eltz, welcher schon in der vorigen Woche nach Dresden reisen wollte, ist erst heute abgereist. Das ist der Grund, warum Sie die 7. Worte nicht erhalten haben. Vater Haydn konnte Ihnen nicht schreiben; er liegt wieder an einem Kopffieber krank, das er sich durch zu starke Anstrengung zuzog. Jetzt geht es wieder besser. Er sagt, er müsse Ihnen, sobald er gesund werde, wegen eines Zwischenstückes schreiben, welches Sie in den 7 Worten finden werden. Wenn es mit der Ausführung dieses Entschlusses, wie gewöhnlich, zu lange anstehen sollte, so will ich mir von Haydn eine mündliche Erklärung erbitten, und Ihnen dieselbe mit-

75 Dieser Vorbericht wurde der Partitur tatsächlich vorangestellt; der Brief ließ sich aber offensichtlich nicht finden, jedenfalls ist er in diesem Vorbericht nicht zitiert.

76 Joseph Haydns jüngerer Bruder Johann Michael Haydn (1737–1806) lebte und wirkte seit 1762 in Salzburg. Französische Truppen hatten damals Salzburg besetzt. Jean Victor Moreau (1763–1813), französischer General, hat zahlreiche wichtige Siege erfochten, u. a. die Österreicher bei Hohenlinden geschlagen (vgl. Anmerkung 70). Sein Bruder Karl Ritter von Moreau (1760–1840) war Architekt und stand lange in esterházyschen Diensten.

77 Störmthal: bei Leipzig gelegenes Gut des Grafen von Schönfeld.

78 Haydn hat die Partitur der *Schöpfung* auf eigene Kosten stechen, drucken und binden lassen. Die Stichplatten befanden sich daher in seinem Besitz. Härtel wünschte sie für seinen Verlag zu erwerben, um sie für weitere Auflagen der Partitur verwenden zu können.

79 W. A. Mozart: Quintett in A-Dur für Klarinette, 2 Violinen, Viola und Violoncello, KV 581, komponiert 1789 für den Klarinettisten Anton Stadler (1753–1812).

80 Am 24. Februar 1801 wurde die *Zauberflöte* erstmals im Kärntnertortheater gegeben. Bis inklusive 18. März hat es neun Aufführungen gegeben, bis Jahresende 27.

81 Lorenzo Sacchetti (1759–?), Hoftheatermaler in Wien.

82 Therese Saal (1782–1855), Sopranistin.

83 Therese Rosenbaum (1774–1837), Sopranistin. Die Königin der Nacht muß eine ihrer Glanzrollen gewesen sein. 1802 erschien in Wien ein Kupferstich von E. Friedrich oder Gustav Leibold nach Carl Heinrich Rahl, der sie in dieser Rolle zeigt.

theilen. Er wünschte in den Vorbericht den Brief einrücken zu lassen, der ihm von Cadix geschrieben wurde, als man ihn zur Composition der 7 Worte aufforderte.[75] Der Brief liegt unter anderen Papieren zu Eisenstadt. Haydn erwartet ihn alle Tage und will mir ihn alsdann zuschicken. Moreau ließ die Schöpfung in Salzburg, wo einer von Haydns Brüdern lebt, aufführen.[76] Der Beyfall war allgemein...

Wien, 18. März 1801

...Ich wusste kein Wort von Ihrer Heurath... Vielleicht komme ich auf den Sommer nach Störenthal[77] und dann soll es mich sehr freuen, die Bekanntschaft Ihrer liebenswürdigen Gattin zu machen.

Vater Haydn ist wieder hergestellt; schon dreymal wollte ich ihn sprechen, traf ihn aber nie zu Hause an; ich kann Ihnen also wegen der Platten von der Schöpfung noch keine Nachricht geben.[78] Auf das Stadlersche Quintett von Mozart[79] habe ich schon längst Jagd gemacht, aber immer ohne Erfolg, und ich vermuthe fast, dass es in Wien außer Stadler niemand besizt. Stadler hat auch bis jezt noch keine Copien davon veranstaltet, ohne Zweifel, weil er die Zahl von Subscribenten noch nicht beysammen hat.

Hier folgen einige Notizen für die musicalische Zeitung.

Die Zauberflöte ist in kurzer Zeit gegen 12mal in dem Kärtnerthor-Theater aufgeführt worden.[80] Die ganz neuen Decorationen von Sacchetti[81] machen eine gute Wirkung. Das Orchester hat seine Schuldigkeit gethan und über die Vortrefflichkeit der Musik ist nur Eine Stimme. Mademoiselle Saal[82] als Pamina; Madame Rosenbaum[83] als Göttin der Nacht und Herr

Weinmüller[84] als Sarastro sind des vorzüglichen Beyfalls würdig...

Über Nachlässigkeiten bei den Verwandlungen, die Schikaneder[85] auf seinem Theater parodiert und Auszug aus der Flugschrift[86]: »Mozart und Schikaneder, ein theatralisches Gespräch« etc.

Anekdote (Die Namen dürfen ja nicht gedrukt werden.) X. ein vornehmer Glücksritter, schikte kürzlich der Sängerin Z... einen Liebesantrag mit einer Banconote von 500 f. Die reizende Z... übergibt den Brief ihrem Vater. Dieser trägt die 500 f. sogleich in eine Armenanstalt und lässt sich eine Quittung auf Herrn X ausstellen. Der Vater überbringt die Quittung selbst dem Herrn X mit der Bitte, dergleichen Aufträge in Zukunft nicht mehr an ihn zu weisen, weil ihm seine übrigen Geschäfte keine Zeit zu solchen Gängen lassen.

Die Sängerin ist Demoiselle Saal und Herr X der

84 Karl Weinmüller (1764–1828), Bassist.

85 Emanuel Schikaneder (1751–1812), Schauspieler, Theaterdirektor und Librettist, leitete seit 1789 das Theater auf der Wieden in Wien, wo 1791 Mozarts *Zauberflöte* uraufgeführt wurde, und eröffnete 1801 das von ihm erbaute Theater an der Wien, das in starker künstlerischer Konkurrenz zu den beiden Hoftheatern (Burgtheater und Kärntnertortheater) stand.

86 Mozart und Schikaneder. Ein theatralisches Gespräch über die Aufführung der Zauberflöte im Stadt-Theater. In Knittelversen von —, Wien 1801.

87 Alois Wenzel Fürst von Kaunitz (1774–1848).

88 Bezieht sich auf die nun von Breitkopf & Härtel besorgte Partitur-Erstausgabe der Vokalfassung von *Die sieben letzten Worte unseres Erlösers am Kreuze,* Hob. XX:2, die im August 1801 schon erschienen war.

89 Johann Christoph Adelung (1732–1806), Grammatiker und Lexikograph, sein Grammatisch-kritisches Wörterbuch der hochdeutschen Mundart erschien 1774 bis 1786 in 5 Bänden in erster, 1793 bis 1802 in vier Bänden in zweiter Auflage, seine Anweisung zur Orthographie erschien 1788 in erster Auflage.

junge Fürst Kauniz[87], der als Gesandter nach Copenhagen abgehen wird. Das bleibt unter uns...

Wien, 25. März 1801

Mein werthester Freund!
Hier schicke ich Ihnen Haydns Unterschrift[88], nicht ohne eine geheime Freude über den glücklichen Erfolg meiner Negociation, weil sie mir, wie Sie aus folgender Erzählung sehen werden, ziemlich erschwert wurde. Haydn hatte den Vorbericht schon seit 4 Wochen, während seiner Krankheit konnte ich natürlicherweise nicht darnach fragen. Nach seiner Genesung erinnerte ich ihn daran. Nun erklärte er, er habe der Sache weiter nachgedacht und halte es für unnöthig, eine Vorrede vordruken zu lassen, weil er die 7 Worte nicht selbst herausgebe. Umsonst stellte ich dieser Bedenklichkeit die einleuchtendsten Gründe entgegen. Endlich brachte ich doch so viel von ihm heraus, er wolle es auf das Urtheil des Baron Swieten ankommen lassen, was dieser thue, sey wohlgetan... Dieser missbilligte die Vorrede nicht, bat mich aber, seinen Namen, den ich genannt hätte, wegzulassen, er insinuirte mir auch mit Adelung[89] in der Hand »damahls« statt damals, »Adagio's« statt Adagios, »hangende« statt hängende zu schreiben, weil jenes voller töne als dieses. Ich unterwarf mich in Demuth diesem Purismus und brachte ihm an folgenden Tage die revidirte und castrirte Vorrede, mit der er auch ganz einverstanden war. Nun rannte ich damit zu Haydn und erhielt, was ich wünschte. Haydn hatte mir zugleich aufgetragen, Swietens Meynung über die Abtrettung der Platten

von der Schöpfung einzuziehen. Swieten ist der Meynung, Haydn solle dieselben nicht veräussern, sie seyen ein Capital, das jährlich wenigstens seine 50 bis 60 Ducaten eintrage; Haydn solle daher entweder eine jährliche Rente oder ein verhältnismässiges Capital fordern. Von diesem Beschluß seines Orakels wird Haydn nicht abzubringen seyn, ob ich gleich sehr wohl merkte, daß ihm der Selbstverlag entleydet ist. Bis jezt sind noch nicht 800 Exemplare gedrukt, die Platten müssen noch in bestem Zustand seyn; jezt lässt er noch 18 Riss Papier darauf verwenden, die er aus Venedig erhalten hat. »Dann kaufe ich aber kein Papier mehr«! sezte er etwas unwillig hinzu, seine Kosten belaufen sich schon über 2500 f. und das Geld gehe langsam ein. Er bezahlt in der Drukerey für jedes Exemplar 1 f. 30 xr. Der Vorschlag mit den 300 Exemplaren schien ihm nicht zu gefallen, weil er befürchten müsse, sie bleiben ihm liegen; er fand auch einige Bedenklichkeiten wegen Artaria, der bisher die Mühe der Versendung auf sich genommen habe und den er noch in manchen Fällen brauchen könne. Pleyel wollte dem Haydn die Platten von Leipzig aus abhandeln, er erhielt aber eine abschlägige Antwort, weil Haydn nicht gerne mit ihm zu thun hat. Noch ein Beweis von dem großen Einfluss, den Swieten auf Haydn hat, ist folgende zutrauliche Erklärung, die mir Haydn machte. Nur unter der Versicherung daß er für die 7 Worte 100 Ducaten

90 In der Rezension der im Augsburger Verlag Gombart erschienenen Ausgabe von Haydns Symphonie D-Dur, Hob. I:101, in der Allgemeinen Musikalischen Zeitung, 1. Jg., Nr. 50, 11. September 1799, Spalte 837–849, ist Haydn wegen satztechnischer Unkorrektheiten gerügt worden.

91 Johann Friedrich Reichardt (1752–1815), hauptsächlich in Berlin lebender Komponist und Musikschriftsteller.

erhalte, konnte er Swietens Einwilligung zur Veräusserung bekommen. Nichtsdestoweniger liess Swieten gegen mich verlauten: Haydn habe eine äusserst mässige Forderung gemacht.

Folgende Bemerkungen über van Swieten.

Ich muß Ihnen doch noch aus meinen Besuchen bey Swieten, wovon jeder gegen zwey Stunden dauerte, einige Notizen ausheben. Ich bin überzeugt, daß diese freundschaftliche Mittheilung unter uns bleibt, und daß Sie den Tadel, so bald Sie ihn gegründet finden, ertragen können. Swieten ragt offenbar unter den Personen seines Standes hier sehr hervor, er ist ein warmer Freund und Beförderer der Musen und man kann ihm gründliche und helle Einsichten in viele Fächer nicht absprechen. Er ist ein sehr aufmerksamer und strenger Leser der musikalischen Zeitung. Einige Aufsätze haben ihm Vergnügen gemacht; in einer Menge anderer bemerke er einen kleinstädtischen Ton de cotterie, Mangel an Urbanität und wahrer Empfindung für Musicalische Schönheiten. So habe man von dem großen Beyfall erzählt, den eine Oper erhalten habe, die in Neuwied, ja sogar auf einem Speicher, und überdies ohne Blasinstrumente aufgeführt worden sey...

Haydn sey über eine Quintenfolge muthwilligerweise genekt worden.[90] (Haydn selbst äusserte hierüber gegen mich, ob es auch der Mühe werth sey einem Schriftsteller bey einer großen Phrase zuzurufen: er habe ein Comma vergessen? wenn Er sich aufs Critisiren legen wollte so könnte er leicht den Reichardt[91] und andere mehr wegen viel bedeutenderer Fehler zu Schanden machen.) Ein Haydnsches Motett sey, mit einem Seitenblik auf die Schöpfung nach Verdienst gerühmt worden; dieses Motett sey aber nicht von

Joseph Haydn, sondern von seinem Bruder.[92] Knecht habe sich unterfangen Händeln bessern zu wollen und in dieser seiner Verbesserung die gröbsten Fehler (Haydn sagte: eselmässige Schnizer) begangen.[93] Was man nicht habe von Zumpfsteeg[94] und andern diis minorum gentium lesen müssen, und wie wenig von den Vorzüglichsten! Eine Recension über die schlechten Arbeiten des Girowetz[95]habe mit den Worten geendigt: »solches Zeug finde Käufer an der Donau!« Als ob man an der Donau weniger als an der Pleisse wüsste,

[92] In der Allgemeinen Musikalischen Zeitung 3. Jg., Nr. 13, 24. Dezember 1800, Sp. 219, ist in einem Bericht über das Leipziger Musikleben »das J. Haydnsche (schon bekannte) salve Redemptor, aus G-Moll mit der obligaten Hoboe« erwähnt. Tatsächlich hat Joseph Haydn ein Werk mit diesem Text und in dieser Besetzung nicht komponiert. Es stammt allerdings auch nicht von Michael Haydn, sondern ist eine Umtextierung und Bearbeitung (das Oboensolo tritt an die Stelle eines Orgelsolos) des ersten Satzes von Joseph Haydns *Salve Regina* in g-moll, Hob. XXIIIb:2.

[93] Am 20. August 1800 meldete die Allgemeine Musikalische Zeitung (2. Jg., Nr. 47, Intelligenzblatt XVIII), daß bei einem Kompositionswettbewerb die Vertonung des Psalmes *Dixit Dominus* von Justin Heinrich Knecht (1752–1817) mit dem Ersten Preis bedacht worden sei. Der Vergleich dieser Komposition mit Händels Vertonung desselben Textes ist naheliegend.

[94] Johann Rudolf Zumsteeg (1760–1802), Hofkapellmeister und Komponist in Stuttgart.

[95] Ein solches Zitat läßt sich in der Allgemeinen Musikalischen Zeitung nicht finden. Wohl aber heißt es dort am 30. Januar 1799 (1. Jg., Nr. 18, Sp. 288) in einer Rezension der bei Mollo & Comp. in Wien erschienenen *IX deutschen Lieder für das Klavier oder Harpfe* von Adalbert Gyrowetz: »Deutsch heißen die Dinger, weil die Sprache darunter deutsch ist. Man möchte doch manchmal auf Wiener Produkte losfahren; aber wenn sie so schwächlich sind, wie diese, so fühlt man sich doch geneigt, das kurze Leben daran zu schonen.« Im übrigen erschien als Beilage zu diesem Heft der Text der *Schöpfung* ohne Nennung von van Swietens Namen.

was gute und schlechte Musik sey, ob in irgend einer Stadt Teutschlands ein zweyter Haydn lebe, ob irgendwo so viel für die Musik gethan werde als hier?

Er läugne die grössere Cultur des Nördlichen Teutschland in literarischer Hinsicht keineswegs; aber in Rücksicht der Künste, besonders der Musik und des Geschmaks habe das südliche Teutschland unverkennbare Vorzüge. Da habe uns erst kürzlich Baron Lichtenstein[96] einige Sänger aufs Theater verschrieben, und uns einen Herrn Neumann als den Ersten Tenoristen in Teutschland angekündigt. In den Nördlichen Provinzialstädten können solche Subjecte Aufsehen gemacht haben; hier, wo man einen höheren Maasstab hat, erscheinen sie als höchst mittelmäßig, und Mozarts Zauberflöte sey wegen der schlechten Besetzung der Rollen des Tamino und Papageno (Neumann und Schüller)[97] getadelt, und nur durch den Gesang der alten Wiener Operisten gehoben worden.

Ich sagte dem Swieten Sie suchen schon längst einen gründlichen Correspondenten in Wien für die Musicalische Zeitung. Er gestand, daß er keinen zu nennen

96 Karl August Ludwig Freiherr von Lichtenstein (1767–1845), Komponist und Theater-Intendant, 1798–1800 Intendant in Dessau – darauf spielt van Swieten mit der Erwähnung von Provinzialstädten an –, 1800–1803 Kapellmeister an der k. k. Hofoper in Wien.

97 Anton Neumann (1771–1827), 1800 als Tenorist in das k. k. Hofopernensemble engagiert. Der Baßbariton Schüller (wohl Johann Nepomuk Schüller, geb. 1758) wurde mit Februar 1801 engagiert, schied aber mit Beginn des nächsten Jahres schon wieder aus dem Ensemble aus. Der Tadel für die beiden Sänger – in den Rollen des Tamino und Papageno in der ersten Hoftheater-Produktion von Mozarts Zauberflöte – erschien in der Allgemeinen Musikalischen Zeitung am 18. März 1801 (3. Jg., Nr. 25, Sp. 436).

wisse, der einen guten Aufsatz machen könne, und er selbst habe den Grundsatz so viel als möglich zu thun, und nichts davon zu reden. Doch versprach er, mir einige Materialien theils über die Musicalische Gesellschaft[98], deren Stifter und Seele er ist, mitzuteilen, theils über die 4 Jahrzeiten, so bald sie werden aufgeführt worden seyn. Ich versicherte ihn, daß ich mich diesem Geschäfte gerne unterziehen würde, und daß er Ihrem Institut einen sehr wesentlichen Nuzen leiste. Er hat Ihren Brief vom Juli 1800 noch nicht beantwortet, weil er zuerst den Eindruk abwarten will, den das

98 Die »Associierten Cavaliers«, die Oratorienaufführungen veranstalteten und die Auftraggeber für Haydns Schöpfung und Jahreszeiten waren (vgl. Anmerkung 58).

99 Friedrich Ludwig Ämilius Kunzen (1761–1817): *Das Halleluja der Schöpfung,* komponiert 1797, Partitur und Klavierauszug sind bei Hans Georg Nägeli in Zürich erschienen. Der Text stammt von Jens Baggesen (1764–1826). Vgl. auch Griesingers Brief vom 30. Januar 1802.

100 Härtel veröffentlichte Partitur und Klavierauszug gleichzeitig (vgl. Anmerkung 88).

101 Georg Friedrich Händel (1685–1759).

102 Carl Heinrich Graun (1701–1759).

103 Christoph Willibald Gluck (1714–1787).

104 Johann Sebastian Bach (1685–1750) oder Carl Philipp Emanuel Bach (1714–1788), wohl nicht Johann Christian Bach (1735–1782).

105 Wolfgang Amadeus Mozart (1756–1791). Von allen genannten Komponisten – mit Ausnahme Glucks und Grauns – besaß Haydn Werke in seiner Musikaliensammlung.

106 Das städtische Hauptmautgebäude – heute würde man sagen: Zollamt – befand sich auf dem Alten Fleischmarkt.

107 Die Aufführungen fanden am 2. und 3. März März 1801 Burgtheater statt. Im übrigen vgl. Anmerkung 37.

108 Franz Joseph Maximilian Fürst von Lobkowitz, Herzog zu Raudnitz, (1772–1816). In seinem (heute noch bestehenden) Wiener Stadtpalais (Wien I, Lobkowitzplatz 2) fanden mehr oder weniger regelmäßig halböffentliche Konzerte statt.

Werk nach einigen Proben machen wird. Er las mir einen Theil des Sommers vor; auf den Rhythmus, die Folge der Jamben, Spondäen u.s.w. hält er mit der äussersten Strenge. Kunzens[99] Composition findet er äusserst kalt, den Text der Kunzischen Schöpfung poetisch, aber nichts weniger als musikalisch. Aller Reim sey in der Musik verderblich, und er müsse immer verschwinden. – Er hofft, Sie werden doch die 7 Worte in Partitur herausgeben, denn aus den Auszügen könne er nichts lernen.[100] Mit Händel[101], Graun[102], Gluck[103], Bach[104], Mozart[105] scheint er ganz vertraut zu sein; keiner habe aber noch Haydns Geist und Empfindung übertroffen; man könnte auf jedes Haydnsche Trio und Quartett ein Gedicht machen.

Haydn sagt mir seit einigen Posttägen, er wolle Ihnen schreiben; ich hoffte, er werde den heutigen nicht versäumen. Er läßt bitten, daß Sie ihm in Leipzig ein Duzend seidner ostindischer Schnupftücher von guter Qualität einkaufen; man kann sie hier nicht bekommen, und die welche er aus England mitbrachte, fangen an zu zerreißen. Die Farbe ist ihm gleichgültig. Sie möchten sie waschen und mit J. H. bezeichnen lassen, weil er sonst auf der Mauth[106] belangt werden könnte. Die Auslage sollen Sie von den 50 Ducaten abziehen, und ihm das übrige in natura schiken.

Am 28sten März werden die 7 Worte zum Besten der Musiker Wittwen[107] im Nationaltheater aufgeführt. Ich freue mich darauf, denn ich höre sie zum Erstenmahle. Bey dem Fürsten Lobkowiz[108] wird die Schöpfung in italiänischer Sprache gesungen werden. Sagen Sie, wenn Sie wollen, dem Publicum durch die musicalische Zeitung. »So eben erfahren wir von einem Fremden, der über Wien reiste, dass Haydn die Composition der 4 Jahrszeiten beendiget hat, und daß man sie bald nach Ostern in dem Pallaste des Fürsten Schwarzenberg aufführen wird. Die Erwartung kann nicht grösser seyn und dennoch wird Haydn sie noch übertreffen!«

Nun, Freund, lasse ich Sie ruhig gähnen. Ihre Augen müssen der Ruhe und des Schlafs höchst bedürftig seyn.

Griesinger

Wien, 3. April 1801

Werthester Freund.

Da ich niemand kenne der im Stande wäre, die italiänische Uebersetzung der 7. Worte zu besorgen, so wandte ich mich an Baron Swieten, und fragte ihn um Rath. Er war mit der Uebersetzung der Schöpfung von

109 Giuseppe Antonio Carpani (1752–1825), in Wien lebender italienischer Dichter. Seine Übersetzung entstand schon 1798 für den Gebrauch am Kaiserhof. 1801 erschien im Wiener Verlagshaus Artaria ein Klavierauszug der *Schöpfung* mit italienischem Text in der Übersetzung Carpanis.

110 Franz Philipp Sarchi, Advokat, Notar und Professor der italienischen Sprache in Wien.

111 Der Name des Verfassers des – allerdings nicht aus Kirchenliedern zusammengesetzten – Textes ist unbekannt.

112 Triest: Bemerkungen über die Ausbildung der Tonkunst in Deutschland im 18ten Jahrhundert, beginnend im 3. Jg., Nr. 14, 1. Januar 1801, Spalte 225–235 und zehn Fortsetzungen bis Nr. 26, 25. März 1801.

113 Allgemeine Musikalische Zeitung, 2. Jg., Nr. 17, 21. Januar 1801: Briefe an einen Freund über die Musik in Berlin. Sechster Brief. Berlin, vom 8ten Januar, Spalte 289–296. Dieser Korrespondentenbericht widmet sich einer Aufführung der *Schöpfung* am 5. Januar in Berlin, die erwähnte Beschreibung des Chaos ist in Spalte 291 zu lesen.

einem gewissen Carpani[109] (die auch bei Artaria erschien) äusserst zufrieden, und ich hoffte, Swieten werde mir eine Adresse an ihn geben. Swieten sagte mir aber, Carpani sey ein vermöglicher, unabhängiger Mann, dem man einen solchen Antrag nicht machen könne; die Schöpfung habe er nur auf Bitten der Kaiserinn übersezt; ich solle zu einem Professor der italiänischen Sprache Sarchi[110] gehen der die Arbeit selbst übernehmen, oder mir wenigstens einen tüchtigen Mann vorschlagen könnte. Diesen Sarchi werde ich aufsuchen und Ihnen zu seiner Zeit Bericht erstatten. Swieten wünschte, daß der teutsche Text gebessert würde; er ist von einem Passauer Geistlichen[111] aus Kirchenliedern zusammengeflikt, und Swieten hat nur hie und da etwas daran geändert. Auf diese Verbesserung werden Sie sich aber wegen der Musik, die vielleicht auch verändert werden müsste, schwerlich einlassen wollen. Auf Haydns Gefälligkeit rechnen Sie nicht; er geht nur mit Widerwillen an solche Geschäfte und er klagte mir erst kürzlich, dass Swieten von ihm verlange, er solle seine Musik der 4 Jahreszeiten auch nach dem italienischen und englischen Text accommodiren. Swieten sagte mir auch, der italiänische Uebersezer der 7 Worte müsse schlechterdings die Partitur der Singstimmen vor sich haben, sonst falle die Arbeit schlecht aus. Die Idee mit dem lateinischen Text gefiel ihm.

Er war mit dem lezten Paket der musicalischen Zeitung außerordentlich zufrieden. Die Aufsäze über die Bildung der Musik in Teutschland im 17. und 18. Jahrhundert seyen meisterhaft[112]; die genialische Beschreibung des Haydnschen Cahos in Nummer 17 las er mir selbst vor.[113] Wer so empfinde, sagte er, müsse selbst im Stande seyn, ein Cahos zu componiren. Er räth auf Reichardt, und ersucht Sie, ihn zu benachrichtigen, wer jene Aufsäze und den Brief aus Berlin eingeschikt habe.

Ich erzählte ihm dass Haydn[s] Schöpfung in Paris nachgestochen worden sey und sezte hinzu dass dieses Unheil einem thätigen Verleger wohl nicht widerfahren wäre. Er antwortete, man habe auf einen Verschleiss von 1000 Exemplaren anfangs gerechnet, und an diesen bleibe Haydn ein reiner Profit von 2000 Ducaten. So viel hätte nie ein Verleger gegeben.

In zehn bis zwölf Tägen werden die Jahreszeiten aufgeführt[114]; Swieten versprach mir ein Exemplar des Textes für sie und ein Billet in den Schwarzenbergschen Saal, damit ich den Eindruk, den die Musik auf mich machen würde, Ihnen sogleich beschreiben könnte. Träg hat die musicalische Zeitung für Haydn empfangen, sie liegt noch auf der Censur; von den Wölfflschen Sonaten[115] und der Arie auf Ihren Geburtstag weiss er nichts. Leben Sie wohl. In aller Eile.

Griesinger

114 Die Uraufführung fand am 24. April 1801 im Palais Schwarzenberg auf dem Neuen Markt in Wien (vgl. Anmerkung 48 und 58) statt. Bemerkenswert ist die kurzfristige Festlegung des Aufführungstermins.

115 Joseph Wölfl (1773–1812), Pianist und Komponist. Wahrscheinlich ist von seinen *Trois Sonates pour le Pianoforte avec Accompagnement d'un Violon composées sûr des Idées prises de l'Oratoire de J. Haydn: la Création,* op. 14, die Rede, die im Februar 1800 bei Breitkopf & Härtel erschienen sind. Die erwähnte Arie auf Härtels Geburtstag kann nicht identifiziert werden.

116 Also Schwiegersohn von Matthias Andres Schmidt (gest. 1818), der seit 1778 eine angesehene Buchdruckerei in Wien betrieb.

117 Ehrengeschenk oder Ehrensold.

118 Joseph von Sonnenfels (1732–1817), Schriftsteller und hoher Beamter in Wien, seit 1797 Reichsfreiherr.

Wien, 8. April 1801

Werthester Freund.
Ich fand an Professor Sarchi (er ist zugleich Advocat, Notar und der Tochtermann des Hofbuchdruckers Schmid[116]) einen sehr feurigen und jovialischen Mann. Swietens Namen verschaffte mir die günstige Aufnahme, denn er verehrt in ihm einen Gönner und Vater. Auch er wusste mir keinen tüchtigen Uebersezer zu nennen, aus Achtung gegen Swieten will er aber selbst dieses Geschäft übernehmen, und ich zweifle, ob er in bessere Hände gerathen könnte, denn Sarchi hat schon als Advocat einen sehr lucrativen Posten und arbeitet im Fache der schönen Wissenschaften nur con amore. Seine Bedingungen lauten also:

1) er kann die Uebersezung nur in einem Monat beendigen;

2) da er zwar Kenner und Liebhaber der Musik ist aber nicht selbst spielt, so muss er auf Einen Monat ein Clavier miethen und täglich sich von einem Capellmeister ein paar Stunden vorspielen lassen. Das werde eine Ausgabe von 6 Ducaten veranlassen.

3) Wenn die Uebersezung gerathe so werde er eine Discretion[117] (das war sein Ausdruk) nicht ausschlagen; indessen versichere er, dass er sich dieser Arbeit mehr aus Eitelkeit als aus Interesse unterziehe. Seyn Sie so gütig, und lassen Sie mich bald wissen, ob Ihnen diese Bedingungen anstehen oder nicht. Und wie ist es denn wegen der Musik zu halten, die bey der Uebersezung nicht wohl entbehrt werden kann?

Ich lege Ihnen eine Strophe bey, die Hofrat Sonnenfels[118] gedichtet und Sarchi ins italiänische übergetragen hat...

Adresse Herrn Herrn Buchhändler Härtel's und Breitkopf's Wohlgeboren zu Leipzig Franco bis Dresden.

Wien, 15. April 1801

... Vater Haydn läßt sich empfehlen und sagt Ihnen für die Zeitungen und Wölfl's Sonaten den verbindlichsten Dank. Seinen Brief ist er Ihnen noch schuldig; er hofft, Sie werden es ihm verzeihen. Was er Ihnen wegen der 7 Worte sagen wollte, werden Sie selbst wissen, »nehmlich, dass die Harmoniemusik[119] vor dem Worte Sitio nicht nothwendig vollstimmig seyn

[119] Harmoniemusik ist die Bezeichnung für Blasmusik in gemischter, aus Holz- und Blechbläsern gebildeter Besetzung. Die erwähnte Stelle ist die Introduktion zu Nr. 5 für Flöte, 2 Oboen, 2 Klarinetten, 2 Fagotte, Kontrafagott, 2 Hörner und 2 Posaunen. Hier muß Griesinger Haydn mißverstanden haben, denn ohne die Blasinstrumente kann man ja die nur für Blasinstrumente geschriebene Harmoniemusik nicht aufführen!

[120] Sébastien Erard (1752–1831) und Jean-Baptiste Erard (1745–1826), Klavierbauer in Paris. Die Bezeichnung »nach englischer Art« bezieht sich auf die von den Gebrüdern Erard verbesserte Repetitionsmechanik. Mahony bedeutet bei Griesinger Mahagoniholz, aus dem das Gehäuse des Flügels gefertigt ist.

[121] Das Pariser Verlagshaus Mademoiselles Erard – über deren Besitzerinnen nichts weiter bekannt ist – hat noch im Jahr 1800 eine Partitur der *Schöpfung* in einer Bearbeitung von Daniel Steibelt (1765–1823) mit französischem Text publiziert.

[122] Zum Uraufführungstermin vgl. Anmerkung 114. Die große allegorische Oper in zwei Akten *Bathmendi,* Text und Musik von Karl August Freiherr von Lichtenstein hatte am 16. April 1801 im Kärntnertortheater Premiere und erlebte insgesamt sieben Aufführungen. *Bathmendi* war in Leipzig uraufgeführt und dort von der Kritik sehr gelobt worden; in Wien hatte die Oper aber keinen nachhaltigen Erfolg.

müsse und dass er sie selbst ohne die Blasinstrumente habe aufführen lassen.«

Die Freres Erard in Paris haben ihm einen schönen Flügel nach englischer Art, von Mahony, mit Bronze verziert zum Geschenk geschikt.[120]

Die Nachricht dass eine Demoiselle Erard[121] die Schöpfung nachgestochen habe, hat ihn gegen die französische Artigkeit gleichgültiger gemacht. So lange ihm ein ähnlicher Streich nicht in Teutschland gespielt wird, hoffe er nach und nach seine tausend Exemplare dennoch abzusezen. Aus dem was ich Ihnen in einem meiner lezten Briefe von Haydns Gewinn an der Schöpfung schrieb, wissen Sie zugleich den Maasstab, was man ihm für die 4 Jahreszeiten bieten müsste. Unter 1500 wenigstens 1000 Ducaten wären sie schwerlich zu erhandeln. So beträchtlich diese Summe ist so kann doch meines Erachtens die Unternehmung für ausgebreitete und auf grosse Speculationen eingerichtete Musikhandlungen nicht unvortheilhafft seyn. Ziehen Sie Ihren Calcul. Jezt ist es noch Zeit, ehe Haydn einen Entschluss gefasst hat. Vielleicht ließe er sich wegen der Zahlungstermine billig finden... Ich zweifle auch nicht, dass Haydn über einen solchen Antrag lange bedenken, und etwa die Artarias zum Aufstreich reizen würde. Die Aufführung der 4 Jahreszeiten ist verschoben worden, weil die Sänger eine neue Oper (Bathmendi[122] *von Baron von Lichtenstein war am 16.*) einstudiren.

Der Text der 4 Jahreszeiten soll (unter uns gesagt) sehr schlecht seyn. Der gute Baron! er träumt sich vielleicht gar, unter Haydns Schuz das Land der Unsterblichen erreichen zu können! Suchen Sie ihn übrigens in der Musicalischen Zeitung zu schonen, wie bisher. Es giebt gewisse Leute, die schon hinlänglich bestrafft sind, wenn man von ihnen schweigt. In anderen Rücksichten fehlt es ihm nicht an schäzbaren Eigenschafften. Mündlich, vielleicht nächsten Sommer, ein Mehreres hievon...

Wien, 25. April 1801

...Hier folgt endlich der Text der Jahreszeiten. Ich will Swieten noch um ein Englisches und Französisches Exemplar bitten... Gestern sind die Jahreszeiten zum erstenmale bey Fürst Schwarzenberg aufgeführt worden.[123] Ich war zugegen und schon vorher bey der Probe. Mit nächster Post erhalten Sie zuverlässig die Schilderung, ich werde heute nicht mehr fertig und will sie vorher Swieten zeigen. Es ist unbegreiflich was Haydn bei dem widerstrebenden Text geleistet hat.

123 Vgl. Anmerkung 114.

124 Griesingers kritische Distanz zum Text stößt sich demnach besonders an Rezitativ und Chor Nr. 17, wo es um ein Weinlese-Fest geht. Der komplette Text der Schöpfung erschien dennoch – was sicher nur über Griesingers Vermittlung möglich war – als Beilage VII zur Allgemeinen Musikalischen Zeitung, 3. Jg., Nr. 34, 20. Mai 1801. Hier werden auch die Aufführungen am 24., 27. (nicht 28., wie Griesinger im folgenden ankündigt) und 1. Mai 1801 besprochen.

125 Zur erwähnten Musikalischen Gesellschaft vgl. Anmerkungen 58 und 98. Der von Griesinger erwähnte Aufsatz über das Wiener Musikwesen (»Kurze Uebersicht des Bedeutendsten aus dem gesammten jetzigen Musikwesen in Wien«) erschien in der Allgemeinen Musikalischen Zeitung, 2. Jg., Nr. 3 und 4, 15. und 22. Oktober 1800, Spalte 41–51, 65–69. Sein Bericht über die Aufführungen der Jahreszeiten ebenda Nr. 34, 20. Mai 1801, Spalte 575–579.

Vom Anfang bis zum Ende ist alles genialisch. Haydn hat den Stein der Weisen der auch aus Drek Gold zu machen versteht. Schonung dem Baron, wenn Sie es mit Haydn nicht ganz verderben wollen! Schonung, wenn Ihnen der vornehmere Theil des hiesigen Publicums, auf welchen Swieten grossen Einfluss hat, nicht gleichgültig ist! Ohnehin ist in Begleitung von solcher Musik auch das Heysasa Hopsasa[124] nicht mehr anstössig. Am 28. April und 1. May werden die Jahreszeiten wieder gegeben und dann ists für dieses Jahr wohl aus. Vor Jahr und Tag kommt das Werk nicht unter die Presse. Der Ruf wird viele Verleger herbeiziehen; unter 1000 Ducaten wird es aber keiner bekommen; jeder wird den andern steigern und unterdessen nimmt sich Haydn die Anträge ad notam ...

Wien, 29. April 1801

... Mein Aufsatz ist schon seit einigen Tagen fertig und schien den Baron Swieten zu befriedigen. Weil er mir wieder ein Billet zu der Aufführung am 1. May gab, so will ich mich dem Eindruke noch einmal Preis geben, vielleicht auch noch etwas hinzusezen. Am 2. May kommt aber die Nachricht sicher auf die Post. Ich habe darin auch der Musicalischen Gesellschaft, von welcher der Aufsatz über das Wiener Musikwesen in Ihrer Zeitung nichts sagt, ein verdientes Compliment gemacht.[125] (Unter uns: Haydn bekam von ihr für die Schöpfung 500 Ducaten, vom Fürsten Schwarzenberg 100 Ducaten. Die Gesellschaft trug alle Kosten der ersten Benefizvorstellung und diese brachte Haydn 900 Ducaten ein. Rechnen Sie dazu den Ertrag der Partitur.

Für die Jahreszeiten wird Haydn nicht weniger einerndten.)

Professor Sarchi wird mit der Uebersezung der Sieben Worte anfangen so bald er die Musik hat. Swieten ist der Meynung, Sie thun am besten, wenn Sie ihm ein Honorar in Geld, etwa 20 Ducaten schiken...

Haydn wird den Clavierauszug der Jahreszeiten selbst besorgen. Liechtensteins Oper Bathmendi ist ausgepfiffen worden; Pärs neueste Oper, der Brausekopf[126] hat keinen sonderlichen Beyfall erhalten...

Wien, 27. May 1801

...Ich machte gestern dem Vater Haydn einen Besuch und sondirte wegen der Jahreszeiten. Er wolle nächstens, sagte er, dieselben stechen lassen, diesesmal aber werde er sich klüger benehmen, als bey der Schöpfung. Die Exemplare sollen nicht eher ausgegeben werden, bis eine grosse Menge abgedrukt sey, und den Verkauf wolle er nicht durch Buchhändler, sondern durch gute Freunde und Bekannte besorgen lassen. Ich konnte nicht umhin, ihm das Unzureichende und Nachtheilige einer solchen Kleinkrämerey sehr lebhaft vor Augen zu stellen. Er wurde auch so sehr davon überzeugt, dass er gesonnen ist, folgendermassen zu negociren. Er wünschte einen Verleger in Teutschland, einen in Frankreich und einen in England (allenfalls auch einen

[126] *La testa riscaldate (Der Brausekopf)*, komisches Singspiel in 1 Akt, Libretto von Giuseppe Foppa, Erstaufführung im Kärntnertortheater am 23. April 1801.

vierten in Moskau) zu finden, von denen ihm jeder 24 Freyexemplare für die hiesige Musicalische Gesellschaft und zwei tausend Gulden baar bezahlen solle. Ich habe von Haydn den ausdrüklichen Auftrag, Ihnen diese Proposition zu eröffnen und Sie zu fragen, ob Sie sich mit einem französischen (allenfalls Pleyel) und Englischen Verleger darüber verständigen wollten. Könnten Sie jemand in Moskau auffinden, so wäre es um so besser. Lassen Sie, werthester Freund, diese Gelegenheit fahren, so stehe ich für nichts und sicherlich würden Sie sich ärgern, wenn Ihnen Rivalen aus Ihrer nächsten Nähe (ein Fingerzeig, über den ich mich nicht bestimmter erklären darf) den Rang ablaufen sollten. Der teutsche Verleger wagt aus vielerley Gründen am wenigsten bey der Unternehmung und Haydn kann, wenn es nöthig seyn sollte, ein Verbot gegen den Nachdruk in den kaiserlichen Staaten leicht bewirken. Ungeachtet mich Swieten versichert hat, dass Haydn den Clavierauszug selbst besorge, so schien es mir doch, als ob Haydn keine grosse Lust darzu habe. Er äusserte dass er das Geschäft fremden Händen nicht gerne überlassen möchte, und dass er die Zeit welche er an den Auszug wenden müsste, lieber neuen Arbeiten widme. Weil der Clavierauszug die Partitur deken muss, so könnte man Haydn im Contract ausdrüklich verbinden, dass er sich damit nicht befasse... Auch Swieten billigt Haydns Plan. Sobald Ihre Antwort kommt, werde ich sie Haydn mittheilen und mich auch der Genehmigung des Barons, auf die so vieles ankommt, versichern.

Am 24sten sang die Kaiserinn die Jahreszeiten und am 25sten die Schöpfung unter Haydns Direction aber nur im Beyseyn ihrer Familie. (Sie hat nach Haydns Versicherung viel Geschmak und Ausdruk, aber ein schwaches Organ.)[127]

Beim letzten Besuch bei Sarchi kam dieser dem Griesinger mit einem »non est mortale quodoptes« entgegen, doch war ... schon ziemlich vorgerükt ... Die 7 Worte »Mich dürstet« u.s.w. müssen lateinisch bleiben, weil die italiänische Bibel keine Autorität habe, und die italienischen Ohren an die Sprache der Vulgata gewöhnt seyn. Heute habe ich die Singstimmen zu den 7 Worten erhalten. Swieten schickt Ihnen die beyden Übersetzungen.

Haydn war sehr verwundert als ich ihm sagte, dass Sie eine Partitur wie die Schöpfung in Einem Monat in so starker Anzahl auflegen können. Ueberhaupt kann ich Sie versichern dass er in Klagen über die Musikhändler (selbst über den Engländer Clementi, der ihm 120 Exemplare von der Schöpfung noch nicht bezahlt hat) Sie immer ehrenvoll auszeichnet. Am 29. werden die Jahreszeiten zu Haydns Vortheil im Redoutensaale

[127] Die Kaiserin Marie Therese (1772–1807) veranstaltete gemeinsam mit dem Großherzog Ferdinand von Toscana (1769–1824) regelmäßig Akademien am Kaiserhof. Bei diesen privaten Hauskonzerten wirkte die Kaiserin – eine ausgebildete Sopranistin – regelmäßig, der Großherzog oft mit; die übrigen Ausführenden waren angesehene Wiener Künstler.

[128] Die erste öffentliche Aufführung der *Jahreszeiten* fand am 29. Mai 1801 im Großen Redoutensaal der Wiener Hofburg statt.

[129] Erzherzog Karl Ludwig Johann (1771–1847), Bruder von Kaiser Franz, als ausgezeichneter Feldherr einer der wenigen, die mit Erfolg gegen die französischen Truppen auftreten konnten, und bei der Bevölkerung ungeheuer beliebt. Seine Erkrankung hat einen reichen publizistischen Niederschlag gefunden.

[130] Auf die Wiedergabe wird hier verzichtet. Sie stimmt im wesentlichen mit der gedruckten Fassung in Breitkopf & Härtels Partitur und Klavierauszug überein.

aufgeführt, also zum Erstenmale vor dem grossen Publicum.[128] Der Eintritt kostet zwey Gulden ... Der Erzherzog Carl ist tödlich krank, man zweifelt an seinem Aufkommen. Der Verlust wäre unersezlich.[129]...

Wien, 30. May 1801

... Sarchi ist mit der Hälfte der Uebersezung fertig. Hier ist der Anfang, den ich morgen dem Baron Swieten, um seine Meynung zu hören, überbringen soll.

Folgt der Anfang.[130]

Wien, 3. Juni 1801

Verhandlungen über Wechselgeschäfte, Breitkopf betreffend als Nachschrift:

Swieten war mit Sarchi's Probestük sehr zufrieden.

Wien, 5. Juni 1801

dito Wechselverhandlungen, dann:

Hier folgt die Quittung von Haydn *(Griesinger war bei ihm)*. Er sezte eben sein Testament auf als ich zu ihm kam, indessen befindet er sich ganz wohl ... Sarchi ist mit der Uebersezung fertig; übermorgen gehen wir damit zu Swieten und in acht Tägen kommt sie auf die Post, weil Sarchi noch einiges feilen will...

Wien, 12. Juni 1801

Verspätung wegen Absendung des ganzes Textes.

Sarchi sagt die Schuld an der Verspätung liege am Copisten und Musikus, der hie und da, doch äusserst selten, eine Note zu verändern hat... Die Mitglieder der Gesellschaft pressiren Haydn mit der Partitur[131]; diese sey auch dem Englischen und Französischen Verleger weniger werth wenn ein Clavierauszug erschienen sey... Pleyel bittet Haydn um die Jahreszeiten sehr dringend; er will dem Haydn von Monat zu Monat den Betrag der verkauften Exemplare schiken. Haydn kennt aber seinen Schüler zu gut.

Achilles, eine große heroische Oper von Pär[132] *... kurze*

131 Die Assoziierten Cavaliers wollten offensichtlich die Partitur rasch gedruckt sehen, weil ihnen davon Belegexemplare zustanden (vgl. Griesingers Brief vom 9. Dezember 1801).

132 Die große heroische Oper in zwei Akten *Achille,* Text von Johann von Gamera, Musik von Ferdinando Paër, wurde am 9. Juni 1801 im Kärtnertortheater uraufgeführt.

133 Vgl. Griesingers Brief vom 27. Mai 1801.

134 Der in Offenbach am Main tätige Musikverleger Johann Anton André (1775–1846), dessen vom Vater begründetes Verlagshaus seit 1775 Haydnsche Werke in Originalausgaben und in Nachdrucken verlegte, war der erste große Musikverleger, der seine Verlagsproduktion auf die Lithographie umstellte. Der Erfinder der Lithographie für den Notendruck, Alois Senefelder (1771–1834), hat 1799 dafür ein Druckprivileg des Kurfürsten von Bayern erhalten und ist gleichzeitig mit André eine Partnerschaft eingegangen. 1803 zog Senefelder nach Wien, wo er sich für einige Zeit als Musikverleger selbständig machte.

135 Vor der Einführung der Lithographie gab es für den Notendruck zwei Verfahren: den Notenstich (mittels Verwendung von Zinnplatten) und den – viel seltener angewandten – Typendruck, der im Verfahren dem Buchdruck verwandt ist.

Notiz über die Aufführung, in Klammern, wohl für die Musicalische Zeitung

Wien, 16. Juni 1801

... Fangen Sie mit dem Drucke der 7 Worte noch nicht an; Swieten untersucht jetzt, ob der italiänische Text mit der Musik gut übereinstimme, und Haydn hat mir versprochen, alles selbst durchzusehen, er sehe das als seine Schuldigkeit an, u.s.w. Bey diesem kleineren Aufschube werden hoffentlich Sie und das Werk nichts verlieren ...

Haydn hat wegen Ihres Vorschlages mit Swieten Rath gehalten, letzterer will schlechterdings nicht dass man die Partitur aus den Händen gebe, ehe der Handel abgeschlossen ist, weil die Unterlassung dieser Vorsicht schon bey der Schöpfung für Haydn so nachtheilig war. Beyde sind auch durch Ihre Bemerkungen über die Schwierigkeit, drey solide Musikverleger unter Einen Hut zu bringen, in ihrem Plane unschlüssig geworden.[133] Hauptsächlich nimmt aber die Sache durch folgendes Intermezzo eine ganz andere Richtung. Vor einigen Wochen (ich erzähle alles aus Haydns Munde) kam eine Frau hier an, deren Mann mit André in Offenbach[134] associrt ist; die oder ihr Mann sticht die Noten nach einer neu erfundenen Manier auf Stein und sie zeigt Proben, welche dem schönsten Stich auf Zinn gleich kommen sollen.[135] Bereits hat ihr der Churfürst von Bayern ein Privilegium in seinen Staaten gegeben, sie suchte auch bey dem Kaiser darum an und erhielt es. Achtzig tausend solcher Steine liegen nach ihrer Aussage im Reiche bereit und jeder kann gegen 2000 Abdrüke aushalten. Diese Frau nun ist es, welche Haydn und Swieten sehr dringend um die Jahreszeiten ersucht, sie hat auch hier einen Agenten und steht mit Kaufleuten in Verbindung und bietet tausend Ducaten für das Werk. Haydn will es um diesen Preis lassen. Die Frau hat am 14ten nach Offenbach geschrieben und erwartet in drey Wochen Antwort. Sie wollte acordiren und die eine Hälfte

136 Gasthaus »Zum Walfisch«, an der Stelle des heutigen Hauses Wien I, Krugerstraße 17. Die heutige Walfischgasse führt ihren Namen nach dieser ehemals sehr renommierten Gaststätte.

137 Die österreichische Währung war eine auf Silbermünzen basierende Währung in Talern (zwei Gulden), Gulden (60 Kreuzer) und Kreuzern; daneben gab es als Goldmünze den Dukaten. »Bancozettel« war die Bezeichnung für das den Münzen vollauf entsprechende Papiergeld. Infolge der finanziellen Belastung des Staates durch die Kriege mit Frankreich mußte das Münzgeld um 1800 durch die Verwendung minderer Silberlegierungen und die Einführung von Kupfermünzen verschlechtert werden. Gleichzeitig fiel der Wert der Bancozettel. Insgesamt kam es zu einer inflationsartigen Entwicklung, die schließlich 1811 zu einem Staatskrach führte, nach dem die Bancozettel im Verhältnis 5:1 eingetauscht wurden. Schon seit 1800 konnte man Bancozettel nicht mehr gegen Silbermünzen eintauschen. 1801 konnten Haydn wie Härtel aber durchaus noch Verrechnungen in Bancozetteln akzeptieren, allerdings mußten sie einen – beim Münzgeld damals unbekannten – Wechselkursverlust berücksichtigen.

138 Am 13. Juni 1801 fand die Eröffnung des von Emanuel Schikaneder erbauten Theaters an der Wien mit der großen heroischen Oper in zwei Akten *Alexander* statt, deren Text Schikaneder selbst verfaßt hatte.

139 Franz Teyber (1758–1810) war schon 1786–1788 Musikdirektor der damals noch wandernden Schikanederschen Schauspieltruppe, seit 1798 arbeitete er in Wien mit Schikaneder zusammen.

140 Vgl. Anmerkung 35. Nach unserer Kenntnis der Biographie des erfolgreichen Theaterunternehmers Peter Freiherr von Braun – der überdies in Wien geboren worden war – ist diese Anspielung nicht recht verständlich.

gleich, die andere nach sechs Monaten bezahlen. Davon will aber Haydn nichts hören und er erklärte ihr in seinem schalkhaften Tone dass er alsdann den Herbst und Winter zurükbehalte. (Den Namen der Frau wusste Haydn nicht mehr, sie wohnt aber im Wirtshause zum Walfisch[136].) Da Haydn an der Erfüllung ihrer Zusage noch ziemlich zweifelt so fragte ich ihn ob ich Ihnen dieses schreiben und nemlichen Antrag machen könne? Er bewilligte es und sezte hinzu »wer zuerst komme, der mahle zuerst.« Haydn macht sich auch anheischig, um diesen Preis die Correctur zu übernehmen, die nöthigen Veränderungen zu dem französischen und englischen Texte zu machen und den Clavierauszug durchzusehen. Das Geld (der Ducaten zu 4 Gulden 30 Kreuzer) muss nicht in Gold oder Silber, sondern kann in Wiener Bancozetteln[137] (die in Leipzig wenigstens zehn per Centum verlieren) bezahlt werden.

Griesinger giebt Breitkopf die Sache zu bedenken.

Haydn las mir einen Brief von Pleyel vor, worin lezterer schreibt, dass er bald auch Haydns Claviercompositionen herausgeben werde ...

Die Oper mit welcher Schikaneder debütirte heisst Alexander[138]; es kommt ein Zug von 40 Pferden darin vor; Teyber[139] hat sie componirt und mit vielen fremden Federn geschmükt. Voran ging ein Vorspiel, der Traum der Thespis. Ein Theaterdirektor wird verjagt und mit Cabalen verfolgt, er findet aber in Athen Schuz und Aufnahme. (Jedermann hielt es für eine Anspielung auf den Baron Braun.[140]) ...

Theilen Sie mir Ihren Entschluß so bald als möglich mit. So viel wird mir Haydn gerne zugestehen, dass er der Offenbacherin keine bestimmte Antwort giebt bis die Ihrige da ist. André hat der Wittwe Mozart für vielen Wust[141] schon einmal 600 Ducaten bezahlt; die Jahreszeiten haben bleibenden Werth...

Wien, 1. Juli 1801

...Noch eher Sie mir wegen der Haydnschen Quartette[142] geschrieben hatten, erzählte mir Haydn etwas empfindlich dass er in der Zeitung Hofmeisters Ankündigung gelesen habe, da er doch selbst vor kurzer Zeit die von Pleyel hatte einrüken lassen. Ich sagte daher dem Haydn nicht gerade heraus, dass Sie auch eine Ausgabe besorgen wollten, sondern warf es nur als eine Vermuthung von meiner Seite hin, weil Sie

141 Johann Anton André (vgl. Anmerkung 134) hat im Jahr 1800 Wolfgang Amadeus Mozarts kompositorischen Nachlaß seiner Witwe um 3150 Gulden abgekauft. Nach nicht zu bestätigenden Hinweisen soll Haydn bei diesem Verkauf eine Art Vermittlerrolle gespielt haben. Gottfried Christoph Härtel hatte den Ankauf erwogen, aber schließlich abgelehnt.

142 Offensichtlich hat Härtel eine Ausgabe der Haydnschen Streichquartette geplant, zu der es dann aber nicht gekommen ist. 1802 hat Franz Anton Hoffmeister in seinem Wiener und Leipziger Verlagshaus eine insgesamt 25 Bände umfassende Ausgabe von Haydns 83 Streichquartetten in Stimmen gestartet, die allerdings schon ab Band 2 vom Leipziger Bureau de Musique (vgl. Anmerkung 38) alleine fortgeführt wurde und erst 1811 abgeschlossen war. Die erwähnten Anzeigen finden sich – mehrmals – in der Wiener Zeitung. Eine ähnliche Gesamt-Ausgabe Haydnscher Streichquartette in Stimmen veröffentlichte 1801/02 Ignaz Pleyel in seinem Pariser Verlag. Sie ist vierbändig und enthält 80 Streichquartette in chronologischer Folge.

143 Vgl. Anmerkung 10.

144 Vgl. Anmerkung 63. Paër trifft zu Ostern 1802 in Dresden ein. Seine Frau Francesca, geb. Ric(c)ardi (1774–1845) ist seit 1798 Mitglied des k. k. Hofoperntheaters.

auch die Mozartschen Quartette herausgaben. Er antwortete darauf dass man den Musikern nicht Gerechtigkeit wiederfahren lasse, wenn man sie für unüze Mitglieder der Gesellschaft halte, da doch nur von seinen Werken so viele Menschen leben. Ich liess es bei dieser Vorbereitung bewenden; Haydn versicherte mich aber, dass er dem Hofmeister keine Vollmacht gegeben habe.

Was werden Sie sagen, daß Sie die Sieben Worte mit diesem Posttage nicht bekommen? Sobald sie fertig und abgeschrieben war, wurde sie Baron Swieten überbracht; dieser verfiel unglücklicherweise in eine Krankheit; Haydn, Sarchi und ich wurden nicht vorgelassen; unterdessen musste Haydn mit seinem Fürsten nach Ungarn, wo er den Sommer wie gewöhnlich zubringt; ich schrieb dem Baron Swieten, bat mir das Werk aus und erhielt es und schikte es am 28ten an Haydn nach Eisenstadt. Ich hoffe, es bald wieder zu bekommen, wenigstens versprach mir Haydn vor seiner Abreise dass er nicht zögern würde.

Folgt missliebiges über Sonnenleitner.

Das grosstönend angekündigte Werk kommt wahrscheinlich gar nicht zu Stande.[143] Haydn hätte das Fach der Kammermusik, Albrechtsberger das Fach der Musik und Salieri das Fach der Theater-Musik bearbeiten sollen. Sehr weislich verlangte aber Haydn vorläufige Versicherung wegen der Bezahlung, diese ist bis auf die heutige Stunde noch nicht erfolgt und Haydn hat deswegen das Geschäft nicht übernommen.

Herr und Madame Pär sind nach Dresden engagirt (jener mit 250, diese mit 800 Ducaten und Freylogis; schade, dass Pär die Stimme seiner Frau zu sehr forcirt und zu hoch für sie sezt!)[144] Pärs neueste Oper Achilles wird überall Beyfall finden aber ein Achilles wie Brizzi[145] erscheint nicht überall! Madame Pär spielte die Briseide; Rollen, welche Würde, Anstand, zartes Gefühl erfordern, gelingen ihr vorzüglich...

Ihren Brief vom 24. Juni, worin Sie Haydns Antrag genehmigen, habe ich heute erhalten[146]; ich habe dem Haydn den wesentlichen Inhalt desselben sogleich nach Eisenstadt geschrieben und mich anerboten, ihn auch dem Baron Swieten mitzutheilen, weil Haydn ohne ihn schwerlich einen Schluss fassen wird. Dass Sie im Nothfalle noch 500 fl. steigern würden, habe ich nicht gesagt aber Haydn gebeten dass er, wenn André etwa mit einer baaren Anweisung herausrükte, seine Antwort so lange verzögern [möge], bis ich von Ihnen Nachricht habe ob Sie die Summe von 1000 Ducaten nicht vermehren würden...

Wien, 4. Juli 1801

... Unsre Hofnung hat uns nicht betrogen. Lesen Sie Haydns Antwort; wenn Ihnen der vorgeschlagene Mittelweg anständig ist so hat die ganze Sache ihre Richtigkeit. Den Brief, welchen Haydn verlangt um die Offenbacherinn vom Halse zu schaffen habe ich

145 Antonio Brizzi d. J. (1774–1837) sang die Titelpartie bei der Uraufführung (am 9. Juni 1801) und den nachfolgenden Aufführungen von Paërs großer heroischer Oper in zwei Akten *Achille* (Text von Johann von Gamera).

146 Für die Publikationsrechte der Partitur der *Jahreszeiten*.

147 Buch- und Kunsthandlung und Verlag in Leipzig.

148 Tranquillo Mollo (1767–1837), zuerst Mitarbeiter im Wiener Verlagshaus Artaria, machte sich 1798 als Musikverleger selbständig. Sein Verlag bestand bis 1832.

sogleich geschrieben, denn Zeitverlust ist bey diesem Geschäfft der sicherste Weg zum Mislingen. Man muss Haydn schnell bey dem Worte nehmen und ins Geschäfft hineinziehen, ehe er seinen Bedenklichkeiten Gehör giebt. Um die 2000 Gulden welche Haydn baar (in Wiener Banknoten) verlangt, können sie bey Ihrem Credit in dem geldreichen Leipzig unmöglich verlegen seyn. Ist Ihnen mit einem Zuschuß von 500 Gulden aus meiner kleinen Casse gedient so disponiren Sie ohne Umstände. Wenn Sie keine Banknoten sondern eine Anweisung schiken so machen Sie, daß dieselbe a vista ausgestellt wird, denn ohne handgreifliche Beweise wird Haydn nicht vorwärts gehen, ja er wird eher zum Mistrauen geneigt; ich kenne meinen Mann. Schiken Sie mir mit dem nervus rerum grundarum 1) einen Contract in duplo, so kurz und bündig als möglich, den Einen mit Ihrer Unterschrifft; den andern soll Haydn unterschreiben. 2) die Ankündigung welche Sie in die Zeitungen wollen sezen lassen. Diese Unterschrifft wird im ersten Anlaufe seine Schwierigkeit finden; man muß auch Haydn nicht zu oft hinter einander zu Leibe gehen und ihm das Geschäfft aufs möglichste verkürzen. Ich dächte Sie warten noch einige Wochen mit der Vorrede; Haydn sagte mir Swieten wolle eine schreiben. Darüber will ich mich erkundigen und sorgen, dass der Artikel wegen des Nachdruks hinauskomme. Da sich jetzt Haydn schrifftlich ganz anders und den hier bestehenden Gesezen (wie ich anderwärts erfahre) gemässer, wegen des Schuzes gegen Nachdruk, als einst mündlich erklärt, so rathe ich Ihnen mit einem hiesigen Buchhändler dieselbe Einrichtung zu treffen, die Baumgärtner[147] mit Mollo[148] hat. Jener läßt auf viele seiner Verlagsartikel stechen: »im Industrie

Comptoir zu Leipzig und bey Mollo in Wien«, dadurch wird das Kaiserlich Königliche Raubgesindel[149] im Zaume gehalten, denn innländischen Verlegern darf nichts nachgedrukt werden. Man sagt mir, dass, wenn auch Haydn ein Privilegium auf seinen Namen bekäme, die hiesigen Verleger ihm dennoch wegen des ausländischen Druks manche Chikanen zuziehen könnten. Da Sie in Wien auf einen starken Absatz zuversichtlich rechnen können, so müssen Sie auf Einmal eine grosse Menge von Exemplaren hieher schiken... Rechnen Sie auf meine Bereitwilligkeit; mein Verhältniss, in welchem ich mit Haydn stehe ist so, dass ich mir einigen Erfolg versprechen kann; Haydn weiss, daß ich nichts von ihm hoffe noch verlange, zugleich erkennt er sich wegen so mancher Gänge für einen Schuldner gegen mich und das macht ihn, besonders bey mündlichen Verhandlungen nachgiebiger... Ich weiss auch, dass Ihnen der Wunsch, durch das

149 In den habsburgischen Erbländern – von Griesinger mit Kaiserlich-Königlich assoziativ umschrieben – war der Nachdruck ausländischer Verlagsprodukte nicht verboten. (Vgl. Griesingers Brief vom 14. August 1801.)

150 Haydn hat 1799 zwei Streichquartette (Hob. III:81,82) für Franz Joseph Maximilian Fürst von Lobkowitz, Herzog zu Raudnitz, komponiert; sie erschienen 1802 kurz nacheinander bei Artaria und Breitkopf & Härtel im Druck. Es ist glaubwürdig, wenn auch nicht zu bestätigen, daß Haydn den Auftrag zur Komposition von sechs Quartetten übernommen hatte. Griesinger nahm an, daß vier vollendet seien (vgl. seinen Brief vom 24. Juli 1801). Zu den Streichquintetten für Moritz Graf Fries vgl. Anmerkung 18.

151 Vgl. Anmerkung 38.

152 Über einen stillen Teilhaber Hoffmeisters an seinem Leipziger Verlagsunternehmen ist nichts weiter bekannt. Möglicherweise ist aber auch unter dem von Griesinger genannten Namen Köhler Hoffmeisters Partner Ambrosius Kühnel gemeint.

Meisterwerk eines der Ersten Tonkünstler Ihrem Verlag ein dauerndes Denkmal zu sezen, nicht gleichgültig seyn kann...

Haydn liess sich entschuldigen dass er wegen vieler Geschäffte mit seinem Fürsten die 7 Worte nur flüchtig habe durchsehen können. Sarchi giebt sie heute auf die Post, nachdem er sie noch einmal dem Salieri und Weigl gezeigt haben wird. Mit dem Honorar war er äusserst zufrieden. Swieten arbeitet an einer italiänischen Uebersezung der Jahreszeiten mit Carpani, die sehr gut ausfallen wird. Haydn macht jezt sechs Quartette für den Fürsten Lobkowiz und hernach will er dem Grafen Fries sechs Quintette componiren; er hat sie schon vor mehreren Jahren versprochen.[150] Gott befohlen. Lassen Sie mich nicht lange auf Antwort warten...

Wien, 14. Juli 1801

...Ich lege Ihnen einen Brief bey, den ich so eben von Haydn erhalte; in meiner Antwort dankte ich ihm aufs verbindlichste für das Opfer, welches er Ihnen und seinem Beutel gebracht habe und versicherte ihm dass Sie ein solches Verfahren werden zu schäzen wissen. (Hofmeister[151] kam am 4ten Abends hier an und reiste schon am 5ten früh Morgens nach Eisenstadt; glücklicherweise hatte ich meinen Brief schon am 4ten auf die Post gegeben. Es ist Kaufmann Köhler[152] in Leipzig der dem Hofmeister Geld vorstrekt; schon vor einigen Monaten war Ordre hier, dem Haydn auf die Jahreszeiten per Abschlag 1200 Gulden zu zahlen. Hofmeister wird mit seinen Gläubigern processiren. Seine Handlung war ehedem auf 110000 f. angeschlagen, er nahm in der Noth Geld zu 40 und 60 per Centum Interessen auf, die Gläubiger verlangten Bezahlung, sie liessen alles verkaufen und löseten nur gegen 15000. Hofmeister hofft von seinen Gläubigern gegen 20000 f. erhalten zu können.)

Sarchi hat sich selbst bey Ihnen entschuldigt. Hier ist endlich die grösste Hälffte von Weigl[153] durchgesehen; das Ende bekomme ich bis zur nächsten Post. Ich kann mir vorstellen, daß Sie mit der Herausgabe eilen wollen, ehe noch die Jahreszeiten erscheinen...

Wien, 24. Juli 1801

Breitkopf hat nun die vollständige Übersetzung der 7 Worte in Händen.

Hier folgt der von Haydn unterschriebene Contract

153 Joseph Weigl (vgl. Anmerkung 49) hat demnach die Unterlegung des italienischen Textes in Partitur und Klavierauszug von Haydns *Sieben Worten* (vgl. Anmerkung 88, 100) kontrolliert, wahrscheinlich bei der Durchsicht der Druckfahnen.

154 Die »Ankündigung der Herausgabe von J. Haydn's vier Jahreszeiten« erschien am 7. Oktober 1801 in der Nr. 2 der Allgemeinen Musikalischen Zeitung (4. Jg., Intelligenzblatt I). Darin ist nichts enthalten, was in dem beschriebenen Sinn Haydns Anstoß hätte erregen können.

155 Nicht näher zu erklärendes Zerwürfnis mit dem Verleger und Musikalienhändler Franz Anton Hoffmeister (vgl. Anmerkung 38).

156 142 französische Musiker übersandten Haydn am 20. Juli 1801 ein Huldigungsschreiben und eine von N. M. Gatteaux in Erinnerung an die am 24. Dezember 1800 erfolgte Pariser Erstaufführung der Schöpfung geschaffene Medaille. Ihre Abbildung erschien in der Allgemeinen Musikalischen Zeitung, 4. Jg., Nr. 5, 28. Oktober 1801, Spalte 79–80.

nebst dem Briefe, womit er ihn begleitet. Seine Bemerkungen über die lezten Zeilen der oefentlichen Anzeige, worinn der Künstler sich gewaltiger als der spärliche Haydn gerührt hat, werden ihm nicht leicht aus dem Kopfe zu bringen seyn. Vielleicht wissen Sie der Sache eine etwas weniger anstössige Wendung zu geben, die bey Haydn Eingang finden könnte.[154] Ueber die Vollstimmigkeit der Jahreszeiten hören Sie auch zugleich Haydns Ausspruch. Dass nach dem Vorfall mit Hofmeister[155] der Contract jezt nicht mehr ein Geheimniss unter drei Personen ist, wissen Sie bereits. Die 2000 fl. habe ich gestern erhalten und heute mit der Post nach Eisenstadt geschikt. Ich ersuchte Haydn mir die Jahreszeiten eingepakt und versiegelt zustellen zu lassen... Die sechs Quartette die Haydn für Lobkowitz komponirt hat, sind des letzteren Privateigenthum und Haydn wird gut dafür bezahlt. Jezt sind erst vier davon fertig; vielleicht kann Haydn nach Jahr und Tag darüber disponiren. Ich halte es für weit zuträglicher, diese Verhandlung so wie Ihr Anliegen der Messe auf eine mündliche Unterredung mit Haydn aufzusparen. Schriftliche Anfragen bringen ihn auf Vermuthungen und er spannt alsdann die Saiten höher...

Wien, 14. August 1801

...Aus den acht Tägen, in welchen Haydn die Partitur zu liefern versprach, werden nun bald drey Wochen. Ich begreife die Ursache dieser Zögerung nicht; ich habe ihm heute geschrieben... Haydn hat seine Medaille aus Paris bekommen[156]; sein Bedienter wollte mir sie zeigen, ich war aber leider nicht zu Hausse, weil ich auf dem Lande wohne und nur selten in die Stadt komme.[157] Vergessen Sie nicht Sich mit einem Musikverleger zu arrangiren damit die Jahreszeiten nicht in den k.k. Staaten nachgedrukt werden können. Es ist wenigstens die sicherste Vorsichtsmaasregel und was schadet es Ihnen, wenn neben Ihrem Namen noch ein anderer steht...

Wien, 22. August 1801

...Noch keine Nachricht von Haydn. Er hat mich durch Herrn Streicher (ein hiesiger Tonkünstler dessen Frau eine geborne Stein ist – *wie Griesinger früher bemerkt*) der ihn mit Forkel[158] in Eisenstadt besuchte, grüssen lassen; man erwartet ihn alle Tage hier; dreymahl war ich dort heute Abends heisst es, kommt er zuverlässig, aber alsdann ist der Posttag wieder vorüber! Haydn wird mir ohne Zweifel das corpus delicti selbst einhändigen; dass er daran schreiben lasse, sagte er dem Herrn Streicher. Die lezte Feile mag dem guten Haydn, der wie er mir öfters klagte jezt nicht mehr so

157 Griesinger reiste in diesem Sommer nicht mit der gräflichen Familie nach Störmthal, verbrachte aber wohl mit dieser die Sommerzeit außerhalb Wiens. In den Sommermonaten in der Stadtwohnung zu verbleiben, war im adeligen und bürgerlichen Milieu unüblich.

158 Johann Nikolaus Forkel (1749–1818), Universitätsdozent, Schriftsteller und Komponist in Göttingen, Mitarbeiter an Joseph Sonnleithners Projekt einer *Geschichte der Musik in Denkmälern* (vgl. Anmerkung 10).

159 Christoph Martin Wieland (1733–1813), Dichter und Schriftsteller, hat die Schöpfung wohl zum ersten Mal in Weimar gehört.

leicht arbeitet, vielen zu schaffen machen. Wenn die Zögerung nur daher rührt, so werden Sie ihm gerne verzeihen. Es ist besser, etwas vollendetes zu liefern wenn es auch einige Wochen später erscheint.

Forkel gab dem Haydn folgendes Gedicht das Wieland nach der Aufführung der Schöpfung machte.[159] Haydn wusste nichts davon, vielleicht ist es bey Ihnen schon veraltert.

Eine Nachricht, die aber ganz unter uns bleiben muss, ist dass Haydn vielleicht auf den Herbst eine Tour nach Paris macht. Franzosen und Teutsche fordern ihn mächtig dazu auf, leztere um die Ehre der Nation willen. Mit welchem Triumph alsdann die Jahreszeiten in Paris auftreten werden!

Hofmeister wird sich, wie ich höre, begnügen, wenn seine Schuldner von allen weiteren Forderungen abstehen; an Herauszahlen wird kaum zu denken seyn. Seinem Leipziger Etablissement fehlt es hier nicht an Credit...

Wien, 25. August 1801

...Endlich habe ich die Jahreszeiten am 23sten mit dem beiliegenden Billet von Haydn erhalten und dieselbigen am 24sten auf die Post gegeben. Ach könnte ich Ihnen doch einen kleinen Theil des Eindruks mittheilen den das Werk bey der Aufführung im Schwarzenbergschen Saale auf alle Zuhörer machte! Alles Wizeln und Bekritteln des Textes verstummte vor Haydns Tonmagie. Swieten erzählte mir, er habe dem Haydn immer die musicalischen Ideen mitgetheilt die ihm dunkel bey der Verfertigung des Textes vorgeschwebt haben; jedes Stük Arbeit das Haydn lieferte, habe ihm aber grössere Ehrfurcht vor Haydn eingeflösst denn wo er, Swieten matt und kraftlos auf der Erde gekrochen habe, sey Haydn in den Sphären des dritten Himmels gewandelt. Haydn muss jezt hier seyn; eine kleine Reise die ich nach Presburg machte, verhinderte mich ihn zu besuchen. Ich will ihn bitten, daß er mir die Briefe, womit der Graf Cobenzl[160] in Paris und der hiesige Cabinetsminister Colloredo die Medaille bekleidete[161], für die Musikalische Zeitung mittheile. Vielleicht erlaubt er mir auch, die Medaille abzeichnen zu lassen. Wäre Ihnen damit gedient? ...

Wien, 28. August 1801

[Griesinger hat Haydn schon dreimal vergeblich erwartet; dessen Haushälterin hat ihm mitgeteilt, daß Haydn diesen Abend zuverlässig kommen werde.]

... Haydn muß jetzt hier seyn ...

160 Ludwig Graf Cobenzl (1753–1809), österreichischer Gesandter in Paris.

161 Franz de Paula Gundacker Graf Colloredo (1731–1807), Reichs-Vizekanzler.

162 Nicht zu identifizieren.

163 Vgl. Anmerkung 2. Der im folgenden erwähnte junge Stein ist der um sieben Jahre jüngere Bruder Nannette Steins bzw. Streichers Matthäus Andreas Stein (1776–1842), der allerdings schon 1802 aus der Werkstätte ausschied. Gottfried Christoph Härtel begann nun in Leipzig einen Klavierhandel, für den er gute Instrumente aus Wien benötigte.

164 Gemeint ist sicherlich das Bureau de Musique (vgl. Anmerkung 38). Zu Köhler vgl. Anmerkung 152.

165 Nicht zu identifizieren.

Wien, 18. September 1801

... Ich bin im wörthlichsten Sinne, wie Joseph Haydn zu seinem Schwager Albrecht[162] zu sagen pflegte, Ihr allertheuerster Freund. Was soll ich zu dieser eben so unerwarteten als wenig verdienten Belohnung sagen? ... Ihre Ungeduld wegen der Partitur der Jahreszeiten habe ich redlich getheilt; was man mit einem Manne, der säuberlich und schonend behandelt werden muss, thun kann, glaubte ich erschöpft zu haben, und ich wäre in grosser Verlegenheit gewesen, wenn er mir nicht endlich durch die wirkliche Ueberschikung alle Sorgen benommen hätte. Jezt müssen Sie das Paket bereits in Händen haben; es war mit Haydns Schiffer überall petschirt; auf der hiesigen Post ist es nicht geöfnet worden; ob man aber an der Gränze auch so höflich war, weiss ich nicht.

Mit Herrn Streicher habe ich wegen der Steinschen Instrumente[163] geredt; er war pressirt versprach mir aber eine ausführliche Antwort. Mit Köhler und dem Comptoir de Music[164] ist er schon in Verbindung. Ich glaube nicht dass irgend ein Instrumentenmacher mehr Theorie, Talent, praktische und mechanische Kunstgriffe bey der Verfertigung seiner Instrumente anwendet als der junge Stein und seine Schwester, die an Streicher verheurathet ist. Von dem Musikhändler Weiss[165] wusste Streicher nichts; ich werde aber anderswo Nachricht einziehen.

Die Jahreszeiten sind seit dem Frühjahr nicht mehr gegeben worden, ich führte den Schwarzenbergschen Saal an weil ich da Zeuge von dem allgemeinen Enthusiasmus war, womit das Werk aufgenommen wurde. Die Stimmen welche (meistens nur a priori) dagegen sind, wären hier gewiss bekehrt worden.

Haydns Bruder aus Salzburg ist seit einigen Tägen hier[166]; Bruder Joseph muss aber noch Geburts und Nahmenstäge zu Esterhazy feyern helfen.[167] Gestern versicherte mich seine Haushälterin dass er in einigen Tägen gewis hier seyn werde; ich will ihn alsdann wegen der Wahl zwischen Gyrowetz und Wranitzky[168] fragen und seine Medaille, wenn er es erlaubt, auf Staniol abdruken und Ihnen zusenden.

Noch einmahl meinen verbindlichsten und lebhaftesten Dank für Ihr reiches Geschenk

Ihr erkenntlichster und aufrichtigster

Griesinger

166 Johann Michael Haydn hatte über Auftrag der Kaiserin Marie Therese eine Messe komponiert, die er am 9. September 1801 persönlich der Kaiserin überbrachte, am 4. Oktober wurde sie unter seiner Leitung erstmals aufgeführt. Er weilte aus diesem Anlaß in den Monaten September und Oktober in Wien und besuchte von hier aus auch Eisenstadt.

167 Aus Anlaß des Namenstages der Fürstin Maria Hermenegild Esterházy (1768–1845) fand am 13. September in Eisenstadt die Uraufführung von Joseph Haydns sogenannter *Schöpfungsmesse* Hob. XXII:13 statt.

168 Anton Wranitzky (1761–1820), Komponist und Kapellmeister in Diensten von Franz Joseph Maximilian Fürst von Lobkowitz, Herzog zu Raudnitz. Härtel plante die Herausgabe einer Bearbeitung der *Jahreszeiten* für Streichquartett oder Streichquintett; Griesinger sollte bei Haydn sondieren, ob dieser für eine solche Bearbeitung Adalbert Gyrowetz oder Anton Wranitzky vorziehen würde. Haydn blieb länger als erwartet in Eisenstadt, so daß ihm Griesinger die Frage brieflich unterbreiten mußte. Am 1. Oktober antwortete ihm Haydn: »was aber die übersetzung deren Jahreszeiten in quart- oder quintetten betrifft, so gedencke ich dem H. Wraniczky von fürst Lobkowitz den vorzug zu geben, da ich nicht allein mit seiner guten übersetzung von der Schöpfung, sondern auch der sicherheit wegen eines eigennützig weitern gebrauches ganz zufrieden bin«. Haydn hatte also Vertrauen in Wranitzky, daß er die Partiturvorlage nicht über den eigentlichen Auftrag hinaus unrechtmäßig weiter benützen

Wien, 10. Oktober 1801

...Swieten wünscht dass Sie die Zeitungs Nachricht, als ob Haydn an dem jüngsten Gericht arbeite[169], als ganz ungegründet widerrufen und in der Musicalischen Zeitung sagen, dass Sie aus sicherer Hand wissen dass Haydn gegenwärtig an keinem grossen Werke fürs Publicum arbeite... Die Jahreszeiten mit Französischem und Englischem Texte hat ihm (Swieten) Haydn noch nicht geschikt. Er schien es nicht zu billigen dass Sie den Clavierauszug zuerst erscheinen lassen... Sollte aber dem Clavierauszug[170] nicht eine grosse Empfehlung abgehen wenn die Worte »von Haydn gebilligt« nicht darauf stehen? Das imponirt dem Haufen und schlägt alle ähnlichen Versuche gänzlich nieder. Auf meine Bitten an Haydn um das Subscriptenverzeichniss[171] ist noch keine Antwort er-

würde. 1802 ist bei Breitkopf & Härtel eine Bearbeitung für Streichquintett erschienen; das Titelblatt nennt als Bearbeiter August Eberhard Müller.

169 Nicht zuletzt der Wunsch der Kaiserin Marie Therese, Haydn möge nun noch ein Oratorium über den Stoff des Jüngsten Gerichtes komponieren, ließ Haydn dieses Projekt ernsthaft überlegen. Er gedachte, Christoph Martin Wieland als Librettisten zu gewinnen. Schließlich wurde das Projekt aber nicht weiter verfolgt.

170 Im April 1802 erschien bei Breitkopf & Härtel der Klavierauszug der *Jahreszeiten* – ohne die Worte »von Haydn gebilligt« –, im Mai die Partitur.

171 Am 7. Oktober 1801 ist in der Allgemeinen Musikalischen Zeitung erstmals das Erscheinen von Partitur und Klavierauszug der *Jahreszeiten* angekündigt gewesen. Die Subskriptionsfrist sollte bis Ende März laufen. Härtel hat offensichtlich gehofft, von Haydn ein Subskribentenverzeichnis für die *Jahreszeiten* zu erhalten und dieses gezielt zur Werbung für diese Ausgabe verwenden zu können. Vgl. auch Griesingers Brief vom 21. Oktober 1801.

folgt. Haydn muss in vier Wochen hieher kommen, alsdann kann alles schneller mündlich berichtigt werden. Swieten sagt mir, der erste unter den Pariser Musikern sey Rey[172] gewesen, Haydn wolle auch der Société des Arts[173] in Paris ein Exemplar der Jahreszeiten schiken. Sie möchten für die hiesige Bibliothek[174] ein schönes Exemplar wählen; mit dem Exemplar vom Don Juan[175] ist er nicht ganz zufrieden.

Die Kaiserinn wird allerdings die Haydnschen Partituren gut aufnehmen. Erwarten Sie aber keine, oder wenigstens keine beträchtliche Belohnung. Ich könnte Ihnen in der Rücksicht Äusserungen aus Haydns Munde mittheilen, den die Kaiserin als grosse Freundinn und Kennerin der Musik äusserst schäzt, öfters zu sich bittet, aber dennoch wenig belohnt. Indessen können Sie Sich immer dadurch

172 Jean Baptiste (I.) Rey (1734–1810), Dirigent der Pariser Opéra.

173 Das Pariser Institut National des Sciences et des Arts hat Haydn mit Datum vom 26. Dezember 1801 eine Ehrenurkunde übersandt.

174 Die k. k. Hofbibliothek, deren Präfekt Gottfried von Swieten war.

175 1801 sind bei Breitkopf & Härtel die Partitur-Erstausgabe und eine Klavierauszug von W. A. Mozarts *Don Giovanni,* KV 527, erschienen.

176 Als Haydn Härtel über Griesinger 1799 die Publikation einiger Messen angeboten hatte, lehnte Härtel ab (vgl. Griesingers Briefe vom 6. November und 7. Dezember 1799). Zwei Jahre später hat Härtel Interesse an einer bestimmten Messe gezeigt (vgl. Griesingers Brief vom 24. Juli 1801).

177 Im Winter konnte der Weg von der Vorstadt Gumpendorf in die innere Stadt auch mit der Kutsche beschwerlich sein. Daher hat Haydn eine Wohnung in der Stadt gemietet; wo diese lag, können wir nicht mit Sicherheit feststellen.

178 Vinzenz Kininger schuf die Vorlage zu dem von Amadeus Wenzel Böhm gestochenen Frontispiz der Partitur von Haydns *Jahreszeiten.*

empfehlen und man weiss ja nicht wo man solche Personen brauchen kann. Sie schiken das Exemplar directe unter Ihrer Adresse nach Wien, denn wenn es jemand von hier aus überbringt so muss es doch auch in der Antichambre abgegeben werden. Der Erzherzog Carl würde sich vielleicht für ein Exemplar erkenntlich bezeugen, wenn er sich gleich nicht mit Musik abgibt.

Die Messen[176] will ich gewiß nicht vergessen, geduldigen Sie Sich aber nur so lange, bis [ich] Haydn wieder persönlich sprechen kann. Wird ein Correspondenzartikel daraus, so giebt Haydn nichts umsonst. Von der Reise nach Paris ist alles still; hätte Haydn die Absicht so würde er nicht ein Logis auf den Winter in der Stadt gemiethet[177] und seine Haushaltung in seinem Hause in der Vorstadt fortgeführt haben.

Ihr Gedanke, Haydn eine Cantate von einem classischen Schriftsteller componiren zu lassen, ist vortrefflich und ich will ihn Haydn mittheilen. Nur muss Swieten nichts davon wissen. Der hat (unter uns) im Sinne noch ein tragisches und noch ein komisches Sujet für Haydn zu bearbeiten, um die Welt von Haydns allumfassenden Genie zu überzeugen. Haydn nimmt begreiflicherweise vorzügliche Rüksicht darauf weil er bey der ersten Aufführung seine 500 Ducaten bezieht. Im Comischen scheint Haydn noch nicht viel bekannt zu seyn, der schalkhafte Mann würde aber hierinn gewiss etwas Vortreffliches leisten.

Kiningers[178] Arbeit müssen Sie jezt in Händen haben; er hofft, sie werde Ihren Beyfall erhalten, der Stecher brauche aber wohl einen Monat zu der Arbeit, wenn sie gut ausfallen solle.

Gönnen Sie dem beiliegenden Aufsaz ein Pläzchen in

der Musicalischen Zeitung. Es ist ein Scherz in die Welt, den mir besonders Herr Horstig und andre Mitarbeiter der Zeitung entlokt haben, welche glauben, um Musiker zu bilden muss man von der frühesten Jugend an hübsche Liederchen vorsingen und jeder Knabe könne Variationen vorpfeifen.

Sie werden die Gallische Lehre belachen, ich that es auch, jezt rechne ich Galls Vorlesungen zu den ersten Merkwürdigkeiten Wiens. Welches Aufsehen würde Gall gemacht haben, wenn er in Paris oder London aufgetretten wäre. Ueber 15 Jahre prüft und untersucht er, ohne noch etwas von seinem System durch den Druk bekannt gemacht zu haben. Seine Manuscrypte liegen fertig, mit den Zeichnungen geht es aber langsam. Es soll zu gleicher Zeit eine Englische, Fanzösische und Deutsche Ausgabe erscheinen. Baumgärtner machte sich Hofnung zum Verlag. Gall will es aber lieber unter seinen Augen herausgeben; die Herausgabe erfordert ein Capital von 12000 fl. – In Baumgärtners Modejournal habe ich einmahl Galls erwähnt.[179] *(N. 6 – 1801)* . . .

[179] Zu Gall vgl. Anmerkung 51, zu Baumgärtner Anmerkung 147. Galls Publikationen erschienen zwischen 1808 und 1820, aber nicht gleichzeitig in verschiedensprachigen Ausgaben, sondern erst französisch und zum Teil danach in deutscher Übersetzung. Die Erwähnung Galls in Baumgärtners Modejournal findet sich (wie schon Pohl in seiner Briefabschrift notiert hat) in Heft 6 des Jahrganges 1801.

[180] Johann Peter Salomon (1745–1815), Haydns Impresario in England.

[181] Gottfried Heinrich Boettcher, Schriftsteller und Redakteur.

[182] Josef Friedrich Freiherr von Retzer (1754–1824), Hofsekretär, Dichter und Schriftsteller.

[183] Über einen Incognito-Aufenthalt von Fürst Leopold III. Friedrich Franz von Anhalt-Dessau (1740–1817?) in Wien läßt sich nichts nachweisen.

Wien, 21. Oktober 1801

...Noch keine Sylbe von Haydn. Ich erkläre mir das so. Wenn er eine Subscribentenliste hat, so ist sie gewis unter seinen hiesigen Papieren, er kann mir sie also auch nicht eher geben als bis er Eisenstadt verlassen hat. Ich zweifle übrigens dass die Subscribenten in England directe an Haydn geschrieben haben und vermuthe, dass ihm Salomo[n][180] die Liste zugeschikt hat. Salomon erhielt auch alle Exemplare der Schöpfung für England.

Herr Streicher ist mir seine Antwort wegen der Steinschen Claviere schuldig geblieben. Die Sache ist aber nicht vergessen, Streicher will seinen Vorschlag schriftlich aufsetzen, und da geht es bey den Musikern immer etwas langsam her. Ich hoffe auch durch Streicher Notizen über die Steinschen Claviere für die Musicalische Zeitung zu erhalten.

Die Sage, dass Haydn das jüngste Gericht componire, ist zwar grundlos, es ist aber wahr, dass ihn die Kaiserinn dazu bewegen wollte und ein Tonkünstler, mit dem Haydn darüber sprach, versicherte mich, dass sich Haydn auf eine sehr originelle und keineswegs verwerfliche Art dabey benommen haben würde.

Böttcher[181] in Weimar schikte vor einiger Zeit dem Baron Swieten einen Schmuzbogen eines Journals durch den Dichter Rezer[182], worauf einige Critiken über die Jahreszeiten, besonders den Text standen. Böttcher liess sagen, das Urtheil sey ihm von hoher Hand zugeschikt worden. Swieten vermuthet, es sey der Fürst von Dessau[183], der incognito hier gewesen seyn soll; mit Rezern ließ er sich aber nicht weiter darüber ein, sondern erklärte nur ganz lakonisch, dass jeder seine Art zu sehen habe und dass er jedem die seinige gönne.

Artaria soll sich beschweren dass der Musicalienhandel jezt so schlecht gehe, seitdem man in Leipzig ein halb Duzend Sonaten um einen Preis druke, den sonst Eine gekostet habe...

Wien, 24. Oktober 1801

...Griesinger bei Baron Swieten

Sein Thema war der Artikel der Ankündigung[184], worin es heisst: »Es werden von der Partitur und dem Auszuge zwey Ausgaben geliefert, wovon die eine neben dem deutschen den französischen die andere neben dem deutschen den englischen Text enthält.« Er befürchtet dass hiebey sehr wesentliche, den Text und die Noten entstellende Fehler vorfallen möchten. Seine und Haydns Meynung sey gewesen dass nur der deutsche Text unter die Partitur gesezt werden solle und dass man die Singstimmen mit Französischem und Englischem Texte besonders druke. Bey der Schöpfung habe er durch umgekehrte Noten die auf den Englischen Text passen in der Partitur nachgeholfen. Kenntnisse der Musik, des Sylbenmaßes, des Tonaccents der Worte sey hierbey so unentbehrlich, dass er dieses Geschäfft und die glükliche Ausführung dessel-

[184] Allgemeine Musikalische Zeitung 4. Jg., Nr. 2, 7. Oktober 1801 (Intelligenzblatt I). Tatsächlich erschien von der Partitur der *Jahreszeiten* eine Ausgabe mit deutschem und englischem Text und eine mit deutschem und französischem Text.

[185] Die sogenannte *Schöpfungsmesse,* Hob. XXII:13 (vgl. Anmerkung 167), tatsächlich Haydns vorletzte Messe.

ben keinem dritten zutraue, besonders habe das Untersezen des Englischen und Französischen Textes unter die Fugen der Jahreszeiten grosse Schwierigkeiten. Alles das ist jezt ohne Zweifel apres diner moutarde und meine erste Einwendung war, warum denn Swieten und Haydn von ihrem Projekt weder Ihnen noch mir früher gesprochen haben? Swieten antwortete, das sey eine blosse incuria von Haydn, der über der Composition seiner (wie es heißt lezten) Messe[185] für den Fürsten Esterhazy alles vergessen habe. Swieten erinnerte den Haydn gleich nach Empfang der Ankündigung an das schon vor einem Monat versprochene arrangement für den Englischen und Französischen Text. Haydn schikte hierauf eine Copie von der Partitur mit folgendem Brief vom 21. October »Ich bin so frey Euer Excellenz die ganze Partitur mitzuschiken indem ein und andre Kleinigkeiten, welche von mir später beygefügt wurden, aussen geblieben sind, wie Euer Excellenz aus dem Zeichen (Notabene dieses Zeichen fehlt im Brief und in der Partitur. Swieten fand aber die kleinen Zusäze nach der Vergleichung mit der früheren Abschrift) ersehen werden. Seit langer Zeit habe ich weder von Herrn Härtel noch Griesinger einige Nachricht erhalten und wundre mich sehr über seine Ankündigung, da er mir versprach, die ersten Abdrüke der Correktur wegen nach und nach einzuschiken.«

Ich sagte dem Swieten dass eine sehr gegründete Besorgniss wegen des Nachdruks Sie von diesem Vorhaben zurükgebracht habe und darüber hatte er freylich nichts einzuwenden als, dass Haydns lezte Feile zur Vollkommenheit des Werks würde beygetragen haben. Ferner dachten beyde Herrn weder an die Nähe der Leipziger Michaelismesse noch an den Schluss des Handels im Norden. Swietens Meynung ist nun, dass Sie sein Projekt befolgen, im Falle der Druk nicht vorgerükt seyn sollte. Ich schike Ihnen in einem andern Paket den ersten Bogen mit englischem Texte, welcher Ihnen Swietens Idee besser als alle Beschreibung aufklären wird. Hier ist auch die Note von der Zeitungsdrukerey.[186] Ob gerade 4000 Stüke und keines weniger

186 Die Buchdruckerei der Edlen von Ghelenschen Erben besaß das Privileg zur Herausgabe der *Oesterreichisch-Kaiserlichen privilegirten Wiener-Zeitung* und beschäftigte sich fast ausschließlich damit. – Note bedeutet soviel wie Rechnung. Sie betrifft in diesem Fall die »Ankündigung der Herausgabe von J. Haydn's vier Jahreszeiten«, unterzeichnet von »Breitkopf & Härtel, in Leipzig« und mit dem Zusatz versehen »Bey Johann Träg No. 957 in der Singerstraße wird darauf Pränumeration angenommen«, die am 4., 7. und 11. November 1801 in den Nummern 88 bis 90 (S. 3976f., 4016 und 4062f.) der Wiener Zeitung erschienen ist.

187 Sicherlich ein Irrtum bzw. Mißverständnis Griesingers; gemeint muß wohl sein Dr. Charles Burney (1726–1814), Musikschriftsteller und Komponist in London, der mit Haydn in London verkehrte und mit ihm in Korrespondenz stand.

188 Vgl. Griesingers Brief vom 14. August 1801 und Anmerkung 156.

189 Nikolaus II. Fürst von Esterházy de Galantha hat tatsächlich ein besonderes Interesse an der Kirchenmusik gehabt. Während Michael Haydns Aufenthalt in Wien bzw. seines Besuches in Eisenstadt (vgl. Anmerkung 166) hatte ihm der Fürst die Stelle des Vize-Hofkapellmeisters mit einem Gehalt von 1500 Gulden (das Zweieinhalbfache von Michael Haydns Gehalt in Salzburg) angeboten. Michael Haydn sagte zu; der Dienstantritt war für August 1802 vereinbart. Nach Salzburg zurückgekehrt, hat er jedoch gesehen, daß er sich von dem ihm liebgewordenen Milieu nicht mehr trennen könne, und unter verschiedenen Vorwänden seine Zusage zurückgezogen. Neben Joseph Haydn amtierender Vizehofkapellmeister wurde nun Johann Nepomuk Fuchs (1766–1839), seit 1788 Geiger und später Klaviermeister am esterházyschen Hof.

geliefert worden sey konnte ich freilich nicht verificiren. In der nächsten Woche kommt Haydn hieher. Gott befohlen

Ihr ergebenster
Griesinger

Wien, 4. November 1801

... Haydn hat kein detaillirtes Verzeichniss seiner Subscribenten in England. Salomon, Clementi und ein Dr. Burnet[187] übernahmen für ihn die Mühe, Subscribenten zu sammeln und sie schikten ihm nichts als die Namen. Den Pariser Brief werde ich bey meinem nächsten Besuch zu sehen bekommen, er hatte noch nicht ausgepakt.[188]

Der Fürst Esterhazy hat seinen Salzburger Bruder in seine Dienste genommen; Kirchenmusik ist des Fürsten Passion.[189]

Von Swietens Plane, über den ich Ihnen neulich schrieb, wusste Haydn selbst nichts, jeder wirft die Schuld der incuriae auf den andern. Haydn hat ausser einer Messe 20 Schottische Lieder für den Edinburger Verleger Thomson arrangirt; man schikt ihm die Melodien, er richtet sie fürs Clavier ein und sezt ein Accompagnement von einer Violine und Bass dazu. Für jedes erhält er 1 Guinee. Haydn sagte lächelnd, er könne alle Tage eines verfertigen; Thomson schikt ihm alle Augenblike ein neues Paket. Ich habe wegen der Messen sondirt; Haydn glaubt, der Verleger werde seine Rechnung dabey finden, die neuesten giebt aber der Fürst Esterhazy selbst der Kaiserinn nicht; ich habe ihm, da er eben ausging, nichts mehreres darüber abgelokt.

Die Quartetten für den Fürsten Lobkowiz sind noch nicht alle fertig.

Die Kaiserinn wünscht noch immer die Composition des jüngsten Gerichts, Swieten ist aber sehr dagegen. Unterdessen unternimmt ein hiesiger junger Dichter[190] die Bearbeitung des Textes in vier Theilen: Der Tod, die Auferstehung, die Hölle, der Himmel. Haydn könnte doch am Ende nachgeben; er sagt die Idee scheine grell, sie sey aber zu einer Musikalischen Darstellung im Grossen trefflich zu benüzen.

Der berühmte Sänger (Castrat) Marchesi[191] ist am 20. October zum erstenmahle in der neuen heroischen Oper Ginevra di Scozia[192] aufgetreten. Er hat einen würdigen Nebenbuhler an Brizzi. Das Publicum ist zwischen beyden getheilt, der Parteylose gesteht jedem ein vorzügliches Talent in seinem Fache zu, und freut sich über eine eben so seltne als glükliche Vereinigung. Marchesi wird sich in 20 Vorstellungen hören lassen und alsdann von den Einkünften eines beträchtlichen Vermögens leben …

190 Nicht zu identifizieren, doch ist aus dem Esterházy-Archiv ein handschriftliches Textbuch »*Das jüngste Gericht* … In Musik gesetzt von Herrn Joseph Haydn … verfaßt v. I. Ignatz Scheiger Pfarrer in Kirchberg am Wagram« überliefert.

191 Pompeo Marchesi.

192 Die große heroische Oper in zwei Akten *Ginevra di Scozia* mit der Musik von Joseph Weigl und Simon Mayr (1763–1845) und einem Libretto von Gaetano Rossi erlebte am 27. (!) Oktober 1801 am Burgtheater ihre Wiener Erstaufführung.

193 Michael Haydn: *Missa sotto il Titolo di S. Teresia* (vgl. Anmerkung 166 und 167).

194 *Te Deum,* C-Dur, Hob. XXIIIc:2.

Wien, 11. November 1801

... Vater Haydn hat sich eine Erkältung zugezogen die ihn seit einigen Tagen ins Bett fesselt; jezt geht es wieder besser. An die Pariser Reise ist so bald nicht zu denken, man muntert ihn zwar sehr dazu auf aber ohne bestimmte Anträge und ohne ihm, wie bey seiner Reise nach England, eine bedeutende Schadloshaltung zum voraus zu schiken.

Ich fand Gelegenheit, einen Antrag wegen der Messen zu machen und weil ich hörte, dass die lezte vorzüglich gut ausgefallen seyn solle so bat ich um diese. Haydn antwortete dass Esterhazy ihre Bekanntmachung höchstens nach ein paar Jahren gestatten würde; die Kaiserinn liess ihn darum ersuchen, er wich aber aus und wird sie nur unter der Bedingung geben, wenn ihm die Kaiserinn die Messe, welche Michael Haydn für sie kürzlich componirt hat[193], mittheilt. Von den früheren wären einige zu haben, da aber Haydn selbst nicht weiss, was davon im Publicum circulirt oder was Sie schon besizen, so möchten Sie ihm ein Verzeichniss seiner schon verbreiteten Kirchensachen, als Messen, Te Deum, Salve, schiken, damit er sich in der Wahl darnach richten könne. Er hat sich aber nicht erklärt, ob er gratis damit herausrüken werde; ich liess es daher bey einer leisen Berührung bewenden, weil die Sache, bis Ihr Verzeichniss kommt, ohnehin aufgeschoben werden muss. Zum Druk seiner ersten Messen würde er nicht rathen, indem sie nicht nach dem heutigen Geschmake seyn; er erwähnte eines Te Deum[194], welches er der Kaiserinn vor zwei oder drei Jahren gemacht habe. Es scheint nicht dass Ihnen bis jezt eine Concurrenz im Wege stehe; Pleyel wird aber gewiss daran denken, wenn, wie es scheint, der catholische Cultus wieder in Frankreich eingeführt wird.[195] Er hat kürzlich dem Haydn ein Exemplar seiner prächtigen Quartettausgabe[196] (ein Unternehmen an das er 40000fl. gewagt) zugeschikt. Haydn ist damit sehr zufrieden, nicht nur wegen des schönen Papiers und Druks, sondern weil man aus der geschikten Anordnung sein stufenweises Fortschreiten in der Kunst bemerken könne. Ein Breslauer Verleger, Barth, hat ihm das 2. Heft seiner Schlesischen Blumenlese[197] dedi-

[195] Mit dem 1801 geschlossenen Konkordat zwischen Papst Pius VII. und der französischen Republik hat die katholische Kirche in Frankreich – wo die Revolution alle Kirchen geschlossen und profaniert hatte – wieder Anerkennung gefunden.

[196] Vgl. Anmerkung 142.

[197] Es handelte sich um das Heft 4 des 2. Jg., für das sich Haydn mit einem Schreiben vom 3. März 1803 bedankte. In dem Brief bedauert er, aus Alters- und Gesundheitsgründen keinen Beitrag für dieses musikalische Periodikum liefern zu können. Zur erst geplanten Widmung eines Liedes ist es also nicht gekommen. Das kleine Leipziger Verlagshaus Barth hat nur einige Bearbeitungen Haydnscher Werke veröffentlicht.

[198] Zu Rey vgl. Anmerkung 172. Ferner sind eindeutig zu identifizieren: Jean Xavier Lefévre (1763–1829), Klarinettist; Gustave Vogt (1781–1870), Oboist, hat Haydn 1805 in Wien besucht; Martin-Joseph Adrien (1767–1822), Sänger und Komponist; François-Joseph Garnier (1755–ca. 1825), Oboist; Frédéric (!)-Nicolas Duvernoy (1765–1838), Hornist; Jacques-Christian-Michel Widerkehr (1759–1823), Violoncellist; Jean-Baptiste Rochefort (1746–1819), Komponist und Dirigent; Rodolphe Kreutzer (1766–1831), Violinist und Komponist.

[199] Johann Joseph Fürst von und zu Liechtenstein (1760–1836); Mitglied der Associierten Cavaliers.

[200] Der sogenannte Linienwall trennte die Vororte Wiens von den unmittelbar vor der Stadtmauer und dem Glacis liegenden Vorstädten. Haydns Haus in der Vorstadt Gumpendorf lag schon ziemlich nahe zum Linienwall oder zur Linie, wie er kurz genannt wurde, der an dieser Stelle überdies mehr von der Stadt bzw. Stadtmauer entfernt war als anderswo.

cirt. Haydn will ihm aus Erkenntlichkeit ein kleines Liedchen dafür schiken.

Das Schreiben, womit die Pariser Denkmünze begleitet war, ist von 138 Personen unterschrieben, wovon die meisten am Théatre des Arts angestellt zu seyn scheinen; bunt und kraus stehen die nakten Namen da, nur der erste unterzeichnete[198]: Rey, chef de l'orchestre du théatre des Arts, tiefer unten zwischen Segur le jeune, Auvray, François Rousseau, Lefebre, Vogt, Adrien, Garnier, Ferd. Duvernoy, Widerkehr, steht Rochefort, second chef de l'orchestre du théatre des Arts und Kreutzer 1. violon du théatre des Arts. Sonst ist keiner näher bezeichnet. Haben Sie den Abdruk der Denkmünze, den ich schon vor einem Monat schikte, erhalten? Ich habe mir in Staniol noch mehrere Abdrüke gemacht. Nach Haydns Tod kommt sie in Esterhazys Cabinet, nicht eher.

Swieten ist noch auf der Jagd bey dem Fürsten Lichtenstein.[199] So bald er zurükkehrt, bitte ich ihn um die Fortsezung der Singstimmen; wenn er sich nur schnell daran macht! Man kann aber den vornehmen Herrn nicht heftig zu Leibe gehen, sonst legen sie die Hände in den Schoos. Mit Swieten muss ich auch reden, damit Haydn die Cessionsakte unterzeichne; ich glaube nicht, dass er die mindeste Schwierigkeit machen wird, wenn ich aber nicht selbst mit Swieten spreche, so trägt Haydn darauf an, dass er den Baron um Rath fragen wolle. Da zieht sich denn alles in die Länge; Haydn wohnt an der entferntesten Linie[200], er wird sein Quartier in der Stadt nicht beziehen, weil es zu feucht ist; kommt er nach seiner Genesung zu Swieten so vergisst er über andere Gegenstände diese Angelegenheit und sie bleibt auf eine zweyte vielleicht spät erfolgende Unterredung aufgeschoben.

Die Braunschweiger Nachdrukerey gehört unter die seltensten Unverschämtheiten.[201] Baron Beck[202] in Berlin mag auf die Partitur der Jahreszeiten lange warten; von hier aus wird sie nicht geschikt. Sie kön-

201 Der Braunschweiger Musikverlag Musikalisches Magazin auf der Höhe hat im Oktober 1801 die Herausgabe eines – wie sich herausstellte allerdings unvollständigen – Klavierauszuges der *Jahreszeiten* angekündigt. Härtel, der von Haydn die Publikationsrechte erworben hatte, veröffentlichte am 4. November 1801 in der Nummer 6 vom 4. Jg. der Allgemeinen Musikalischen Zeitung (Intelligenzblatt II) einen geharnischten Protest gegen diesen Plan. Der Klavierauszug erschien jedoch und wurde in Leipzig wie in Wien von Franz Anton Hoffmeister vertrieben, so daß Haydn vermutete, dieser habe bei der unrechtmäßigen Erwerbung bzw. Vermittlung der Vorlage für diesen von Friedrich Adam Hiller (1768–1812, Musikdirektor in Altona) verfaßten Klavierauszug seine Hand im Spiel gehabt. Am 6. Dezember 1801 unterzeichnete Haydn eine Erklärung, daß »die Herren Breitkopf und Härtel in Leipzig die einzig rechtmäßigen Verleger meiner Komposition, Die Jahreszeiten betitelt, für ganz Deutschland sind« (vgl. Griesingers Brief vom 9. Dezember 1801). Die Erklärung wurde am 23. Dezember 1801 in der Nr. 13 des 4. Jg. der Allgemeinen Musikalischen Zeitung (Intelligenzblatt V) veröffentlicht.

202 Nicht eindeutig zu identifizieren; der Name scheint in der Subskribentenliste der Partitur-Erstausgabe der Jahreszeiten nicht auf.

203 Johann Elßler (1769–1843) wurde 1792 nach Haydns Rückkehr von seiner ersten Londoner Reise sein Bedienter; als solcher stand er bis zu Haydns Tod in seinen Diensten. Er genoß Haydns vollstes Vertrauen, mißbrauchte dieses auch nicht und besorgte alle vertraulichen Kopiaturarbeiten.

204 Griesinger nennt zwei Kunst- und Musikalienhandlungen (Artaria und Mollo, vgl. Anmerkungen 23 und 148) und zwei Buchhandlungen. Josef Vinzenz Degen (1761–1827) erwarb 1789 eine bestehende Buchhandlung im Haus mit der heutigen Adresse Wien I, Michaelerplatz 6. Karl Schaumburg (1770–1833) übernahm 1796 die Buchhandlung seines Schwiegervaters Veit Josef Stahel in der Wollzeile; das Haus besteht heute nicht mehr.

nen sich vollkommen beruhigen dass ausser Swieten und Haydn niemand hier die Partitur oder nur eine Arie von den Jahreszeiten besizt. Haydn hat nur Einen Copisten, einen vertrauten Bedienten[203] der Ihre Copie besorgt und weil er allein ist, so lange aufgehalten hat. Als Haydn vergangenen Sommer nach Eisenstadt reiste, wurde zwischen Swieten und Haydn verabredet dass, wenn die Kaiserinn sich die Jahreszeiten ausbitten sollte, man antworten würde, Haydn habe sie mit sich genommen; auf den Fall, dass man Haydn aber direkte darum anspreche, solle er sagen, dass er die Einwilligung der Musicalischen Gesellschaft verlangen müsse. Die Kaiserin hat aber nicht darum angesucht; indessen sehen Sie doch aus dieser Vorsicht, dass Haydn seinen Contract streng zu halten geneigt ist. Die Furcht vor Dieberey darf Sie also nicht abhalten, die Bögen zu schiken. Sie haben mir schon ein Exemplar der 7. Worte für den Verfasser angekündigt, welches ich aber nicht erhalten habe...

Wien, 14. November 1801

...Hier, mein Bester, sind schon einige Bögen von Swieten. Nächsten Posttag erhalte ich eben so viele und eben so regelmäßig soll auch mit dem französischen Texte fortgefahren werden. Swieten sagt Haydns Abschreiber habe ihn so lange aufgehalten. Er hält dafür wie mir scheint mit grossem Recht, Sie sollten das Geschäfft des Subscribentensammelns einer der hiesigen grösseren Kunst- oder Buch-Handlung, als zum Beispiel Artaria, Mollo, Degen, Schaumburg[204] übertragen. Diese stehen mit der vornehmen

Welt im Verkehr, Träg nicht oder doch weit weniger... Swieten findet an der Cessionsnote nichts verfängliches, Haydn soll noch heute zu ihm kommen, er will mit ihm darüber reden und dann will er ihn ungesäumt unterschreiben lassen. Vale et me ama.

Nachschrift:

Wenn Sie Swietens Kritteleyen entgehen wollen, so lassen Sie den französischen und englischen Text genau so abdruken, wie er ihn schikt. Er wünschte auch, dass Partitur und Klavierauszug zugleich ausgegeben würden.

Wien, 18. November 1801

... Haydn hat sich durch zu frühes Ausgehen ein Recidiv zugezogen und seine reumatischen Kopfschmerzen fesseln ihn wieder ins Bett.

Griesinger holt von Swieten die Schrift, geht zu Haydn, der auf die Versicherung dass Swieten nichts verfängliches darin finde, mit grösster Bereitwilligkeit im Bett unterschrieb.

Haydn wusste nichts davon, dass Le Duc[205] in Paris seine Simphonien herausgebe; er hält das Unternehmen für zu gross und weitläufig, weil er über 100 Simphonien geschrieben habe.

205 Der Pariser Verleger Pierre Le Duc (1755–1816) kündigte im Oktober 1801 die Publikation einer Serie von Partituren Haydnscher Symphonien an; insgesamt erschienen dann in dieser *Collection des Symphonies d'Haydn, mises en Partition* 26 Symphonien und eine Ouvertüre, freilich nicht immer in einem korrekten Notentext.

206 Der Titel heißt bei Haydn wie bei van Swieten *Die Jahreszeiten*.

Diesen Morgen hat Herr Träg zwei Exemplare von der Partitur und dem Klavierauszug der 7 Worte geschikt; ich ging sogleich damit zu Haydn der mit der Eleganz, dem Stich und Ihrem gütigen Geschenk äusserst zufrieden war und mir seinen verbindlichsten Dank auftrug. Er richtete sich mit jugendlicher Munterkeit von seinem einfachen Lager auf, vergass seine Schmerzen, sah das Ganze durch und fand alles aufs beste ... Swieten fragte, warum Sie Vier Jahreszeiten ankündigen. Der Zusaz scheine ihm etwas trivial und Sie möchten ihn nicht auf den Titel sezen. Halten Sie ihm die Micrologie zu gut; es liegt ihm sehr am Herzen dass das Werk in der grössten Vollkommenheit erscheine.[206]

Griesinger bittet um einen Abdruk des Aufsatzes über Gall's phisiologischen Kennzeichen des Tonsinnes.

Griesinger fragt in der Nachschrift ob Breitkopf und Härtel bis gegen Weihnachten fertig werden wegen dem Concert der Tonkünstler Societät, wo nicht, solle Haydn abschlagen.

Wien, 21. November 1801

... Hier ist der versprochene Englische Text ...

Wien, 28. November 1801

... Hier, mein Freund, folgt ein neues Paket von Swieten; was Sie aber mehr interessiren wird, sind die Posaunenstimmen zu den Jahreszeiten, die mir Haydn, weiss der Himmel warum, so eben erst zuschikt, nebst einem andern Blatte, welches der Partitur eingeschaltet werden muss. Ich erinnere mich dass Triangel und Tamborin bey dieser Stelle eine überraschende Wirkung machten.[207] Ferner läßt mir Haydn sagen dass in den 7 Worten bey einem Harmoniestüke Largo anstatt poco Largo stehe.[208]...

Wien, 3. Dezember 1801

...Die Unverschämtheit des Herrn Spelz[209] muß gerügt werden...

207 Die drei Posaunenstimmen sind in der Erstausgabe nicht in der Partitur enthalten, sondern im Anhang dazu gedruckt. Triangel und Tamburin sind in der Nummer 17 (Schlußchor des 3. Teiles) verwendet; zu den letzten 34 Takten dieses Chores heißt es in der Partitur-Erstausgabe nur: »(von hier an, bis zu Ende des Chors, spielt Triangel und Tambourin mit)«.

208 Zum Begriff Harmoniestück oder Harmoniemusik vgl. Anmerkung 119. Die von Haydn korrigierte Tempobezeichnung gilt für die zweite Introduzione.

209 Irrtum Griesingers oder Lesefehler. Der Gründer und Besitzer des Braunschweiger Musikverlages Musikalisches Magazin auf der Höhe, der unrechtmäßig einen Klavierauszug der Jahreszeiten veröffentlichte (vgl. Anmerkung 201), war Johann Peter Spehr (1764–1825).

210 Vgl. Anmerkung 201 und 209. Am 18. und 21. November 1801 hat Hoffmeister in der Wiener Zeitung eine Anzeige erscheinen lassen, wonach er Subskriptionen auf diesen Klavierauszug entgegennehme.

211 Vgl. Anmerkung 40. Sigismund Neukomm hat auch einen Klavierauszug der *Jahreszeiten* angefertigt, der 1802 von Tranquillo Mollo in Wien verlegt wurde. August Eberhard Müller ist auf dem Titelblatt von Breitkopf & Härtels Klavierauszug nicht als dessen Verfasser genannt.

Wien, 9. Dezember 1801

...Hier folgt eine von Haydn unterschriebene Erklärung, welche Nachdruker, die noch ein Fünkchen Ehrgefühl haben, zurükhalten kann. Wo diese Flamme erstikt ist, hilft nichts als Pranger und Zuchthaus. Haydn vermuthete (doch dies unter uns) Hofmeister möchte mit dem Braunschweiger[210] unter Einer Deke steken, aus Aerger, dass das Werk nicht in seinen Verlag kam. Doch dies ist vielleicht bloße Vermuthung; freundschaftlich ist es aber nicht gehandelt, dass Hofmeister auf des Braunschweigers verpfuschte Quintessenz Pränumeration annimmt.

Schiken Sie den Buchhändlern mit denen Sie hier in Verbindung stehen, sogleich eine grosse Anzahl Exemplare zu, damit es nicht wie bey der Schöpfung daran fehle und Nachdruker Zeit gewinnen. Man ist an das Pränumeriren hier nicht gewöhnt, bezahlt aber, sobald man geniessen kann. So wie die Bögen des Clavierauszuges ankommen, fahre ich damit zu Haydn. Weil er sich von seiner lezten Krankheit langsam erholt so darf er sich nur selten und auf kurze Augenblike an sein Clavier sezen; er sah die Bögen durch, war mit dem Druk sehr zufrieden, versprach, mir in einigen Tägen sein Urtheil über die Arbeit zu sagen, so viel sezte er hinzu, sehe er schon aus der flüchtigen Durchsicht dass Herr Müllers Auszug sich leichter spielen lasse, welches bey einer Arbeit für das grosse Publicum ein sehr wesentlicher Punkt sey; sein Schüler, der den Klavierauszug der Schöpfung bearbeitete, habe darin sehr gefehlt, dass er viele schwere Passagen eingemischt habe.[211]

Haydn wiederholte mir auf meine ausdrükliche Anfrage, dass er nicht viel über 100 Simphonien componirt habe, ohne Zweifel tragen also mehrere seinen Namen mit Unrecht.

Grasset hat von England Bestellung auf zehn Büsten von Haydn bekommen; fünf im antiken Costüme, fünf mit der Perüke. Er erhält dafür 100 Dukaten.

Ein hiesiger Verleger[212] wollte Haydn seine Platten von der Schöpfung um 100 Dukaten abhandeln. Haydn wiess ihn damit ab und forderte 200 Dukaten für Platten, vorräthiges Papier und Exemplare. Die Berechnung machte er mir folgendermassen: 300 Zinnplatten eine à 30 Kreuzer – 150 f. – 10 Riss Papier à 18 f. – 180 f., 50 Exemplare à 2 Dukaten – 450 f. Zusammen 780 f. Der Kauf kam bis jezt nicht zu Stande.

Haydn lässt Sie ersuchen, die 24 Exemplare der Partitur dem Baron Swieten zu schiken, ehe sie in alle Welt ausgehen. Im Vertrauen sey es gesagt, Haydn und Swieten krazen sich hinter den Ohren dass der Klavierauszug zuerst erscheint, indem dadurch die 24 Mitglieder der musikalischen Akademie ein zunächst für sie komponiertes Werk nicht früher als das Publicum erhalten.

212 Nicht zu identifizieren.

213 Die Aufführung der *Sieben Worte* war geplant, doch brachte die Tonkünstlersozietät schließlich am 22. und 23. Dezember Haydns Jahreszeiten zur Aufführung (vgl. Griesingers Brief vom 12. Dezember 1801).

214 Christian Fürchtegott Gellert (1715–1769), Dichter und Schriftsteller.

215 Karl Wilhelm Ramler (1725–1798), Dichter und Schriftsteller.

216 Die 13 Gesänge – mehr vertonte Haydn nicht mehr – sind seit 1796 entstanden (Hob. XXVb:1–4 und XXVc:1–9).

217 Graf Johann Hilmar Adolph von Schönfeld. Griesinger benützte zuvor vielleicht manchmal die Diplomatenpost.

Folgt Vorschlag wegen Ausrede.

Die 7 Worte werden am 25. December zum besten der Musikwittwen[213] gegeben. *(Unrichtig.)* –

Haydn veranstaltete eine Sammlung, von 20 Liedern ernst und scherzhaften Innhalts von Gellert[214], Rammler[215] und anderen zu drey und vier Stimmen; mit 13 ist er fertig, die er mir gezeigt hat.[216] Jezt gehts aber langsam mit seinen Arbeiten und es fehlt ihm an Texten, weil, wie er mich versicherte, die wenigsten Dichter musicalisch dichten...

Wien, 12. Dezember 1801

...Ich schicke Ihnen dieses durch die Post, weil dem Grafen[217] die Pakete nicht zu gefallen scheinen. Bleiben Sie in Zukunft bey der gewöhnlichen Briefpost. Swieten hat mir von seinem Verdienst um den Englischen und Französischen Text so vieles vorperorirt dass Sie sich zu einem höflichen Danksagungsschreiben wohl werden entschließen müssen.

Er wünscht die Beantwortung folgender zwey Fragen:

1) was würde ein besonderer Abdruk der Englischen und Französischen Singstimmen im billigsten Preise kosten;

2) was ein besonderer Abdruk wenigstens der Fugen? (Wenn es ihm nicht zu hoch kommt so lässt er, wie ich vermuthe, aus Enthusiasmus für seine Arbeit den Druk besorgen und zwar ganz nach dem Text den er untergesezt, und Ihnen gleich geschikt hat.)

Haydn läßt mir eben sagen, dass er in dem Clavierauszuge viele Unrichtigkeiten finde; er wolle mir die

Bögen nach Tisch schiken. Wenn sie noch zu rechter Zeit eintreffen, gebe ich sie in einem eigenen Paket unverzüglich auf die Post. Der Himmel gebe, dass Sie nicht schon zu weit vorgerükt seyn!

Swieten war bös darüber, daß Eder[218] in den Zeitungen ankündigt, die Pränumeration koste 8 Thl. Sächsisch oder 14 fl Wiener Courant, aber in Conventionsmünze[219] bezahlt, an der wir, wie bekannt, keinen Überfluß haben, und Eder hat ja den Cours schon in Anschlag gebracht.

Der Kaiser hat den Bürgern Wiens erlaubt dass sie am Christtag die Schöpfung im Redoutensaale zum

218 Joseph Eder (1760–1835), eröffnete 1789 eine Kunsthandlung, begann 1794 ein Musikaliensortiment zu führen und Musikalien zu verlegen.

219 Conventionsmünze ist die Bezeichnung für die alte Silberwährung aus der Zeit vor der Münzverschlechterung (vgl. Anmerkung 137).

220 Vgl. Anmerkung 213. Das Bürgerspital zu St. Marx (an der Stelle des heutigen Hauses Wien III, Landstraßer Hauptstraße 173) war ein Versorgungshaus, also Alters- und Pflegeheim. Die von Griesinger angekündigte Aufführung der *Schöpfung* fand nicht am Christtag (25. Dezember), sondern am 27. Dezember im Großen Redoutensaal der Wiener Hofburg statt. Am 26. Dezember 1802 dirigierte Haydn nochmals die *Schöpfung* in einem solchen Wohltätigkeitskonzert, am 26. Dezember 1803 die *Sieben Worte*. Die drei Konzerte brachten dem Bürgerspital fast 20000 Gulden.

221 August Eberhard Müller (vgl. Anmerkung 56 und 211). Dieser Brief Haydns an Müller, datiert vom 11. Dezember 1801, ist erhalten, das beigelegte Notenblatt aber verschollen.

222 Der Inhalt dieses Notenblattes ist in Ausschnitten bekannt. Zur Tonmalerei bei der Textstelle »und aus dem Sumpfe quakt der Frosch« im Terzett 11a am Ende des zweiten Teiles schreibt Haydn: »diese ganze stelle als eine Imitazion eines frosches ist nicht aus meiner feder geflossen; es wurde mir aufgedrungen diesen französischen Quark niederzuschreiben; mit dem ganzen Orchester verschwindet dieser elende gedanke gar bald, aber als Clavierauszug kann derselbe nicht bestehen«.

Besten des Bürgerspitals geben. Dies hat die Vorsteher des Orchesters auf den Gedanken gebracht, die Jahreszeiten neben die Schöpfung zu stellen und sie zum Besten der Musikerwittwen statt der 7 Worte aufzuführen.[220] Swieten und Haydn meinen, Ihr Unternehmen könne dadurch nicht anders als gewinnen, und Dieberey haben Sie nicht zu befürchten.

Nachschrift:

Noch zur rechten Stunde erhalte ich folgenden Brief von Haydn an Herrn Müller[221], der wie wir vermutheten, den Clavierauszug besorgt hat, nebst einem Notenblatte mit Verbesserungen. Die einzelnen Errata die Haydn in den eilf Bögen gefunden hat, zeichne ich auf dem lezten Blatte von Swietens Texte aus; vielleicht war einiges davon schon von Ihrer Officin als Correktur angemerkt. Ich freue mich dass ich Ihrem Wunsche, dass Haydn ein paar Worte sagen möchte, schon zuvorgekommen bin …

Wien, 16. Dezember 1801

… Haydn hat mich mündlich versichert, dass er mit dem Clavierauszug im Ganzen sehr wohl zufrieden ist. Nur einiges findet er zu schwer. Hier ein Notenblatt von seiner Hand mit einer merkwürdigen Aeußerung wegen des Froschgequäks.[222] …

Wien, 23. Dezember 1801

… Es ist ein Missverständniss wenn Sie glauben Grasset erhalte 100 Dukaten für Eine Büste; so viel bekommt er für alle zehn, also für Eine nur 10 Dukaten. Haydn ist dem Grasset aufs neue gesessen, sie müssen also gewis gut ausfallen. Die große, die er vor einigen Tagen gemacht hat, ist von natürlicher Grösse etwa wie die Köpfe die Plattner[223] in seinem Auditorium aufgestellt hat; die neuern werden nach dem, was ich von Haydn hörte, etwa ¼ oder um die Hälffte so gross seyn. Wenn ich zu wählen hätte, so würde ich eine mit der Perüke nehmen, denn dadurch ist Haydn kenntlicher; so hat man ihn immer gesehen und die Einbildungskraft braucht nichts hinzuzusezen.

Dass ich an Sie dachte als mir Haydn seine 13 Lieder zeigte, dürfen Sie kek glauben; ich bezeugte auch gleich dass das ein guter Artikel für Ihren Verlag wäre. Haydn lässt sich aber, bis das 25 voll ist, auf nichts ein, denn, »wenn ich jezt etwas druken lasse, sagte er, muss es schon ein bisserl gross seyn.« Eben so machte er es bey den Jahreszeiten; er wollte nichts von einem Verleger hören, bis sie fertig waren und bis er wisse, wie sie im

[223] Ernst Plat(t)ner (1744–1818), Mediziner und Philosoph, Professor an der Universität Leipzig, ließ für sich ein Privatauditorium errichten, über das es in einer zeitgenössischen Beschreibung (Leipzig. Ein Handbuch für Reisende, Leipzig 1792) heißt: »Die Wände sind mit den Büsten der Philosophen des Alterthums verziert.« Ebenda heißt es, daß »die Anzahl der Zuhörer dieses vorzüglichen Weltweisen sehr beträchtlich ist, und nicht leicht ein junger Studirender, wenn er die Wissenschaften nicht blos als sein Brodmagazin behandelt, Leipzig verlassen wird, wenn er nicht erst zu Plattners Füssen gesessen hätte.«

[224] Vgl. Anmerkung 213 und 220, sowie Griesingers Briefe vom 29. und 30. Dezember 1801. Eine Nachricht darüber erschien in der Allgemeinen Musikalischen Zeitung am 13. Januar 1802 (4. Jg., Nr. 16, Sp. 263 f.), die eine gekürzte Fassung von Griesingers Schreiben vom 29. Dezember darstellt.

[225] und [226] Nicht eindeutig zu identifizieren.

Publicum gefallen. Mit Texten können Sie ihm einen Gefallen erweisen; aber nichts verstiegenes und keine verschrobenen Perioden! Schiken Sie aber bald, was Sie haben ehe Haydn eine grosse Arbeit unternimmt und sagen Sie von dem Vorhaben noch nichts, bis wir näher am Ziele sind.

Den Handel mit den Schöpfungsplatten will ich suchen so bald als möglich in Richtigkeit zu bringen und noch eine Messe in Kauf zu bekommen trachten. Haydn hat bis jezt immer la sourde oreille über diesen Punkt gemacht.

Gestern sind die Jahreszeiten von 200 Musikern im Hoftheater aufgeführt worden und heute abends werden sie noch einmahl gegeben. Haydn hat selbst dirigirt, und ungeheuren Beyfall erhalten. Swieten hat mich ermahnt, eine Nachricht von diesen musikalischen Festen in die Musicalische Zeitung einzurüken; ich hätte es ohne seine Ermahnung gethan, ich muss aber noch den Sonntag abwarten wo man die Schöpfung giebt.[224]

Ein alter Freund von Griesinger, Legationsrath Matthäi[225] aus Dessau wünscht der Gräfin von Stollberg[226] ein Geschenk mit einem Clavierauszug (englischer und deutscher Text) zu machen. Breitkopf sollen ein Exemplar mit der Post abschiken mit der Adresse »à Madame Mad. la Comtesse Fréderique de Stollberg Wernigerode, à Wernigerode am Harz«.

Die Stollbergs sind grosse Verehrer von Haydnscher Musik und Matthäi wird mir den Betrag des Exemplars hier zahlen...

Wien, 26. Dezember 1801

... Gute Nachricht. Haydn überlässt Ihnen die Schöpfungsplatten, vorräthiges Papier und Exemplare um 900 f. in Bancozetteln, gegen Ostern zahlbar. Er bedarf keiner Anweisung auf hiesige Häusser, nur eines Scheines von Ihnen; »er glaube mir ganz, dass Sie ein rechtschaffener und ehrlicher Mann seyn.« Bemerken Sie im Schein 50 Exemplare und zehn Riss Papier. Haydn weiss selbst nicht genau ob nicht etwas davon abgeht; was weniger ist, will er Ihnen aber abrechnen. So bald Ihr Schein hier ist wird eingepakt. Da von den 50 Exemplaren ein großer Theil bey Artaria liegt, wünscht Haydn dass Sie ihm (dem Artaria) so viele lassen als er behalten will und den Betrag mit ihm verrechnen. Auch der Antrag mit den Messen ist völlig gelungen. Nicht Eine, sondern zwey will er Ihnen in Partitur schiken damit Sie wählen können; doch willigt er vor der Hand nur in die Herausgabe einer einzigen als Probe ob das Publicum nach der Fortsezung begierig sey. Er hält es für besser, wenn die Messe nicht als Partitur, sondern jede Stimme einzeln gedrukt wird, damit man sie sogleich auflegen kann. Haydn erwartet nichts für die Messe; wir kennen aber seine schwache Seite, die Schnupftücher haben ihm eine grosse Freude gemacht.[227]

Finden Sie Gelegenheit irgend ein an Werthe nur geringes Geschenk, etwa ein Gilet, oder Battist zu

[227] Vgl. Griesingers Brief vom 25. März 1801.

[228] Tableau *Apollini* mit Medaillonportraits von 27 Musikern, an der Spitze Joseph Haydn und W. A. Mozart, gezeichnet von Philipp Jakob Laoutherbourg d.J. (1740–1812), gestochen von John Landseer (1763 oder 1769–1852), London 1801.

Manschetten, oder bunte seidne Strümpfe (denn weisse trägt er nicht) oder irgend eine andre Kleinigkeit hieher zu schiken, so machen Sie dem guten Papa Haydn eine vergnügte Stunde und Sie verbinden ihn zu gegenseitigen Gefälligkeiten. Die Strenge der Mauth verbietet die unmittelbare Versendung solcher Lokspeisen, vielleicht finden Sie aber einen Reisenden der sie einstekt oder ich könnte den kleinen Betrug spielen hier etwas einzukaufen und als von Leipzig geschikt überbringen...

Thomson der Edinburger Verleger, hat vor kurzem dem Haydn eine schön gearbeitete Dose von Citronenholz geschikt die kaum zwei Guineen gekostet haben mag, die aber als ein Beweis von Achtung und Freundschaft mit vielem Beyfalle aufgenommen wurde. Haydn zeigte mir bey dieser Gelegenheit einen ganzen Schaz von Dosen, Ringen, Uhren und dergleichen, die ihm aus verschiedenen Veranlassungen von dem teutschen und russischen Kaiser, den Königen von Spanien, England, Preußen und Neapel verehrt wurden. Der englische Kupferstich, welcher die Büsten berühmter Tonkünstler, und Haydn nebst Mozart als Sterne der ersten Grösse vorstellt ist dem Haydn zugeschikt worden.[228] Warum lassen Sie uns in der Ausführung solcher glüklicher Ideen durch Ausländer übertreffen und voreilen?

Mit Haydns Gesundheit geht es wieder besser, und ich hoffe, die Parzen werden seinen Faden noch lange spinnen. Heute habe ich die lezten Bögen des Clavierauszuges erhalten, morgen wird die Schöpfung unter Haydns Direction aufgeführt. Davon und von der Aufführung der Jahreszeiten mit nächster Post ein mehreres...

Wien, 29. Dezember 1801

...Durch das glüklichste Ohngefähr befand ich mich in Wien zu einer Zeit, wo dem Genius der Tonkunst durch die herrlichsten Feste gehuldigt wurde. Am 22. und 23. December sind Haydns Jahreszeiten im Hoftheater von 200 Tonkünstlern und am 27. die Schöpfung im großen Redoutensaal aufgeführt worden. Es ist zu spät jezt noch ein Wort zu dem Lobe der leztern hinzuzusezen. Europa hat darüber entschieden. »In aller Welt ertönt das Werk. – Jedem Ohre klingend – keiner Zunge fremd.«[229] Ungeachtet aber diese Musik seit mehreren Jahren hier öfters wiederholt worden, ungeachtet sie durch die gedrukte Partituren und Clavierauszüge unter allen Kennern und Liebhabern verbreitet ist, so waren dennoch die Zuhörer eben so überrascht und hingerissen als ob sie die Gewalt dieser Eindrüke zum Erstenmahle erfahren hätten. So trennt man sich von der Iliade von einem Raphaelschen Gemähldecyklus, von dem Belvederschen Apoll und von jedem andern grossen Kunstwerke mit immer neuer Begeisterung und Erstaunen.

Aber auch die Jahreszeiten sind ein unverwelklicher Lorbeer in dem Kranze, der Haydns Stirne beschattet. Nach der Anlage des Gedichts wechseln hier Frohsinn, Zufriedenheit, Hoffnung, Furcht, Andacht, ausgelassene Freude, scherzhafte Laune und nachsinnender Ernst. Alle diese Empfindungen hat der Tonkünstler

[229] Zitat nach Chor und Terzett 8 c am Ende des ersten Teiles der *Schöpfung:* »In alle Welt ergeht das Wort, jedem Ohre klingend, keiner Zunge fremd.«

[230] Vgl. Anmerkung 220 und 224 und Griesingers Briefe vom 23. und 29. Dezember 1801.

mit unübertrefflicher und nie erreichter Wahrheit dargestellt, und was im Fessel des Sylbenmasses nur mit einigen Worten angedeutet werden kann, das ist in einer seltenen Zauberey melodischer und harmonischer Gänge ausgemahlt und dem Gefühle der Zuhörer näher gebracht.

Das sind die Vorzüge wodurch sich Haydns Jahreszeiten wie die Schöpfung, die sieben Worte des Erlösers am Kreuze und jede seiner andern Arbeiten überall unwiderstehlichen Beyfall erzwingen.

Vielleicht ist es nicht überflüssig, auf den Einfluss aufmerksam zu machen, der sich von solchen musikalischen Werken auf die sittliche und ästhetische Bildung einer Nation erwarten lässt. Kein Kanzelredner ist im Stande, die Grösse des Schöpfers, seiner Werke und seiner Wohlthaten mit der eindringlichen Krafft zu schildern, die Gemüther so in Bewunderung, Dank und Ehrfurcht zu erfüllen und über die Sphäre gemeiner Sinnlichkeit zu erheben, wie es durch die vereinte Wirkung der Dicht- und Tonkunst in der Schöpfung und in den Jahreszeiten geschehen ist.

Deswegen ist auch die Aufführung dieser Werke zur Beförderung wohlthätiger Zweke so vorzüglich geeignet und auch hier kürzlich zum Besten des Instituts für Wittwen und Waisen der Musiker und des hiesigen Bürgerspitals benüzt worden. So lässt eine Kunst, die vielen nur ein flüchtiger Ohrenkizel dünkt, den kommenden Geschlechtern seegenreiche Wirkungen zurük.[230] ...

Wien, 30. Dezember 1801

Neujahrswunsch; dann:

Hier ist eine kleine Nachricht für die musicalische Zeitung *(wohl der obere Artikel).*

Sie enthält keine Sylbe gegen meine innigste Ueberzeugung und Swieten dem ich sie zeigte, war königlich vergnügt, dass ich ihm ganz aus der Seele gesprochen habe. Jezt erklärt mir endlich Herr Streicher, dass er den Verschleiss der Steinschen Forte piano dem Bureau de Musiq[231] ferner überlasse, weil die Theilnehmer durch einen Herrn Meissner, Schwager des Kaufmanns Köhler, in ihrer lezten Geschichte misshandelt worden seyn und er nicht das Ansehen haben wolle als vermehrte er den Druk, indem er ihnen lossage. *(?)* Streicher steht auch mit Hofmeister und Köhler auf einem guten Fuss.

Die Schöpfung trug dem Spital gegen 8000 f. ein. Der Französische Botschafter wohnte der ersten Aufführung der Jahreszeiten bey; gleich nach dem Schluss liess er um ein Billet für die 2te bitten mit dem Beysaz, er habe in seinem Leben nichts schöneres gehört...

231 Vgl. Griesingers Brief vom 18. September 1801. Die nachfolgende Bemerkung ist nicht näher zu erklären.

232 Karl Spazier (1761–1805), Schriftsteller, Herausgeber der in Leipzig erscheinenden Zeitung für die elegante Welt, hat in Haydns Schreiben an August Eberhard Müller vom 11. Dezember 1801 (vgl. Anmerkung 222) Einsicht nehmen können und die den Librettisten van Swieten, der auch auf die Komposition Einfluß nehmen wollte, diskriminierende Textstelle in seiner dort in der Ausgabe vom 31. Dezember 1801 erschienenen Besprechung der Leipziger Erstaufführung der *Jahreszeiten* zitiert.

Wien, 6. Januar 1802

... Finis coronat opus. Hier haben Sie die lezte Correktur von Haydn, wovon Sie etwa bey einer zweiten Auflage Gebrauch machen können. Haydn ist mit dem Auszuge recht wohl zufrieden. Sie haben doch seinen Brief an Herrn Müller erhalten, und meine nachfolgenden Schreibereyen wegen der Schöpfungsplatten, der Aufführung der Jahreszeiten u.s.w.

Wien, 13. Januar 1802

Über Spazier's indiskrete Plauderei in der Eleganten Zeitung[232]

Wie kann man auch einen ehrlichen Mann auf eine unelegantere Art compromittiren? Herr Spazier hat durch seine Schwazhaftigkeit reichen Samen zu Erbitterungen ausgestreut. Der Hieb galt allerdings dem Baron Swieten aber Haydn wird sich sehr gekränkt fühlen, wenn er erfährt, dass man auf den Dächern predigt, was er nur zum Privatgebrauch eines Kunstverwandten niederschreibt. Die Äusserung hätte höchstens nach Haydns oder Swietens Tod bekannt werden sollen und Haydn ist doch wahrlich zu gross, als dass er sich wegen einiger schwachen Stellen noch vor dem Publicum zu rechtfertigen brauchte, er, der Einen Flecken durch hundert Schönheiten ersezt! Das ist es, was alle Critiker der Schöpfung und der Jahreszeiten wohl zu Herzen nehmen sollten.

Griesinger tröstet sich dass weder Haydn noch Swieten davon erfahren, da sie die Zeitung nicht lesen und gute Freunde doch keine Sottisen mittheilen werden.

Kommt aber die Sache zur Sprache so werde ich Ihre Indignation stark genug an den Tag legen und den Hergang der Sache, wie Sie ihn schildern, erzählen.

Wer mag denn dem Herrn Spazier aufgebunden haben dass Haydn selbst von der Schöpfung nur wenig halte? Haydn ist bescheiden aber nicht dumm – demüthig und so oft auch schon über die Schöpfung bey ihm geredet wurde, so hörte ich doch nie ein Wort, das zu einer solchen Auslegung berechtigte. Auch das ist falsch dass Leipzig den Vorzug der ersten gelungenen öffentlichen Aufführung der Jahreszeiten habe. Wenn man auch die dreimaligen Aufführungen im Schwarzenbergschen Saale (vor wenigstens 500 Zuhörern) nicht unter die öffentlichen rechnen will, so gab ja Haydn im Mai 1801 eine Aufführung zu seinem Vortheile im Redoutensaale, die auch nicht misslang...

Haydn weiss kein Wort davon, daß Mollo seine Symphonien herausgeben will. Mollo brachte ihm die

233 Die Kirchenmusikpraxis kannte damals keinen Dirigenten, musiziert wurde in der Regel von einem unter der Leitung des Organisten oder des Primgeigers stehenden Ensemble. Daher wurde Kirchenmusik fast ausschließlich in Stimmen gedruckt, weil diese für die musikalische Praxis guten Absatz fanden, während Partituren nicht für das Musizieren, sondern nur für Studienzwecke gekauft werden konnten. Haydn rechnete damit, daß seine Messen in erster Linie aufgeführt und erst in zweiter Linie studiert würden; so ist es nach seiner Überzeugung einfacher, wenn der, der seine Messen studieren will, nach den Stimmen eine Partitur schreibt, als wenn der, der seine Messen aufführen will, aus der Partitur die Stimmen herausschreibt. Härtel sah wohl, daß im Bereich der katholischen Kirchenmusik Haydns Messen handschriftlich gut verbreitet waren, daß aber auch über diesen Bereich hinaus ein Interesse an diesen Werken bestand.

234 Der nüchterne Lebensstil in evangelischen Gemeinden.

Le Ducsche Ankündigung von Paris mit der Bitte er möchte erlauben dass er sie in die Zeitungen einrüken lassen dürfe. Haydn gab es gerne zu und erhält für diese Symphonieausgabe weder von Le Duc noch von Mollo das mindeste. Freilich ist ihm auch keine Revision aufgetragen worden, die doch, da so vieles unter Haydns Namen zu passiren scheint, nicht überflüssig seyn muß. Haydn hat nichts dagegen, wenn Sie seine Symphonie herausgeben und er wird auch die Durchsicht übernehmen, wenn er einen Vortheil dabey hat. Ich würde Ihnen rathen, hierüber einen Contract zu machen, denn sonst könnten die Partituren manchmal Wochen lang zur Seite gelegt werden.

Den Contract wegen der Schöpfungsplatten habe ich dem Haydn eingehändigt, schon gestern sollte ich Antwort haben wie viele Riss Papier und Exemplare noch vorräthig seyn, er versprach mir's in die Hand, er wolle selbst deswegen in die Stadt herein kommen ... ich habe aber noch nichts darüber erfahren ...

Haydn meynt die Messe müsse mehr Abgang finden wenn sie Stimmenweise gedrukt wird, weil man sie alsdann gleich auflegen könne; die Anzahl der Studierenden sey nicht gross genug und diese können sich die Mühe selbst nehmen, die Stimmen in Partitur zu sezen.[233] Das habe wie er selbst sah, Mozart mit seinen (den Haydnschen) Quartetten so gemacht.

Griesinger freut sich dass Breitkopf (oder Härtel) einen Sohn bekommen haben. Häusliches Glück sei ihm noch fremd.

Eigentlich sollte ich es schon besizen das würtembergische Consistorium hat mich auch bereits zu einer Pfarre berufen. Allein die Reize Wiens, die Schreken der Orthodoxie[234], Aussichten auf eine meinen Wünschen angemessene Lage haben mich bis jezt von der Rükkehr in mein Vaterland zurük gehalten…

Wien, 15. Januar 1802

Werthester Freund,
Mit den 3 und 4 stimmigen Gesängen von Haydn sind wir nun so ziemlich in Richtigkeit[235], wenn anders Swieten, den ich heute Mittag noch spreche, keine Bedenklichkeiten macht. Es scheint nichts einfacheres auf der Welt zu seyn als 300 f. zu zahlen und dafür ein musicalisches Manuscript in Empfang zu nehmen. So leicht geht es aber mit dem alten Papa nicht und Sie müssen Sich nun schon gedulden, dem Verlauf der Sache zuzuhören. Bekannt mit Haydns Unentschlossenheit und Wankelmuth eilte ich nach Empfang Ihres Schreibens am 8ten zu ihm, um ihn zu fragen, ob es ihm noch Ernst sey und ob ich das Geld erheben solle? Er sagte ja, doch mit einiger Verlegenheit; es hiess, die Abschrift sey noch nicht fertig und er wünschte das Manuscript noch vorher dem Baron Swieten zu zeigen; am 10ten wolle er zu ihm in die Stadt damit fahren und da wollte er mir etwa am 12ten dasselbe schiken. Unterdessen hatte ich das Geld bey Herrn Kunze[236]

235 Härtel hatte an einer Publikation dieser Werke (vgl. Anmerkung 216) Interesse. Sie erscheinen 1803 bei Breitkopf & Härtel in den Bänden VIII und IX der *Oeuvres Complettes de Joseph Haydn* und in einem Einzelheft.

236 Wohl die Großhandlung Kunz & Comp. auf dem Haarmarkt Nr. 778 (das Haus existiert heute nicht mehr), geführt von Gottfried Heinrich Kunz. – Die in Im- und Exportgeschäften tätigen Großhändler haben damals auch derartige Geldtransaktionen für bestimmte Auftraggeber durchgeführt.

geholt; der 12te und 13te verstrich und ich hatte keine Nachricht. Am 14ten ging ich zu Swieten, eigentlich nur um zu sondiren, wie es stehe; ich merkte bald, dass Haydn noch nichts gebracht hatte. Ich verfügte mich nun zu Haydn mit den 300 f. in der Tasche; er war verdriesslich und grämlich über ein altes Uebel, das sich wieder bey ihm einstellt, nemlich ein Polyp in der Nase, um dessen willen er seit acht Tagen nicht aus dem Zimmer kann. Als ich herausrükte dass ich um des Manuscripts willen und mit dem Gelde komme, sagte er, er sey schon auf den Gedanken gekommen, seine 13 Gesänge, auf die er stolz sey, auf Pränumeration herauszugeben; sie seyn vielleicht die lezte Arbeit, wodurch er sich etwas verdienen könne und so würde er den grössten Profit ziehen. Ich redete nun ein Langes und Breites von der Mühe und Weitläufigkeit des Pränumerentensammelns und so weiter und legte zugleich die Bankozettel auf den Tisch. Nun muss ich Ihnen noch Eines sagen, fuhr Haydn fort, mein Schüler Neukomm, welcher weiss, dass ich die Lieder componirt habe und welcher mit Mollo genau bekannt ist, liegt mir immer in den Ohren sie lezterem in Verlag zu geben; mit den Gesängen kann ein Verleger 5 bis 6000 Rthl. gewinnen und ich weiss, dass wenn ich dem Mollo 500 f. fordere, ich sie sogleich bekommen kann. Ob dieses wörtlich wahr ist oder nicht muss ich dahingestellt seyn lassen; das sah ich nun aber wohl ein dass keine Zeit zu verlieren sey. Was ein hiesiger Verleger gebe, sagte ich, können Sie auch geben, er möchte immer die 300 f. einstreichen und ich würde Ihnen Mollos Anerbieten melden. Er quittirte mich auch, doch musste ich die Worte »bis auf weitere Antwort« noch in die Quittung einschalten. Zugleich wurde ausgemacht dass, da Haydn nicht ausgehen kann, ich heute dem Baron Swieten die Gesänge bringen, sie ihm zur Durchsicht lassen und ihn wegen des Titels, der Dedication und dergleichen mehr befragen solle. Das Resultat will ich nun abwarten.

Haydn sagte mir noch bey dem Abschied: »Wenn Herr Härtel wüsste, wie meine Gesänge beschaffen sind, würde er gern zugeben dass ich mehr als 300 f. daran verdient habe.« Es wäre mir lieb, werthester Freund, wenn Sie, falls Sie Sich entschliessen würden, etwas mehr zu geben, dieses dem Haydn in einem an ihn gerichteten Briefe meldeten. (Um ihm Porto zu ersparen, schliessen Sie ihn ein.) Der Papa ist mistrauisch wie alte Leute es öfters sind und wer weiss, ob er mich nicht beschuldigt, eine Vollmacht zu einer stärkeren Summe in petto behalten zu haben.

Sonnenleitner und Schreyvogel als Concurrenten Härtels, erstere[r] will sich in Leipzig etabliren und Musik herausgeben.[237]

Als Nachschrift:

Ich komme von Swieten. Er ist gut gestimmt »Ja, ja,

[237] Am 26. Mai 1801 haben Joseph Sonnleithner und Joseph Schreyvogel (1768–1832) gemeinsam mit Dr. Jakob Hohler und Dr. Johann Siegmund Rizy das Bureau des Arts et d'Industrie (Kunst- und Industrie-Comptoir), einen Kunst-, Musik- und Landkartenverlag, gegründet (vgl. Anmerkung 10). Ein Plan Sonnleithners, sich als Verleger in Leipzig zu etablieren, läßt sich nicht anderswo nachweisen.

[238] Zur ursprünglichen Idee, eine Ausgabe der drei- und vierstimmigen Gesänge dem Zaren zu widmen, vgl. Griesingers Brief vom 18. Dezember 1802.

[239] Die k. k. Hofbibliothek – heute: Österreichische Nationalbibliothek (Wien I, Josefsplatz 1) –, deren Präfekt Gottfried van Swieten war.

[240] Christian Friedrich Wappler, Buchhändler und Verleger in Wien.

dem Herrn Härtel soll Haydn die Gesänge geben.« Er will den Russischen Botschafter präveniren wegen der Uebersendung.[238] Ich habe ein paar Worte Dedication aufgesezt, mit denen er zufrieden war. Geben Sie sich keine Mühe mehr damit.

Wien, 20. Januar 1802

...Der Handel mit den Schöpfungsplatten hat noch immer Haydns völlige Beystimmung, aber mit der Expedition geht es langsam, ohne meine Schuld. Haydn möchte nehmlich, ehe er unterschreibt, genau wissen ob wirklich noch zehn Riss Papier und 50 Exemplare vorhanden seyn. Das Papier liegt auf der kaiserlichen Bibliothek[239], ein Theil der Exemplare bey Artaria. Zu diesen ist Haydn wirklich gegangen, Artaria hatte aber den Kopf voll von andern Geschäfften, er konnte nicht gleich aus seinen Büchern Auskunft geben und versprach zu Haydn hinauszukommen. Das ist bis jezt noch nicht geschehen und Haydn erwartet ihn alle Tage. Seitdem ist hier eine fürchterliche Kälte eingetreten, bey der sich Haydn nicht in die Stadt herein wagt. Ich wußte seinen Worten: »er sey ein alter Mann, der sich nur durch viele Schonung länger erhalten könne« nichts besseres entgegenzusezen als dass ich mich erbot an seiner Statt zu Artaria und auf die Bibliothek zu gehen, die Platten in meinen Fiaker zu paken und Herrn Wappler[240] abzugeben. Dieser natürliche Antrag wurde mit einer Menge höflicher Protestationen abgewiesen und ich musste nachgeben, wenn es nicht scheinen solle, als sezte ich ihm das Messer an die Kehle. Sie haben in Ihrem Leben wohl selbst schon mit alten bedächtlichen Leuten zu thun gehabt und Sie werden Sich daher ganz in meine Stelle versezen können. An guten Willen fehlt es nicht, nur mit dem Ausführen hat man seine Noth.

Seit gestern ist die Witterung gelinder und jezt will ich auch einen neuen Sturm wagen. Haydn arbeitet jezt wieder an einer neuen Messe[241] für Esterhazy und arrangirt dem Thomson in Edinburg einige Schottische Lieder. Das sollen aber auch die lezten seyn. Ueber 100 sind gedrukt und Haydn hat in allem 250 derselben arrangirt.[242] Haydn sezt einen Werth darein; die Melodie sey krell, oft empörend, aber durch sein beygesez-tes Accompagnement und einige Nachhülfen seyn diese Reste alter Nationallieder sehr geniesbar worden. Ich zweifle dass sie in Deutschland bekannt sind; um so mehr wünschte ich Sie darauf aufmerksam zu machen.

Sie wissen dass Haydn für den Fürsten Lobkowiz sechs Quartetten schreibt; zwey davon sind schon seit 1½ Jahren fertig. Lobkowizens Capellmeister Wranitzky[243] bat den Haydn um die Erlaubniss, sie bei

[241] Haydns letzte Meß-Vertonung, die sogenannte *Harmoniemesse*, Hob. XXII:14.

[242] Einen Teil der Arrangements hat er auch seinem Schüler Sigismund Neukomm überantwortet.

[243] Anton Wranitzky; zu den Streichquartetten und ihrer Publikation vgl. Anmerkung 150.

[244] August Eberhard Müller, der in Haydns Schreiben an ihn A. G. Spazier hat Einsicht nehmen lassen und damit unbewußt eine – wenn auch nur kurzfristige – Verstimmung zwischen Haydn und van Swieten verursacht hat.

[245] Vgl. Anmerkung 173.

[246] Beilage zur Allgemeinen Musikalischen Zeitung 2. Jg., Nr. 23, 5. März 1800 (Kupfertafel II und III). In der Nr. 24 vom 12. März erschien dazu ein Artikel: Monumente deutscher Tonkünstler.

Artaria stechen lassen zu dürfen. Haydn hätte gewünscht dass man warte, biss alle sechs beysammen sind; er hat aber eingewilligt theils um dem Artaria, der die Versendung der Schöpfungs-Partitur über sich genommen hatte, seine Erkenntlichkeit zu bezeugen, theils um den Wranitzky »der alsdann für seine Compositionen von Artaria einige Dukaten mehr bekomme« eine Gefälligkeit zu erweisen. »Er verliere dadurch, sezte er hinzu ein paar hundert Gulden.«

Müller[244] hat sehr Unrecht, dass er eine Sache zu vertheidigen unternimmt, die sich nicht rechtfertigen lässt. Es wäre noch immer Zeit gewesen, wenn etwas davon zu Haydns Ohren gelangt wäre. Jezt da Müller das Geheimniss verrathen hat, will ich mit Ihrer Apologie hervortreten. Es wird wenig Zuredens brauchen dass Haydn nicht weiter darauf antworten solle. Mit Schreibereyen ist dem Haydn ohnedem nicht gedient.

Als ich das leztemahl bey Haydn war, kam eben ein Billet von Swieten worinn ihm dieser schreibt, er habe in den Zeitungen gelesen, dass Haydn zum Mitglied des Pariser Nationalinstituts erwählt sey.[245] Haydn antwortete darauf mündlich: »er lasse dem Baron nicht die Hand küssen (ein hier gewöhnliches Compliment) aber er schike ihm ein Busserl!« (Kuss). Dass mir der Friedenstörer Spazier dabey in Sinn kam, werden Sie leicht denken.

Könnten Sie mir nicht gelegentlich 1 oder 2 Abdrüke von Händels und Haydns Monument, welches als Beylage zur Musikalischen Zeitung angegeben wurde[246], schiken? Sie würden mich dadurch sehr verbinden. Ich habe bey Grassy eine Haydnsche Büste mit der Perüke bestellt; er macht keine andre Abdrüke als in Biscuit, das Stük zu 10 Dukaten; vor zwei Monaten wird er nicht fertig werden, weil die Form in der jezigen Jahrzeit so langsam troknet...

Wien, 23. Januar 1802

...Noch am nehmlichen Abend, als ich meinen lezten Brief schrieb, verfügte ich mich zu Haydn, um mit ihm 1. wegen der eleganten Zeitung, 2. der Schöpfungsplatten, 3. der Messen zu reden. Weil eben einige Anverwandte von Haydn da waren, so berührte ich den ersten Punkt gar nicht, auf den zweyten erhielt ich eine dilatorische, auf den dritten eine ganz befriedigende Antwort. Diesen Morgen schikt mir nun Haydn mit der Messe folgendes Billet. Geschwind eilte ich wieder zu ihm hinaus, um die Politischen Ursachen zu erfahren, aus denen er mit den Schöpfungsplatten zögern will. Er bat mich, nicht in ihn zu dringen, in einiger Zeit wolle er mir alles sagen, jezt wäre es noch zu früh, er wolle auch mit Ihnen eine Verhandlung nicht abbrechen, die er nur aufschiebe. Mehr erfuhr ich von Haydn nicht.

Einige seiner Aeusserungen und anderwärts eingezogene Kundschafften brachten mich aber auf zwey Vermuthungen, die ich nicht den Ohren eines Spaziers, aber wohl dem Busen eines Freundes anvertrauen darf. Haydn findet sich sehr geschmeichelt, dass er zum Mitglied des National-Instituts ernannt ist oder vielmehr hat ihm Swieten das Ehrenvolle dieser Ernennung wohl ans Herz gelegt. Swieten sagte ihm: jezt

247 Der Orden vom Goldenen Vlies (oder: Orden del Toison de cro, oder: Toisonorden), 1429 von Philipp III. von Burgund gestiftet.

haben Sie den Toison (die höchste Würde in den hiesigen Staaten[247]). Wer weiss, ob Haydn nicht im Sinne hat die Schöpfungs-Platten dem Nationalinstitut zu verehren? Das wäre zugleich eine derbe Lauge für den Hof, der für Haydn und Swieten nichts thut! Eine zweyte Vermuthung, die eben so viel für sich hat, ist diese: Sie wissen dass Haydn am Christtage die Schöpfung zum Besten des Bürgerspitals aufführte und selbst dirigirte. Die Einnahme betrug gegen 8000 fl. Die Bürgerschaft will und muss dem Haydn ihre Erkenntlichkeit dafür bezeigen, und es ist die Rede davon, dem Haydn das hiesige Bürgerrecht auf eine ehrenvolle Art anzutragen. Könnte nun Haydn nicht in sempiternam sui memoriam die Schöpfungsplatten der Stadt Wien zu überlassen gesonnen seyn? – Swieten selbst Bürger von Wien, wird gewiss dazu rathen. Vielleicht sind meine Vermuthungen falsch, aber sie geben doch Haydns Ausdruke: Politische Ursachen einen Sinn.

Haydn hat übrigens, ich wiederhole es, nicht abgebrochen, ich liess auch deswegen die Verschreibung von 200 Dukaten noch in seinen Händen, und er sagte mehrmals: »auf einige Wochen wird es dem Herrn Härtel nicht ankommen.« Leyd thut es mir übrigens, dass wir das ganze Geschäfft nicht schon vor sechs Monaten abgemacht haben wo diese Collision von Umständen noch nicht stattfand.

Haydn hatte in Müllers vier Seiten langem Briefe und einem Blatt Postscript nur das Ende, eine Bitte um eine Messe gelesen. Er erfuhr also das erste Wort von Spaziers Indiscredtion durch mich; ich erzählte den Hergang der Sache und schob alle Schuld auf Spazier. – Haydn war ärgerlich dass Herr Müller dem Spazier das

Blatt zum lesen gab, indessen beruhigt es ihn dass Swieten nicht genannt sey und er lächelte wieder, als ich ihm insinuirte, dass im Grunde mancher Tadel, der dem Mahlerischen Haydn gemacht wurde, durch sein Bekenntniss widerlegt sey, und dass Swieten eine kleine Strafe verdient habe, weil er es wagte, Ihm Fesseln anzulegen. Haydn bat mich, ich möchte ihm Müllers Brief vorlesen (seine Brille war nicht gleich bey der Hand) ich kann Ihnen also den ganzen Innhalt sagen. Müller erzählt dem Haydn von der Aufführung der Jahreszeiten in Leipzig macht ihm gerechte Lobeserhebungen über dieses Werk und die Schöpfung und sezt hinzu, dass Kunzen[248] in der Eleganten Zeitung sehr unvortheilhaft darüber geurtheilt habe. Zur Entkräftigung sey gleich die Nachricht von den Jahreszeiten in die Elegante Zeitung eingerükt worden, der Redacteur habe aber die Sottise begangen, Haydns Worte abdruken zu lassen. Er und Sie hätten ihm Ihr grosses Missfallen bezeugt. Müller wünsche als eine Reliquie eine Haydnsche Messe in der Thomasschule zu bewahren, die er auch an grossen Festen immer geben werde. Der alte Hiller[249] lebe wieder auf, wenn er etwas von Haydn höre und so weiter. – Haydn entschuldigt sich dass er dem Herrn Müller Geschäfte halber jezt nicht gleich antworten könne (das heisst bey Haydn ad graecas Calendas!)

Am 25ten kommt die Messe auf die fahrende Post. Lassen Sie dieselbe bald abschreiben und halten Sie es

248 Friedrich Ludwig Ämilius Kunzen, vgl. Anmerkung 99 sowie Griesingers Briefe vom 25. März 1801 und 30. Januar 1802.

249 Johann Adam Hiller (1728–1804), 1789 bis 1801 Kantor an der Thomasschule in Leipzig.

hierinn mit Müller wie Ihnen gut dünkt. Haydn lässt Ihnen die freye Wahl. Leben Sie wohl

Ihr ergebenster
Griesinger.

Wien, 30. Januar 1802

Griesinger bei Swieten, dieser ist besorgt dass die Französischen Singstimmen nicht an Breitkopf gelangten, da er nur von den Englischen schreibt.

Swieten befürchtet Sie möchten dieselben vielleicht gar nicht erhalten haben, oder seine eingeschikten Verbesserungen nicht benüzen wollen. Daran liegt ihm aber sehr viel. Sie möchten Sich nicht etwas durch einen Franzosen irre machen lassen; er stehe dafür, dass kein Sprachfehler in der Uebersezung sey, es gebe auch im Französischen ungereimte Verse und wenn sein Werk missfalle so wolle er gern allein die Schuld tragen... Er rühmte es gewaltig an dass unter seiner Obhut auch nicht Ein Drukfehler in die Schöpfungspartitur gekommen sey und es ist ihm bange dass es mit den Jahreszeiten nicht so gehen möge. – Des Artikels in der Eleganten Zeitung erwähnte er mit keiner Sylbe; gewiß kam er ihm noch nicht unter die Augen...

Auf Kunzen hält Haydn (unter uns) nicht viel. Sein Hallelujah und eine seiner neuesten Cantaten seyen höchst kalt und mittelmässig. »Fast hätte ich im Sinne«, sagte er, »seine Fehler bekannt zu machen; doch nein! – ich will keine Empfindlichkeit über solchen Tadel äussern«...

Wien, 10. Februar 1802

...Jezt hat mir endlich Haydn eingestanden, dass ihm Swieten den Verkauf der Schöpfungsplatten abgerathen habe, indem es ihm nicht ehrenvoll wäre, den Selbstverlag aufzugeben, nachdem er ihn unternommen habe. Neue Abdrüke sind nicht gemacht worden, Artaria stekt auch schwerlich dahinter, und Haydn versicherte mich auf seine Ehre dass die Platten unter seiner Verwahrung in seinem Hause seyn. Ich bin überzeugt dass die Platten Ihnen wären, wenn Haydn den Muth hätte, sie der Swietenschen Vormundschaft (deren er im Grunde doch satt ist) zu entschlagen; und können Sie glauben dass mir Haydn, als ich Ihr Billet zurükforderte, dasselbe unter seinen Papieren zu suchen versprach, aber mit dem Zusatze »Herr Härtel kann die Platten doch vielleicht noch bekommen.« Diese sonderbare Unschlüssigkeit läßt mich kaum zweifeln dass die in meinem lezten Briefe geäusserten Vermuthungen einigen Grund haben und dass Haydn nur sein Diplom von Paris oder Wien abwarten will. Alles dieses sey unter uns gesagt.

Ich habe bey meinem lezten Besuche einen Fund bey Haydn gemacht, der Ihnen vielleicht ganz erwünscht kommt. Ich sah auf seinem Clavier ein Paket Noten mit der Aufschrift: »Die wüste Insel, eine Oper in zwei Akten, in Musik gesezt von J. Haydn.« Was ist das?

[250] Hob. XXVIII:9, komponiert 1779. Eine deutsche Übersetzung des von Pietro Metastasio stammenden Librettos erschien schon 1778 in Leipzig im Druck. Wie aus dem folgenden hervorgeht, stammt die hier zur Debatte stehende »Verdeutschung« von einem gewissen Schaum aus Hirschberg.

[251] *La vera Costanza,* Hob. XXVIII:8.

»Da hat mir jemand aus dem Reiche eine Verdeutschung der Oper des Metastasio: l'Isola disabitata geschikt die ich 1785 componirt habe.[250] Die Arbeit ist mit Fleiß gemacht und weil der Text erhaben ist so habe ich alle Recitative instrumentirt, nur am Finale, einem Quartett, muss ich etwas ändern, weil es zu lang ist, auch hier und da einige Noten, die nicht zum deutschen Text passen.« Ist die Oper schon gedrukt? »Niemahls«. Wollen Sie dieselbe nicht dem Herrn Härtel überlassen? »Meinetwegen«. Wie viel verlangen Sie dafür? »Herr Härtel mag mir geben was er will, die Oper dauert gegen 1½ Stunden, meine Opern sind nicht bekannt, aber mit dieser wünschte ich zuerst aufzutreten. Fünfzig Dukaten sind wohl zu viel?« Diesen Preis will ich dem Herrn Härtel sogleich schreiben und ich hoffe Ihnen nach 14 Tägen die Antwort zu bringen. Wird aber der Verdeutscher damit zufrieden seyn? »Der ist nur ein Liebhaber, kein Verleger, sein Name ist mir entfallen, ich habe auch seinen Brief gelesen, ich will ihn aber aufsuchen und Ihnen darüber Nachricht geben; die Musik bleibt immer mein Eigenthum und der Text gehört dem Metastasio. Fünf bis sechs Wochen kann es aber noch anstehen, bis ich die Veränderungen gemacht habe.« – Das war wörtlich meine Verhandlung mit Haydn und ich erwarte jezt nur weitere Verhaltungsmaasregeln von Ihnen.

Eine Haydnsche Oper ist immer eine neue Erscheinung, nach der das Publicum greifen wird und man muss sich beeilen, von dem 70-jährigen Haydn zu bekommen, was möglich ist, denn nach seinem Tode werden inn- und ausländische Verleger wie bey Mozart steigern. – Salieri ersuchte kürzlich Haydn er möchte eine andere seiner Opern, La vera Constanza[251] im Hoftheater aufführen lassen. Haydn willigte nicht ein, weil die Tomeoni[252] die erste Rolle dabey übernehmen wollte, die nach seinem Erachten nur einem unschuldigen Mädchen wie die Saal gelingen könne. – Es versteht sich dass die 50 Dukaten in Bancozetteln bezahlt werden...

Hier folgt das thematische Verzeichnis der Clavierstüke; vier, welche mit Kreuzen bezeichnet sind, erkennt Haydn nicht für die seinigen. Er wunderte sich, wie Sie so viele seiner früheren Arbeiten haben zusammenbringen können, denn er selbst habe von den wenigsten weder eine Copie, noch einen Catalog; lezterer ist ihm erst vor zwei Jahren aus seinem Zimmer weggenommen worden, nachdem er ihn gegen 40 Jahre hindurch fortgeführt hatte. Es gehört jezt zu seinen Projekten, die aber vielleicht nie zur Reife kom-

[252] Vgl. Anmerkung 67.

[253] Das von Johann Elßler (vgl. Anmerkung 203) geschriebene *Verzeichnis aller derjenigen Compositionen welche ich mich beyläufig erinnere von meinem 18ten bis in das 73ste Jahr verfertiget zu haben,* das 1805 abgeschlossen war.

[254] Das von Griesinger erwähnte Symphonien-Verzeichnis ist nicht eindeutig zu identifizieren und scheint nicht erhalten zu sein. Nach unserer heutigen Kenntnis hat Haydn 108 Symphonien komponiert, von denen eine verschollen ist. Die Zeitgenossen haben oft auch Opern-Ouverturen als Symphonien bezeichnet und gezählt (vgl. auch Griesingers Brief vom 17. Februar 1802).

[255] Die zur Leipziger Ostermesse 1802 erschienene Partitur der sogenannten *Heiligmesse,* Hob. XXII:10. Die seit ihrer Entstehung im Jahre 1796 allerdings schon in zahlreichen Abschriften verbreitete Messe war Auftragswerk und somit de jure Eigentum des Fürsten. Haydn wollte nicht allzu provokant darauf hinweisen lassen, daß er die Messe nun sozusagen ein zweites Mal verkauft hatte.

[256] Joseph Brod(t)mann (um 1771–1848), Klavierbauer in Wien, damals besonders bekannt für die von ihm verbesserten Querfortepianos.

[257] Johann Schanz (um 1762–1828), Klavierbauer in Wien.

men, einen neuen Catalog zu verfertigen.[253] Er bat mich, ihm das von Ihnen erhaltene Simphonien Verzeichniss abschreiben zu lassen; von den 123 angemerkten Symphonien sind 107[254] von ihm und über ein paar steht er im Zweifel. Er hat sie nach Jahrzehnten von 1757–1797 geordnet und noch Eine, die nicht in Ihrem Verzeichnis steht angemerkt. So bald Haydn die Abschrift besorgt hat, schike ich Ihr Original. – Dass Haydn zu dem beyliegenden Catalog von Claviersachen nichts hinzugefügt hat, wird Sie nach dem obigen nicht wundern.

Schreiben Sie mir doch, ob die Messe, welche Sie erhalten haben, zu den unbekannten gehört.

Einer meiner Bekannten, welcher bey Grassi eine Probe der Haydnschen Büste mit der Perüke sah, erklärte sie für ein Summum von sprechender Aehnlichkeit...

Haydn wünscht dass Sie die Messe nicht in der hiesigen Zeitung ankündigen weil es ihm Verdriesslichkeiten mit seinem Fürsten machen könnte.[255] – Zumpsteegs Tod hat Haydn herzlich bedauert; er habe viel Phantasie und einen reinen Saz gehabt.

Hier folgt ein Preiszettel von Brodmann[256]; er zeigte mir ein Quer-Pianoforte, welches für Hofmeister bestimmt ist. Auch Schanz[257] hat mir einen Preiszettel versprochen, er hat aber sein Wort bis jezt nicht gehalten; er hatte drei Pianoforte in der Arbeit, die nach Leipzig bestimmt sind; er glaube sie seyn von der Breitkopfschen Handlung bestellt. – Diese beyden Instrumentenmacher, so wie Stein (unstreitig der erste) haben Bestellungen auf ein halbes Jahr zum voraus und es ist eine Art von Gunst, wenn sie einem Käufer ausser der Ordnung ein Instrument abtreten.

Es ist fast kein Zweifel, dass ich künftigen Sommer nach Störmthal komme; der Graf erwartet nur einen Urlaub vom Churfürsten, um gegen Ende Aprils abzureisen. Ich brauche Ihnen nicht zu sagen, wie sehr ich mich freue, Sie als Gatte und Hausvater zu sehen...

Wien, 13. Februar 1802

...Haydn lässt Sie bitten, 1 Exemplar der Partitur der Jahreszeiten unter folgender Adresse zu befördern: »de Heer Antony Buyn, woonende op den dam tot Amsterdam.« – Haydn ist im vorigen Jahre zum Mitglied einer Gesellschaft in Amsterdam ernannt worden, von welcher dieser Buyn ohne Zweifel Secretär ist[258]; zum Danke hat er der Gesellschaft ein Exemplar versprochen. Machen Sie dem Herrn Ihre Rechnung dafür. Sie sollten französisch dazu schreiben denn Buyn schreibt an Haydn immer holländisch.

Der Verdeutscher der Isola disabitata heisst Schaum[259] und lebt nicht im Reiche wie Haydn glaubte sondern zu Hirschberg in Schlesien. Ich habe seinen Brief an Haydn eben vor mir; er macht nicht den mindesten Anspruch an Verlagsrecht, und wenn er ihn auch machte! Er schreibt wörtlich dieses: »Glüklich würde ich mich schätzen, wenn diese meine Arbeit

258 Mit Schreiben vom 4. Mai 1801 war Haydn zum Ehrenmitglied der Gesellschaft »Felix meritis« in Amsterdam ernannt worden. Haydns Antwortschreiben ist verschollen, doch geht aus der Erwiderung des Sekretärs der Gesellschaft A. Buijn vom 25. Juli 1801 hervor, daß Haydn in diesem die Zusendung eines Exemplars der *Jahreszeiten* versprochen hatte.

259 Vgl. Anmerkung 250.

260 Hob. II:6.

Ihren Beifall erhielte, so dass Sie selbst mir allenfalls den für mich sehr schmeichelhaften Auftrag ertheilen wollten, Compositionen die Sie auf Texte in fremder Sprache geschrieben haben, für deutsche Zungen und Ohren verständlich zu machen« …

Heute habe ich durch Träg die Clavierauszüge für Haydn und die Musicalische Zeitung erhalten …

Wien, 17. Februar 1802

… Hier, mein schäzbarster Freund, folgt das chronologische Verzeichnis der Haydnschen Simphonien. Nr. 49 war, wie er sich lebhaft erinnert, seine erste, die übrigen sind nach Jahrzehnten geordnet. Er glaubt, noch einige mehr als 108 geschrieben zu haben, die Themen fielen ihm aber nicht ein. – Die fünf Quartetten hält er für Arbeiten seiner früheren Jahre; doch scheint ihm es seyn Sextetten gewesen, daher habe sie auch Pleyel wohl nicht in seine Quartetten Sammlung aufgenommen. Am besten erinnert er sich des 4ten Quartetts:  es habe aber eine Begleitung von zwei Waldhörnern gehabt.[260]

Mit dem Clavierauszug war Haydn wie es sich nicht anders erwarten liesse, ausnehmend zufrieden und er trug mir auf, Ihnen für ihre viele Mühe und Sorgfalt aufs verbindlichste zu danken. Er ist jezt auf die Partitur sehr begierig, die gewiss Ihm und Ihnen nicht weniger Ehre machen wird als der Auszug.

Sie hätten gewünscht dass Haydn seine Simphonien theils durchsehen theils hin und wieder verbessern möchte. Haydn sagte dazu weder ja noch nein, es liess sich aber leicht merken, dass er diese Arbeit zu den odiosis rechne... Wie schnell es mit Expeditionen von der Art bey Haydn zugeht, können Sie daraus abnehmen dass der Brief des Herrn Schaum aus Hirschberg mit der Verdeutschung der Isola disabitata vom 18. Januar 1801 datirt war, und dass Haydn noch zu dieser Stunde nicht darauf geantwortet hat und erst seit kurzem an der Revision arbeitet. Im Grunde lässt es sich ihm nicht verdenken; sein musicalischer Geist ist noch jung genug, dass er lieber schafft, als sich mit alten Ideen beschäftigt. Vielleicht finden sich noch einige Simphonien bei Swieten; ich will ihm den Catalog bringen.

Unter uns: Swieten wird Ihnen diese Woche schreiben. Die Wittwe Mozart hat sich gegen Swieten geäußert dass sie mit André einen Contrakt gemacht habe, krafft dessen sie ihm nicht nur die vorhandenen sondern auch die noch zu findenden Manuscripte ihres Mannes abtrette; unter solchen Umständen könne sie von Ihnen kein Honorar annehmen. Swieten findet dieses Betragen eben so delikat als billig; er wird Ihnen aber die Händel- Mozartschen Werke[261], sein bezahltes Eigenthum, dennoch überlassen, und etwa auf ein Geschenk von Musicalien an Mozarts Sohn bey Ihnen antragen. Die Originale schikt er aber nicht nach Leipzig, sondern sie sollen hier abgeschrieben werden. Fast scheint es mir, als wollte die Wittwe Mozarts die, wie ich anderwärts gehört habe, auf Ihre Handlung nicht

261 Die von Mozart über Anregung van Swietens besorgten Neuinstrumentationen von Händels Pastorale *Acis und Galthea* (KV 566), der Oratorien *Der Messias* (KV 572) und *Alexanderfest* (KV 591) sowie der *Ode auf den St. Cäcilientag* (KV 592).

262 Nicht identifizierbar.

263 Anton Walter (1752–1826), Klavierbauer in Wien.

gut zu sprechen ist, den Verlag dem André auf gute Art zuwenden. Swieten merkt nichts davon und wie gesagt, er bestimmt die Werke Ihnen und wird Ihnen so wie Mozarts Wittwe schreiben. Vielleicht hat leztere den André schon aufmerksam darauf gemacht. Auf alle Fälle ist Ihnen diese vorläufige Notiz wohl nicht unangenehm. Verrathen Sie meine Plauderey dem Swieten nicht.

Haydn hat mir schon einigemahle ein allerliebstes Liedchen vorgespielt. Ich bat ihn um eine Abschrift für meine Gräfin und gedachte es Ihnen aufs künftige Frühjahr persönlich zu überbringen. Da Sie aber jezt mit den Haydnschen Claviersachen beschäftigt sind, so anticipire ich die kleine Gabe. Gestochen ist das Liedchen gewiß nicht und Haydn hält wegen der Verse viel darauf.[262] ...

Wien, 24. Februar 1802

... Hier folgt der Schanzsche Preiszettel ...

Haydn scheint wohl nicht zu wissen, dass seine Opern so bekannt sind. Unter denen Umständen ist Ihnen die Isola disabitata freylich nicht 50 Dukaten werth. Ich will die Antwort an Haydn so lange als möglich hinausschieben. Nur in Einer Rüksicht liesse sich vielleicht die Sache unternehmen (aber wohlfeiler) weil nehmlich Haydn die ganze Oper durchsieht und am Schlusschor beträchtliche Veränderungen macht. So gewänne die Oper doch eine etwas neue Gestalt und könnte das Publicum auf die übrigen aufmerksam machen.

Notiz wegen Pianoforte von Walther[263] oder Stein, wel-

ches, wie es scheint Breitkopfs dem Griesinger als Geschenk übermitteln wollen . . .

Wien, 3. März 1802

. . . Haydn war mit der Nachricht dass Sie die Isola disabitata für 50 Dukaten annehmen sehr zufrieden und er will jezt ungesäumt an die Revision derselben gehen. Da ich Haydn ausdrüklich sagte, Sie besizen die Oper bereits, und sie sey um die Schreibgebühren zu bekommen, so konnte ich erwarten dass er eine Reduktion der 50 Dukaten auf eine kleinere Summe von selbst vorschlüge. Er sagte aber davon keine Sylbe! – Nun tournire ich die Sache wenigstens dahin dass er mir die große Messe in C[264] und die andre, wovon Sie mir das Thema zuschikten, versprechen mußte. Er willigte gern ein und er will beyde, wenn sie sich nicht unter seinen hiesigen Papieren finden, von Eisenstadt kommen lassen. Ich sagte ihm, Sie besässen beyde schon, es sey Ihnen nur um eine richtige Abschrift zu thun.

264 Die *Missa in tempore belli,* die sogenannte *Paukenmesse,* Hob. XXII:9, die zu Ende des Jahres 1802 als zweite Messe Haydns bei Breitkopf & Härtel in Partitur erschienen ist.

265 Weder die Symphonien noch die Notturnos sind zu identifizieren.

266 August Friedrich Ferdinand von Kotzebue (1761–1819), Schriftsteller.

267 Zu Johann Friedrich Reichardt vgl. Anmerkung 91. Josef Schuster (1748–1812), Komponist in Dresden. Zu Ferdinand Paër (!) vgl. Anmerkung 63. Peter von Winter (1754–1825), Hofkapellmeister in München. Die insgesamt neun Chöre wurden schließlich von Antonio Salieri vertont; die Uraufführung fand am 2. März 1803 im Burgtheater statt.

Am 26sten reist Griesinger mit dem Grafen ab.

Dem Haydn habe ich schon gesagt dass ich ihnen nicht anders als mit einem Liedchen von seiner Composition unter die Augen treten wolle und er hat mir sein Wort gegeben. Jezt glaubt Haydn die Quartetten von denen Sie mir vor einigen Wochen schrieben, könnten doch ursprünglich Quartetten gewesen seyn.

Meine Nachfrage bey Swieten verspricht mir eine artige Ausbeute. Er hat drei Simphonien die nicht in Ihrem Catalog stehen und sechs Nachtstüke aus Haydns früheren Jahren.[265] Papa Haydn hat mir erlaubt, eine Copie davon zu nehmen, die mir auch Swieten nicht versagt. Hier, mein Bester, folgen die Themen. Schreiben Sie mir doch, ob Sie diese Sachen haben und ob Ihnen daran gelegen ist, damit alles flugs geschrieben werden kann.

Postscriptum: Ihre Verschreibung von 200 Dukaten ist noch in Haydns Händen. »Ich will sie gewiss suchen« sagt Haydn so oft ich ihn erinnere.

Mälzel macht jezt keine einfache Tuschinstrumente mehr sondern zusammengesezte die er sich mit einigen 1000 Gulden bezahlen läßt. Er will im Sommer nach Paris und London und ist ihm daher lieber, wenn sie im Ausland nicht früher bekannt werden.

Kozebue[266] schreibt ein vaterländisches Schauspiel »Die Hussiten von Naumburg« mit 7 bis 8 Chören, die er von den besten teutschen Musikern componiren lassen möchte, nemlich von Haydn, Reichardt, Schuster, Pär, Abt Vogler und Winter.[267] Haydn hat den Antrag Alters halber abgelehnt. (Notabene: Er will sich in keinen Wettstreit einlassen, weil immer dabey Parteilichkeit Statt finde.) ...

Wien, 10. März 1802

... Am 7ten hatte Haydn den ersten Akt der Isola disabitata schon durchgesehen und die nöthigen Veränderungen darinn bemerkt. Mit dem zweiten Akt hofft er in 14 Tägen fertig zu seyn. Haydn hat mir geradezu herausgesagt dass er die Revision nicht unternommen hätte, wenn es die Arbeit nicht verdiente. Er schikt Ihnen die italiänische Partitur mit Schaums Verdeutschung und Clavierauszug. Lezterer ist aber gar nicht nach Haydns Geschmak.

Er erzählte mir, dass Sie ihm geschrieben haben, da er aber der Schöpfungsplatten mit keinem Worte erwähnte, so vermuthe ich, dass er, wie es ihm gewöhnlich zu geschehen pflegt, Ihren Brief entweder nicht ganz oder nur sehr flüchtig gelesen habe. Ein Beleg von dieser incuria ist folgendes: Schaum bedankt sich in seinem Briefe vom Januar 1801 gar höchlich für eine Messe die ihm Haydn geschenkt habe. Nun erzählte mir Haydn, es fehle ihm eine Partitur von einer Messe. Ich machte ihn aufmerksam, ob es nicht die seyn könnte, deren Schaum Erwähnung thut. Es fand sich wirklich so; Haydn hatte aber die ganze Seite in

268 Streichquartette Hob. III:81 und 82, deren Erstausgabe das Verlagshaus Artaria in Wien besorgte. Ihr Erscheinen wurde am 11. September 1802 in der Wiener Zeitung angezeigt. Es sind Haydns letzte Quartette. Die Ausgabe ist dem Fürsten Lobkowitz gewidmet.

269 In der Allgemeinen Musikalischen Zeitung sind sowohl im Bericht über die Leipziger Erstaufführung der *Schöpfung* (4. Jg., Nr. 15, 6. Januar 1802, Sp. 239–243) als auch in der Rezension der Partiturausgabe (4. Jg., Nr. 24, 10. März 1802, Sp. 385–396) Vorbehalte gegen den in beiden Fällen nicht genannten Verfasser des Textes formuliert.

Schaums Briefe nicht gelesen, doch erinnerte er sich, daß seine Absicht nur gewesen sey, dem Schaum eine Abschrift davon zu erlauben und er will sich jezt das Original wieder ausbitten. Weil Sie mit Schaum in Correspondenz stehen, so können Sie vielleicht diese Messe bekommen. – Die Messe aus C und die andre, wovon Sie mir das Thema schikten, soll ich mit der Isola disabitata bekommen. Mahnen muss ich aber noch einigemahl zuvor, denn sonst vergisst es Haydn oder thut wenigstens, als ob er vergessen hätte. Ich werde nun das Geld bey Herrn Kunze nächster Tage erheben und mich, so bald Haydn die Arbeit geliefert haben wird, quittiren lassen...

Ich werde trachten, einige ungestochene Lieder von Haydn zu bekommen; ich höre (doch nicht von ihm) dass er einige von den Schottischen Liedern ins Teutsche übersezen lässt.

So bald die zwei neuen Quartetten[268] erscheinen, schike ich Ihnen ein Exemplar durch die reitende Post; Sie könnten es aber vielleicht noch früher durch Artaria selbst bekommen denn gewöhnlich verschiken die hiesigen Musikverleger die neue Musik zuerst ins Ausland und verkaufen sie hier 8 oder 14 Täge später. So macht es wenigstens Mollo mit den Beethovenschen Sonaten. Sonderbar ist es dass ich den Clavierauszug der Jahreszeiten noch in keinem Gewölbe hiesiger Musikhändler, wie es sonst mit neuen Sachen zu geschehen pflegt, ausgestellt gesehen habe. Tantano animis ira?

Swieten verdient was ihm gebührt, und was ihm freilich in der Musicalischen Zeitung nicht ganz erwünscht seyn wird.[269] Früh oder spät musste aber doch das poetische Ungewitter über ihn losbrechen. Wie ich ihn kenne wird er sich ganz kalt in den Mantel seines eignen Gefühls hüllen, welches ihm auch zu gönnen ist. Neulich sagte er mir (doch das unter uns) er fabrizire schon wieder an einem neuen Stük Arbeit für Haydn.

Es ist nicht möglich, etwas ähnlicheres zu sehen als die neueste Haydnsche Büste von Grassy. Ein hiesiger Kaufmann Schik[270], für dessen Bruder in London zehn Exemplare bestellt sind, hat den Grassy wegen der guten Arbeit statt der 10 Dukaten sogleich 50 Gulden für ein Exemplar in Biscuit zugesagt. Grassy hat also den Preis jetzt auf 50 f. festgesezt. Er hat aber bis jezt nur ein Exemplar gegossen und ist so sehr mit Arbeit für den Hof überhäufft dass er die zehn Exemplare erst in der Mitte des Mais wird nach England schiken können.

Griesinger dringt auf Beschleunigung und Grassy gab mir seine Hand darauf dass er das Erste und bis jezt Einzige Exemplar noch einmahl brennen und mir gegen Ende des März oder zu Anfang des Aprils wohl eingepakt zustellen werde. Ich gebe die Büste sogleich auf den Postwagen. Sollten Sie hernach andre Liebhaber finden so verbinden Sie durch Bestellung einen treflichen Mann und Künstler. Grassy's Bruder lebt in Dresden als Mahler...

[270] Vgl. Anmerkung 39. Grassi hat 1802 zwei Porzellanbüsten Haydns in der Höhe von etwa 40 cm und etwa 15 cm geschaffen. Wieviele Exemplare davon hergestellt wurden, ist nicht bekannt. Der erwähnte Kaufmann Schik ist nicht eindeutig identifizierbar.

[271] Die sogenannte *Caecilienmesse* (recte: *Missa Cellensis*), Hob. XXII:5, deren Partitur-Erstausgabe in gekürzter Fassung 1807 bei Breitkopf & Härtel erschienen ist, und die Messe Hob. XXII:9 (vgl. Anmerkung 264).

[272] *Te Deum* C-Dur, Hob. XXIIIc:2.

Wien, 20. März 1802

... Gestern habe ich das Paket mit der Partitur und dem Clavierauszug der Isola disabitata nebst einer Messe dem Postwagen übergeben lassen. Hier folgt Haydns Quittung. Haydn wird Ihnen selbst geschrieben haben dass er die Oper mit dem Originaltext das heisst dem Italiänischen, gedrukt wünscht. Was er ausgestrichen hat, soll nicht wieder aufgenommen werden; seinem alten Fürsten für den er diese Oper componiren musste, sey nichts zu lang gewesen; das lezte Quartett ist ganz neu. Haydn hält diese Oper für eine gute Schule für angehende Componisten, wegen der Recitative; es sey ein Werkchen, das sich in seiner jezigen Gestalt auf jedem Privattheater aufführen lasse.

Haydn hat zwey Messen in C geschrieben[271], eine grössere die 2 Stunden dauert und eine kleinere. Beyde liegen in Eisenstadt. Er hat mir versprochen, dass ich die leztere zu meiner Abreise (auf den 24sten April) haben solle, auch sein neuestes Te Deum[272], das er für die Kaiserinn gemacht hat. Triumphiren wir aber noch nicht bis wir's haben, denn das Schreiben nach Eisenstadt und die Besorgung der Copie (das Te Deum hat Haydn nur in Stimmen, die man zu Eisenstadt alle Augenblike selbst brauchen kann) erfordert immer einige Weile.

Mit der Partitur der Schöpfung war Haydn äusserst zufrieden. Sie sey rein elegant deutlich, nichts sey daran gespart und das Kupfer sey »gar e lieber Narr.«

Da er selbst rühmte dass ihn noch kein teutscher Buchhändler behandelt hat wie Sie, so legte ich ihm ein Wort wegen der Lieder ans Herz. Ich erhielt Versprechungen; nachdem sich der gute Alte hin und her besonnen hatte, sagte er mir folgendes: Der Graf Brown[273], ein Liefländer, der schon lange hier lebt und ein lokerer Zeisig ist, drang öfters in Haydn dass er ihm ein Duzend seiner drey und vierstimmigen Lieder überlassen möchte. Haydn wiess ihn immer ab, unter dem Vorwande, dass er sie nicht eher bekannt machen wolle bis er 25 beisammen habe. Vor kurzer Zeit schikt Graf Brown dem Haydn fünfhundert Gulden, mit der Bitte, ihm dagegen zwölf seiner Lieder zu schiken. Das Argument war zu stark als dass Haydn hätte widerstehen können. Brown lässt nun diese Lieder nebst einigen Arbeiten, die er von Salieri, Beethoven und Pär besonders hat componiren lassen, durch den jüngern Weigel[274] zusammen stechen, um sie der Russischen Kaiserinn, aus welcher Absicht weiss ich nicht, zu dediciren. Haydn schlug dem Brown vor, dieses in seiner Art gewiss vorzügliche Unternehmen Ihrer Besorgung zu übergeben. Brown wollte aber mit Weigel, dem er sein Wort bereits gegeben hatte, nicht brechen. Das Ende dieser Erzählung war, dass Haydn sagte »vielleicht könnte man Ihnen eine Abschrift seiner Lieder zuschieben und dadurch wenigstens einen Nachstich befördern.« Sagen Sie keiner Seele davon ein Wort. Sie finden aber in diesem Vorschlage, der nach Browns legalem und genereusem Betragen nicht zu erwarten war, die Bestätigung von dem, wovor Sie mich in den Unternehmungen mit Haydn öfters warn-

273 Johann Georg Reichsgraf von Browne-Camus (1767–1827), bedeutender Musikfreund. Beethoven widmete ihm vier Opera, seiner Gattin drei.

274 Thaddäus Weigl (1776–1844), Musikverleger in Wien.

275 Die sogenannte *Harmoniemesse,* Hob. XXII:14, Haydns letzte Messe.

ten. Brown wird, da er mit den Liedern seinen besondern Plan hat, wahrlich keinen Spass verstehen, wenn er sie anderwärts verbreitet sieht und ich bin überzeugt dass Haydn sich dadurch einen schlimmen Handel zuziehen würde. Seitdem erfuhr ich auch, daß Brown auf den Besiz der Pär'schen Lieder, die er bereits in Händen hat, höchst eifersüchtig ist. Was ist nun rebus sic stantibus zu machen? Sogleich würde Haydn die Lieder nicht gegeben haben noch geben können denn es ist noch keine Abschrift für den Grafen Brown davon besorgt, ungeachtet sie bezahlt sind.

Artaria wird die Ausgabe der zwey Haydnschen Quartetten noch so lange anstehen lassen, bis Haydn das 3te dazu componirt hat; eine Arbeit, über die sich Haydn jezt machen wird; nachher gehts an eine neue Messe für seinen Fürsten[275]. Was die Ausgabe aller seiner Simphonien betrifft, so würde sich Haydn nicht anders dazu entschliessen als dass die Durchsicht der Partituren einem oder zwey geschikten hiesigen Musikern nach seiner Wahl übergeben würde, die ihm jedesmahl ihre Correkturen zeigen müssten. Doch sey auch diese vor der Hand nur eine Idee, deren Ausführung »wenn Ihnen auch noch etwas dabey bleiben sollte«, ziemlich kostspielig wäre.

Stein, oder vielmehr Streicher, welcher das Merkantilische der Steinschen Fabrik besorgt, macht mir viele Schwierigkeiten wegen eines Fortepiano ... Wegen Krankheit und Auswanderung der Gesellen hat Stein diesen Winter nur wenige seiner Zusagen halten können. Hofmeister hätte von dem Neuen Jahre an alle Monate zwey Fortepiano also jezt bereits sechs erhalten sollen; er bekam aber noch nicht mehr als zwey.

Iam longe alia canam. Aber maneas alta mente repostum!

Stellen Sie Sich vor, gestern kam ich zu Swieten um die Haydnschen Nachtstüke und Simphonien zu begehren und um zu hören, wie er mit der Partitur der Jahreszeiten zufrieden sey. »Ich bin fast rasend vor Aerger«, rief er mir zu, »auf den französischen Text, den ich mit eigener Hand gesezt und abgeschrieben habe, ist gar keine Rüksicht genommen worden, besonders in Chören und Fugen, da ist in den Wörtern gloire et honneur die Elision unterblieben, dort ist aus jouirons, einem 3 sylbigen Worte, ein 2 sylbiges gemacht worden, hier ist in dem Worte fidele die Passage auf fi- ausgedehnt statt dass sie auf de stehen sollte. Was muss man von mir in Frankreich denken, wenn man solchen Unsinn liest? Und das sind die Aristarden in Leipzig, welche unsre Texte bekritteln, Leute denen jeder französische Küchenjunge Unterricht über Accent, Sylbenmaas und Aussprache geben könnte! Ich werde öffentliche Schritte wegen dieser Verfälschungen machen und die Händel- Mozartschen Sachen dem Herrn Härtel schlechterdings nicht geben.« Nun galts wahrlich, die Hize Seiner Excellenz zu dämpfen. Dehund wehmütig stellte ich vor, dass die Verspätung des französischen Textes doch nicht auf Ihre Rechnung komme, man werde die Fehler dem Sezer und nicht Ihm zuschreiben. Um das Unglük vollkommen zu machen, hatte Swieten einige Tage zuvor die fatale Nummer der Zeitung für die elegante Welt zu Gesicht bekommen. »Dem Haydn wolle er die Äusserung, dass ihm das Froschgequäk aufgedrungen worden sey, mit Salz und Pfeffer einreiben und es sey eine eclatante Indiscretion, dass Sie Haydnsche Briefe abdruken lassen.« Nun wurde der Hergang der ganzen Geschichte erzählt, und alle Schuld auf Spazier geschoben. Dadurch wurde Swieten's Erbitterung, wenigstens gegen Sie, gemildert und nun schien mir der Augenblik günstig, die Frage zu machen : was denn Herr Härtel zu thun habe, um die Fehler im Französischen Texte wieder gut zu machen? »Er soll einige Chöre, in denen die gröbsten Schnizer sind, nach dem Exemplar welches ich Ihm schikte, besonders abdruken, und die übrigen kleinen Fehler werde er als Errata besonders bemerken und Ihnen mittheilen.« Ist das die conditio sine qua non, um die Händel- Mozartschen Oratorien zu erhalten? Swieten lachte von Herzen über diese Wendung und sagte, er wolle meiner Fürsprache Gehör geben, weil ich den Sturm unschuldiger Weise über mich habe ergehen lassen müssen; ich könne Ihnen diesen Vorschlag schreiben und er werde den besonderen Abdruk einiger Chöre und Fugen nebst den erratis als das Honorar für die Händel- Mozart Sachen ansehen. Auf diesen Bescheid erwartet Swieten eine Antwort noch vor meiner Abreise. Ist Ihnen an den Händelschen Sachen gelegen (die Mozart mit ganz ungewöhnlicher Sorgfalt instrumentirt haben soll) so ist weiter nichts zu thun, als ein Peccavi anzustimmen um den Zorn unsres Helden zu besänftigen, und in den besondern Abdruk, der nicht stark ausfallen wird, einzuwilligen. Schreiben Sie mir hierüber so bald als möglich. – Den Haydn will ich von dem Ungewitter, welches über seinem Haupte schwebt, benachrichtigen. Sie können sich vorstellen wie unangenehm mir das fallen muss und wie sehr Haydn darüber betretten seyn wird.

Ihren Auftrag an Beethoven will ich besorgen...

Cappi[276], ein neu etablirter Kunst und Musikhändler verkauft schon einzelne Arien aus den Jahreszeiten im Nachdruk...

Wien, 24. März 1802

Die Büste noch nicht fertig; Grassy fürchtet dass sie in Leipzig sogleich abgeformt würde und er dadurch zu Schaden

276 Giovanni Cappi (1765–1815), erst Mitarbeiter und Teilhaber des Verlagshauses Artaria & Co. in Wien, machte sich am 30. Jänner 1802 als Verleger in Wien selbständig.

277 Basilius Bohdanowicz (1740?–1817), Geiger im Orchester des Leopoldstädter Theaters und bekannt für die kuriosen Konzerte, die er mit seiner Familie gab, veranstaltete am 8. April 1802 im Jahn'schen Saal eine Akademie unter dem Titel »Neun Fragen oder die seltene musikalische Familie«. Der von Griesinger übersandte Anschlagzettel wird in der Allgemeinen Musikalischen Zeitung 4. Jg., Nr. 30, 21. April 1802, Spalte 494–496 veröffentlicht.

278 Anton Baron Spielmann (1738–1813), Vizepräsident der böhmisch-österreichischen Hofkanzlei.

279 Diese Akademien in Privathäusern waren halböffentliche Hauskonzerte, zu denen Gäste in einer meist sehr offen gehandhabten Gastfreundschaft Zutritt hatten bzw. eingeführt werden konnten.

280 Franziska Baronesse von Spielmann (1789–1857). Nach einem 1808 in der Allgemeinen Musikalischen Zeitung (Nr. 30, Spalte 479) erschienenen Hinweis soll ihr auch Haydn Unterricht erteilt haben.

281 Markus Of(f)enheimer (1768–1810), Großhändler und Bankier. Sein Sohn Abraham Isaak wurde ebenfalls Großhändler und war auch Capitän eines bürgerlichen Artilleriecorps. Der Bericht über das Wiener Konzertleben ist in der Allgemeinen Musikalischen Zeitung 4. Jg., Nr. 30, 21. April 1802, Spalte 493 f. wiedergegeben. Von »Die Fastenzeit ist ...« bis »... Streicher« stimmt er mit Pohls Text genau überein; Pohl dürfte diesen Teil doch wörtlich aus der Korrespondenz abgeschrieben und nur irrtümlich in Klammer gesetzt (und somit als Regest gekennzeichnet) haben.

käme, würde lieber 10–12 auf Einmal schiken, wie nach England, so wäre er doch für seine Kosten gedekt und dann läge ihm am Abformen in Gyps nichts mehr. Will doch eine als Probe liefern, um darauf Subscribenten sammeln zu können.

Grassys Geschiklichkeit ist hier allgemein anerkannt und die Büste lässt in Ansehung der Aehnlichkeit (wie nemlich Haydn jetzt aussieht) nichts zu wünschen übrig.

Griesinger hofft nun von Streicher ein Steinsches Fortepiano zu erhalten mit 6 Octaven (bis c) wie sie jetzt am meisten gesucht sind...

Wien, 3. April 1802

Griesinger schikt einen merkwürdigen Anschlagzettel eines verschrobenen Kopfes[277] *für die musicalische Zeitung* der aus einer Stadt wo Haydn, Salieri, Albrechtsberger, Beethoven und andere leben, nicht erwartet wird. *Pär gab am 2. Abschiedsconcert vor der Abreise mit seiner Frau nach Dresden, das ihm einige tausend Gulden eintrug. Die Fastenzeit ist reich an öffentlichen und Privatconzerten. Graf Fries, Baron Spielmann*[278] *und Baron Braun geben jede Woche eine Akademie.*[279] *Zu den frühzeitigen und in der That außerordentlichen Talenten gehört das eilfjährige Fräulein Fanny Spielmann*[280] *und ein Sohn des Banquier Offenheimer*[281] *von gleichem Alter. Beyde spielen die schwersten Mozartschen Sonaten und Bach'sche Compositionen mit einer Präcision, Ausdruk, Geschmak und Fertigkeit, welche die große Bewunderung selbst der strengsten Kenner verdient. Diese beyden Kinder sind Zöglinge unsres würdigen Herrn Streicher.*

Beethovens Bruder[282] wird Ihnen geschrieben haben; dem Compositeur Beethoven ist Briefschreiben und Rechnen etwas odioses. Er wünscht der hiesigen Verleger los zu seyn; mehr als 31 Ducaten ist ihm bis jetzt für keine Claviersonate bezahlt worden, und doch sollen seine Claviersonaten besser als die Haydnschen seyn. Sein Bruder, der das Rechnungswesen besorgt erlaubt ihm nicht einen Akkord auf mehrere Jahre zu treffen, weil seine Arbeiten mit jedem Jahre besser bezahlt worden sind.

Streicher will ignoriren daß die zwey Fortepiano für Sie bestimmt sind ... er räth zu einem Mahony um 100 Ducaten und zu einem Nußbaum um 75 ...

Ich habe bey Baron Spielmann die 2 Quartette gehört die Haydn für den Fürsten Lobkowiz componirt hat; beyde erhielten vielen Beyfall ...

Am 1. April war des guten Papa's (Haydn) 70jähriger Geburtstag.[283] ...

[282] Karl van Beethoven (1774–1815), ausgebildeter Musiker, der seit 1794 in Wien lebte, hier aber seit etwa 1800 Finanzbeamter war.

[283] Als Geburtstag Haydns erscheint der 31. März gesichert. Am 1. April 1732 ist Haydn getauft worden; die Taufe fand damals üblicherweise am Tag nach der Geburt statt.

[284] Vgl. Anmerkung 261.

[285] Am 10. März 1802 ist in der Nummer 24 der Allgemeinen Musikalischen Zeitung (4. Jg., Intelligenzblatt IX) eine »Ankündigung Joseph Haydn's Messen betreffend« erschienen, in der es heißt: »Joseph Haydn wird nämlich diejenigen dieser geistlichen Werke, die er der Nachwelt zu übergeben wünscht, in voller Partitur in unserm Verlage erscheinen lassen.« Eine solche grundsätzliche Vereinbarung war damals aber noch nicht getroffen.

Wien, 7. April 1802

Swieten steht wieder in Gnaden bei Härtels, die Stimmen werden genau mit dem vorgeschriebenen Text gedrukt. An Händels Messias[284] *wird abgeschrieben.*

Swieten hat sich wegen der eleganten Zeitung ziemlich bitter gegen Haydn erklärt; der Sturm ist aber jezt vorüber. Die Ankündigung der Messen[285] will ich dem Haydn nicht zeigen weil ich wohl weiss dass sie ihm aus Rüksicht gegen seinen Fürsten nicht gefallen würde. Swieten billigt das Unternehmen mit den Simphonien in hohem Grade...

Haydn hat dem Beethoven Ihre gute und richtige Zahlung schon gerühmt. Beethoven will in Zukunft nur wenig fürs Clavier, aber desto mehr vielstimmig schreiben.

Zu den deutschen Liedern macht mir Haydn noch Hoffnung; dem Grafen Braun sind sie aber bis jezt noch nicht übergeben; sie sollen bey Haydn probirt werden aber Braun der Brausekopf läßt es von Woche zu Woche anstehen. Haydn erwartet alle Tage aus England eine Ausgabe seiner Schottischen Lieder; niemand hat davon eine Abschrift, er selbst nicht von allen. Man schikt sie ihm auch ohne allen Text...

Es wird nöthig seyn, daß Sie die Partituren (der Simphonien) hieher schiken, wenigstens die älteren, denn Haydn selbst besizt nur den kleinsten Theil...

Wien, 10. April 1802

Grassy wird in 8 Tagen Griesinger die erste Büste zustellen. Er ist ein guter Violinspieler, liest als solcher die

Musicalische Zeitung und erkennt es mit vielem Danke wenn Sie eine Nachricht von der Büste einrüken lassen wollten. Die Erhöhung des Preises hängt ganz von Ihnen ab; Grassy verlangt 50 f. in Bancozetteln für eine Büste auf dem Plaze. Swieten hat Haydns Antwort an das National Institut zu Paris gemacht. Er will sie mir nebst dem Diplom für die Musicalische Zeitung mittheilen. Morgen und übermorgen werden die Jahreszeiten im Hoftheater zum Besten der musikalischen Wittwen und Waisen aufgeführt.

Das Concert, wovon ich Ihnen neulich die Ankündigung schikte, war das erbärmlichste Charivari; man hatte Mitleid mit den 8 Kindern, aber der 100 Dukaten Plaz blieb leer, wie es sich voraussehen liess.[286]

Swieten hält immer dafür, Haydn solle die Schöpfungsplatten nicht weggeben; ich will noch einen Versuch machen, verspreche mir aber keinen Erfolg. Indessen hat Haydn noch immer Ihre Verschreibung in Händen.

Wegen einer Krankheit die der Fürstin Schwarzenberg zugestoßen ist, werden heuer keine Concerte dasselbst[287] gegeben. Schade! denn hier ist der Triumph der Wiener Musik.

Pär erhielt reine 5000 fl. bey seinem Benefizconcert.

Wenn der Messias noch fertig wird, so bringe ich ihn mit. Neun von den älteren Haydnschen Simphonien habe ich schon copiren lassen.

286 Vgl. Anmerkung 277. Die Eintrittspreise für dieses Konzert betrugen 5 Gulden und 2 Gulden pro Person. Allerdings kostete laut Anschlagzettel »der allererste, meines Wissens vorzüglichste, und für Eine oder einige wenige beschränkte Platz … hundert Dukaten«.

287 Vgl. Anmerkung 48. Über die Krankheit von Pauline Charlotte Fürstin Schwarzenberg (1774–1810) ist nichts weiter bekannt.

Joseph Haydn. Porzellanbüste von Anton Grassi, Wien 1802
(Privatbesitz, Wien)

Joseph Haydn: Die Jahreszeiten. Titelblatt der Erstausgabe der Partitur, Verlag Breitkopf & Härtel, Leipzig 1802

Wien, 21. April 1802

... Wir reisen, wie ich höre, von Grimma geraden Weges nach Störmthal, und lassen Leipzig zur Seite.

Um keine Zeit zu verlieren, schreibt Griesinger im Voraus von einer Nachricht wobei keine Zeit zu verlieren ist.

Haydn erzählte mir gestern dass er von allen Seiten her über seine Jahreszeiten viele Lobsprüche erhalte; die Kaiserinn und viele andre Personen dringen in ihn, er möchte doch noch ein grosses Werk unternehmen und er wäre auch sehr geneigt dazu, wenn er nur einen brauchbaren Text wüßte. Ich versicherte ihn, im Andenken an Ihren früheren Auftrag dass Sie wohl hierinn Rath schaffen könnten; er möchte nur den Dichter nennen, in den er das meiste Zutrauen habe. Er nannte – Wieland. Ist es Ihnen möglich, diesen Veteran zur Bearbeitung eines Textes zu gewinnen so könnten Sie durch die Vereinigung zweyer vorzüglicher Talente Ihren Pressen ein unverwelkliches Denkmal stiften. Die Wahl des Sujets überlässt Haydn dem Dichter; doch wünscht er nichts dramatisches, sondern ein Oratorium, das höchstens die Länge der Jahreszeiten haben dürfte. Er glaubt, das jüngste Gericht würde reichen Stoff darbieten, nemlich im ersten Theil den Tod, im zweyten die Auferstehung, im dritten die Hölle und den Himmel. Der Gedanke scheint barok, er ließe sich aber durch einen genialischen Kopf vielleicht sehr glüklich ausführen. Ein hiesiger junger Dichter, der die Bearbeitung dieses Sujets anfing, aber aus Mangel an Unterstüzung nicht fortsezte, liess zum Beispiel im ersten Theile einen gottesfürchtigen Mann, ein hübsches Mädchen, einen Bösewicht sterben usw. Sollte ein solcher Stoff so ganz widerstrebend seyn und keine ästhetisch erhabene Behandlung zulassen? Haydn würde daran con amore arbeiten, um so mehr, weil dadurch eine Lieblingsidee der Kaiserinn erfüllt würde. Haydn wünscht auch, dass Wieland den Text direkte der Kaiserinn zuschiken möchte, mit der Bitte die Composition dem Haydn zu übertragen. Es würde gewiss gut aufgenommen, die Kaiserinn würde sich geschmeichelt finden, Antheil an einem solchen Werke zu haben und, was nach der Localkenntniss in keine geringe Betrachtung kommt, der Baron müsste mit seinem Machwerk zu Hause bleiben. Haydn verlangt auch, um dem Geiste des Dichters nicht zu nahe zu tretten, ein ausführliches Detail oder Commentar über den Text nebst Bemerkungen wo der Dichter ein Duett, Trio, Allegro, Ritornell, Chor usw. am passendsten finde. Dadurch werde die Arbeit des Compositors erleichtert und der Dichter sey genöthigt musikalisch zu dichten, welches so höchst selten geschehe. Haydns Zutrauen in Wieland gründet sich zum Theil auf die schöne Strophe welche Wieland auf die Schöpfung dichtete und die ich Ihnen einst für die musicalische Zeitung einschikte ...

Mollo hat dem Haydn das erste Heft der Le Ducschen Simphonien geschikt. Haydn ist zwar mit dem Stich, aber mit dem übrigen so wenig zufrieden dass er dem Mollo sagen liess »er könne kaum begreifen wie er ihm (Haydn) ein so verfälschtes Machwerk zuschiken könne; Mollo möchte es zurüknehmen, denn er (Haydn) schäme sich, solche Arbeiten unter seine Musik zu legen.« Mollo bat hierauf Haydn um eine schriftliche Erklärung hierüber; Haydn schlug sie aber ab

288 Wohl August Eberhard Müller (vgl. Anmerkung 56).

»weil er sich mit einem solchen Kerl nicht einlassen wolle.« Dieses Incidens käme nun, mein Bester, Ihrer projectirten Simphonie-Ausgabe trefflich zu statten. Haydn hat mit Neukomm und einigen andern geredt; sie entschuldigen sich aber, wie er sagt mit ihren Geschäften, Lektionen und dergleichen, sie seyn auch durch die Grösse der Arbeit abgeschrekt und ehe man wisse, was Sie zu bezahlen gesonnen seyn, könne man sich nicht ernstlich einlassen. Ich fragte was er denn glaube, wieviel man anbieten müsse um einigen geschikten Revisoren Lust und Muth zu machen? Darauf antwortete er, 4 f. oder 1 Ducaten (4 f. 30 x.) per Simphonie wäre reichlich bezahlt und seines Erachtens das maximum. Weitläufige und beträchtliche Ueberarbeitung älterer Simphonien müssen Sie von Haydn, der jezt eine Messe und nachher, wills Gott, noch ein großes neues Werk unternimmt, nicht erwarten. Vielleicht ist auch Haydns stufenweises Fortschreiten sichtbarer, wenn das alte bleibt und nur so correkt als möglich geliefert wird. Könnten Sie nicht etwa die erste Revision Herrn Müller[288] oder einem andern geschikten Mann in der Nähe übertragen und die revidirten Copien dem Haydn gegen ein stipulirtes Douceur zuschiken? Das ist nur eine Idee.

Die mit N^{ro} in dem Clavierauszug der Isola disabitata bezeichneten Stellen beziehen sich auf Verbesserungen die Haydn zwar anfing, weil er aber so vieles hätte umarbeiten müssen, wieder liegen liess. Er ist, wie ich Ihnen bereits meldete mit dem Clavierauszug nicht zufrieden und überlässt es ganz Ihrem Gutbefinden, was Sie hierinn verfügen wollen; er schikte ihn mehr wegen der Uebersezung als wegen der Musik. Wenn Sie einen Clavierauszug veranstalten wollen, so wird er ihn vor dem Druke durchsehen. Das angefangene Blatt mit Verbesserungen werde ich bekommen. Sie schreiben mir nicht wie Sie mit der Partitur zufrieden sind. Hätte Haydn etwa seine 50 # nicht verdient? Da müssten Sie also die Partitur in Rechnung bringen; ich bringe auch das Te Deum und eine andre Composition, der Sturm[289] genannt, die Haydn wo ich nicht irre, für den Fürsten Schwarzenberg gemacht hat.

Mit den Schöpfungsplatten ist nichts zu machen. Swieten ist der Meynung, Sie sollen die Ankündigung unter irgend einem scheinbaren Vorwande widerrufen. Artaria hat die vorräthigen Exemplare gekauft; neue sind aber keine gedrukt worden. Haydn meynt er habe aus Erkenntlichkeit gegen Swieten und Artaria nicht anders handeln können. Swieten war aber doch ärgerlich, dass Haydn sein Wort das er mir gegeben hatte, zurüknehme, doch will er sich nicht in den Handel mischen...

289 Der Chor 13c aus Haydns Oratorium *Il Ritorno di Tobia,* Hob. XXI:1, war mit der lateinischen Textunterlegung *Insanae et vanae curae* unter der Bezeichnung *Sturmchor* im kirchenmusikalischen Repertoire verbreitet und beliebt. Die Partiturerstausgabe des Chores in dieser Fassung ist 1809 bei Breitkopf & Härtel erschienen. Weder das Oratorium noch diese Textfassung des Chores haben etwas mit Fürst Schwarzenberg zu tun.

290 Wohl Subskriptions-, aber jedenfalls Verkaufsexemplare, deren Erlös Haydn zustehen sollte.

291 Bezieht sich wohl auf die folgenden im 4. Jg. der Allgemeinen Musikalischen Zeitung erschienenen Artikel: Nr. 24, 10. März 1802, Spalte 385–396: Recension. Die Schöpfung. Nr. 25, 17. März 1802, Spalte 401–408; Nr. 26, 24. März 1802, Spalte 417–426; Nr. 27, 31. März 1802, Spalte 433–437; Nr. 28, 7. April 1802, Spalte 449–457: Franz Horn. Musikalische Fragmente. – In der Rezension der *Schöpfung* wird van Swietens Name nicht erwähnt, und in Horns Fragmenten geht es um die Frage, ob Musik malen dürfe.

Am 25ten reisen wir ab; in Dresden halten wir uns einige Tage auf. Hier folgen Ihre Verschreibungen...

Dresden, 30. April 1802

Griesinger wieder in dem schönen Dresden, *Rasttage, dann über Hubertusburg und Grimma nach Störmthal...*

Mit Swieten hatte ich vor meiner Abreise noch einen harten Kampf zu bestehen. Stellen Sie sich vor, er hatte von den 24 Exemplaren[290] noch keines ausgetheilt und er wollte keines austheilen bis er eine hinlängliche Erklärung wegen des französischen Textes in der Wiener Zeitung gelesen habe. Ich stellte ihm vor, da der Absaz der 24 Exemplare von Haydn contractmäßig garantirt sey, Sie wohl dem Haydn den Betrag bey der zweyten Zahlung abziehen dürften und dass dadurch nicht Sie, sondern Haydn bestraft wäre, er hätte früher sagen sollen dass die Erklärung in der Wiener Zeitung stehen müsse und es werde ihm doch nicht gelingen, die Ausgabe durch das Zurükhalten der 24 Exemplare zu unterdrüken indem bereits mehrere Exemplare der Partitur in Wien verkauft worden seyn. Alles das half nichts. Swieten blieb hartnäkig wie ein Maulthier auf seinem Vorsaz. – Nun ging ich zu Träg, der mich versicherte dass ihm mit den 24 Exemplare sehr gedient wäre, weil er seine Subscribenten noch nicht habe befriedigen können. Ich schrieb das in einem äusserst submissen Brief dem Baron und recapitulirte darin die obigen Gründe. Darauf erhielt ich endlich die beiliegende Antwort und Träg versprach mir, die Exemplare in Empfang zu nehmen. Ohne Zweifel ist Swietens Galle durch die lezten Blätter der Musicalischen Zeitung[291] wieder rege geworden; ich vermuthe das aus einigen seiner Äußerungen. Am Tage vor meiner Abreise habe ich noch die 50 f. bey Kunze erhoben und den Grassy bezahlt. Die Büste ist herrlich gelungene Arbeit und jezt unter Wegs.

Mit den Fortepianos bei Streicher alles in Ordnung, sie werden unter Griesingers Namen verschikt um Streicher bei Hofmeister nicht zu compromittiren.

Der Messias und die übrigen bereits angekündigten Noten sind in meinem Coffer...

Störmthal, 1. Juni 1802

... Auf mein Ersuchen, Haydn auf das Auferstehungs-Gedicht vorzubereiten, erhielt ich gestern folgende Antwort: »Haydn kann von seiner ersten Meynung nicht abstehen, dies vorgeschlagene Gedicht ist nicht was Er, die Kaiserinn, und die einmahl gefasste Idee zur Compositon davon hat, und auf alles andre lässt er sich nicht ein. Wieland wisse doch auch wohl musicalische Gesänge zu machen; so hätte er von einem Stük dieser Art gehört das von Kunze in Weimar (?) wäre componirt worden, und er wünschte doch das Büchelchen von diesem sowohl als von der Alceste, die er früher habe druken lassen, zu seiner Ansicht selbst zu erhalten.«

Was ist nun zu machen? Haydn wird schwerlich umzustimmen seyn; er glaubt einmahl an Wieland und in Glaubenssachen bleibt jeder gern bey seiner Meynung.

Könnten Sie nicht die Büchelchen schaffen, wovon Haydn redt?...

292 Anne Louise Germaine Baronne de Staël-Holstein (1766–1817), Schriftstellerin.

Störmthal, 5. Juli 1802

Graf Schönfeld nach Spa gereist, die Gräfin blieb zurük. Streicher wird die Fortepianos an Griesinger, bei Herrn Breitkopf & Härtel adressiren, ... Streicher will nicht angegeben seyn dass er Ihnen verkaufe ...

Störmthal, 20. Juli 1802

... Sie haben vergessen, mir das Thema der Haydnschen Messe zu geben, welche Sie zu besitzen wünschten.

Ihr ergebener
Griesinger

Störmthal, 22. Juli 1802

Madame Stael[292] *will Griesinger als Hofmeister haben mit gesteigerter Gage in der französischen Schweiz, wohin er schon vor 3 Jahren Anträge erhielt. Rochlitz an den die Antwort Griesingers beiliegt, hatte erstere vermittelt. Frau von Stael gewohnt in der Gesellschaft der gebildetsten Cirkeln von Paris zu leben. Griesinger würde es schwer fallen sich* von einem jungen Menschen (*im nächsten Brief nennt ihn Griesinger seinen* Kleinen) zu trennen, der die besten Anlagen hat und mir jeden Tag Beweise der aufrichtigsten Anhänglichkeit giebt.

Störmthal, 16. August 1802

Der Graf wieder da; er zweifelt nicht dass Madame von Stael für mich mehr thun könne als Er; aber er warnt mich freundschaftlich vor den sehr veränderlichen Launen der Baronin, von denen er noch kürzlich in Spa und Frankfurt erzählen hörte und die er in Paris selbst zu kennen Gelegenheit hatte. Eine Madame Mange[293] hatte ihm die Stelle bei Madame Stael antragen lassen. Ihr Vater, der Pastor in Coppet ist, wies sie an mich und durch ihn und durch Herrn von Lully[294] hätte ich den Plaz schon vor 3 Jahren bekommen sollen. Der lezte Hofmeister der Staelschen Kinder, ein Herr Gerlach[295] aus Weimar, starb aus Leidenschaft für die Baronin...

Störmthal, 25. August 1802

Brief des Herrn Lully in französischer Sprache. Madame de Stael will Probezeit von 6 Monaten; Monsieur Guerlach gab sie 50 Louis und würde ihm 75 gegeben haben en le menant à Paris. Griesinger erhält beim Grafen aber 66 für einen Zögling (statt 2–3 bei Stael) Rochlitz wieder als Vermitt-

293 Nicht zu identifizieren.

294 Wohl jener Seigneur de Montrichy-Lully, in dessen Hause Griesinger von 1791 bis 1797 als Erzieher wirkte.

295 Nicht zu identifizieren (im folgenden: Guerlach).

296 Nicht zu identifizieren.

297 Konstantin Páwlowitsch, Großfürst von Rußland (1779–1831), Sohn Zar Paul I., Gast am esterházyschen Hof in Eisenstadt.

298 Friedrich Heinrich Himmel (1765–1814), Hofkapellmeister in Berlin.

299 *Bibliothèque musicale. Oeuvres d'Haydn en Partitions. Quatuors,* Paris, Pleyel (10 Bände).

ler genannt. Griesinger reist mit dem Grafen Ende September oder Anfang October nach Wien. Wollen Sie dem Papa Haydn ein wohlgefälliges Opfer bringen so bitte ich sie vorzüglich Rüksicht auf einige Gilets von Englischem Casimir oder Piqué zu nehmen, worinn die blaue und gelbe Farbe etwa nach beyliegendem Muster dominiren. Schiken Sie alles, was Sie mir zu sagen haben, an Advokat Günther[296] auf dem Neuen Kirchhofe...

Wien, 23. Oktober 1802

Griesinger seit bald 14 Tägen *wieder in Wien.* Vater Haydn ist seit 8 Tägen hier, munter und gesund; morgen geht es wieder nach Eisenstadt weil der Grosfürst[297] einigen Jagden auf des Fürsten Esterhazys Gütern beywohnen wird. Ihre Geschenke machten ihm, wie ich voraussah, große Freude; er gab mir einige zärtliche Küsse dafür. Den Mägden und Bedienten brachte ich auch einige Kleinigkeiten mit und da war Jubel im ganzen Hause.

Kapellmeister Himmel[298] ist jezt hier; er kommt von London und Paris. Mit London ist er nicht zufrieden; er kann aber nicht genug von dem Enthusiasmus erzählen, mit dem in Paris Haydns Werke aufgenommen und aufgeführt werden. Er wendet alle seine Beredsamkeit an, um Haydn zu einer Reise nach Paris zu bewegen.

Pleyel hat eine sehr elegante Taschenausgabe in 8vo von Haydns Quartetten veranstaltet.[299] Zu welchem Zweke glauben Sie wohl? Die Dilettanten und Kenner steken sie zu sich und lesen in den Concerten nach.

Sagen Sie dem Herrn Hofrat Rochlitz[300] nebst vielen Empfehlungen dass Haydn seine Oper durchzusehen verlangt hat. Ob er sie componiren wird? werde ich erfahren so bald er wieder aus Eisenstadt zurükkommt. Das Lustspiel habe ich der Theaterdirektion nicht eher anbieten wollen, bis ich weiss, was Haydn wegen der Oper beschließt.

Hofmeister, Bernhard[301], *Musikdirektor Müller, Köhler wollen mit Streicher anbinden wegen Übersendung seiner Fortepiano Streicher aber ist gesonnen* sich nur mit Ihnen einzulassen; er ist ein Mann von Wort, dem Sie trauen können. Es wäre zur Gründung Ihres Verhältnisses vorteilhaft, wenn Sie ihm auch mit einigen Bestellungen zuvorkämen. Jezt, da er von seinem lokern und trägen Schwager[302] getrennt ist, soll allem was an den Steinschen Instrumenten zu vermissen war, abgeholfen werden. Es war ihm sehr lieb die Urtheile zu hören die man in Leipzig darüber fällt. In Ansehung der Claviatur und Manipulation sagte er, haben die Steinschen Instrumente Vorzüge die ihnen durch keinen andern Meister noch streitig gemacht worden seyen; dem brillanteren Ton lasse sich durch ein etwas höheres Corpus leicht aufhelfen ...

300 Johann Friedrich Rochlitz (1769–1842), Schriftsteller, Redakteur der Allgemeinen Musikalischen Zeitung.

301 Nicht eindeutig zu identifizierender Händler in Leipzig.

302 Matthäus Andreas Stein (1776–1842), Organist, Pianist und Klavierbauer, übersiedelte mit Schwester und Schwager nach Wien, arbeitete hier in den ersten Jahren in der Werkstätte mit, wandte sich dann aber wieder der ausübenden Musikpflege zu und zog sich 1802 aus der Firma zurück (vgl. Anmerkung 163).

303 Die Ankündigung ist am 3. November 1802 in der Nr. 6 der Allgemeinen Musikalischen Zeitung (5. Jg., Intelligenzblatt IV) erschienen.

304 Johann Friedrich Kranz (1752–1810), Hofkapellmeister in Weimar, war um 1785 Schüler Haydns.

Wien, 10. November 1802

... Baron Swieten hätte gewünscht, dass in der Ankündigung[303] des Händelschen Messias seines Namens gar nicht erwähnt worden wäre. Ausdrüklich verbittet er sich aber in der Musicalischen Zeitung etwa bey Gelegenheit der Jahreszeiten genannt zu werden. Der Schöpfungstext ist so übel weggekommen, dass dem guten Manne für das 2te Produkt nichts Gutes zu ahnden scheint. Dennoch hielt er mir (ohne zu übertreiben) eine mehr als Stunden lange Apologie über den Plan, die Ausführung, Poesie etc. dieses so genannten Gedichts. Ersparen Sie ihm doch, wo möglich, eine der bittersten Kränkungen. Wäre es denn nicht besser, die Jahreszeiten nur als Musicalisches Product zu recensiren und den Text auf sich beruhen zu lassen, so wie man Messen recensirt ohne des Credo, Miserere usw. zu erwähnen?

Haydn bittet um den lezten Bogen seines Sturms und die Original Partituren, welche Sie von ihm in Händen haben und die Sie nicht mehr brauchen.

Die Oper des Herrn Hofrat Rochlitz will er, ohne dass er mir viele Gründe angab, nicht in Musik sezen. Ich habe sie daher der Hoftheaterdirektion samt dem Lustspiele angeboten und erwarte darüber die Antwort. Braun übergiebt die ihm zugestellten Manuscripte einem Theater-Ausschuß, dessen Urtheil entscheidet.

Ein Text zu dem jüngsten Gericht liegt dem alten Papa noch sehr am Herzen. Haydn will durch seinen Schüler Kranz[304], der kürzlich hier war und Capellmeister in Weimar ist noch einmahl Wieland und Goethe darum ansprechen lassen. Der Text soll reich an Bildern, aber nur nicht lang seyn, so dass die Aufführung höchstens 1½ Stunden dauert. Haydn hätte gewünscht, dass Herr Rochlitz seine Arbeit ausgeführt hätte. Würde Er sich vielleicht noch dazu entschliessen? Es wird ihm leicht seyn zu erfahren ob die Musen in Weimar sich der Sache annehmen wollen. Von Haydn hat er nichts für den Text zu erwarten; er sollte ihn aber unter Berufung auf Haydns Antrag geradezu der Kaiserinn überschiken und es wagen, ob seine Arbeit unter den concurrirenden den Preis davon trage. Den Text will Haydn bearbeiten den ihm die Kaiserinn zuschiken wird...

Gräfin Schönfeld muß wegen bedenklicher Brustschmerzen *nach Italien, der Graf und die Kinder bleiben hier.*

Haben Sie nichts gehört, wie es mit der Madame Stael geht? Sie hat auch schon im Sommer durch Bonstetten an den Hofrat Müller[305] schreiben lassen, der ihr aber Niemand vorzuschlagen wusste...

Griesinger bittet um Aufnahme beigelegter Zeilen in die Musicalische Zeitung.[306]

Streicher wird alsdann etwa in 14 Tägen eine Annonce einschiken, nach welcher die Liebhaber der Steinschen Instrumente im nördlichen Deutschland sich an Sie zu wenden haben. Eben sagte er mir dass Sie eine Bestellung auf Instrumente bei ihm gemacht haben. Vale et me ama.

[305] Beide Namen nicht eindeutig zu identifizieren.

[306] In der Allgemeinen Musikalischen Zeitung 5. Jg., Nr. 9, 24. November 1802, Spalte 155–157 erschien ein mit 3. November datierter Bericht aus Wien, der wohl mit den »beigelegten Zeilen« von Griesinger identisch sein, also von diesem stammen muß. Darin werden ausführlich die Streicherschen Klaviere beschrieben und gelobt.

Wien, 27. November 1802

... Sie fragen mich was Haydn jezt schreibe? Hierauf antworte ich Ihnen dass er an einem Quartett arbeitet welches mit einigen andern dem Grafen Fries oder dem Fürsten Lobkowiz bestimmt ist. Ich thue mein möglichstes, dass er sie dem ersten der mich darum ersucht überlassen möchte. Haydn hat mir bereits insinuirt dass ihm ein Verleger im Reiche 250 f. für ein Quartett angeboten habe; weniger kann also Fries nicht geben. Einen Beweis, wie der alte Papa seine Leute steigert, legte er kürzlich dadurch ab dass er einem Schottischen Musikhändler (nicht Thomson) der ihm 50 Lieder zum Arrangement überschikte, antwortete: er übernehme das Geschäft nicht anders als gegen ein Honorar von 1000 f. Macht also für Ein Liedchen 20 f. und Haydn ist öfters mit Einem auch Zwey in Einem Tage fertig.

Er beschwert sich übrigens, daß ihn seit einiger Zeit wenn er sich ans Clavier sezt ein Sausen im Kopfe befalle, welches ihn nöthige, sogleich abzubrechen.

Ein Courier welcher von hier nach Petersburg geschikt wurde, überbrachte dem Kaiser die Grassysche Büste von Haydn auf eigene Faust, und auf gut Glük. Der Kaiser schenkte ihm dafür eine Tabatiere die auf 300 Dukaten geschäzt wird. Der alte Papa ärgerte sich gewaltig, diese Speculation nicht selbst gemacht zu haben. Jezt will er aber dem Russischen Kaiser auf eine andere Art beykommen und ihm ein Werk (als einen Schwanengesang) dediciren. Dazu bestimmt er die für den Grafen Braun schon vor 6 Monaten componirten und auch mit 500 f. bezahlten Lieder. Graf Braun hat aus unbegreiflicher Fahrlässigkeit diese Lieder noch nicht abholen lassen und den Plan, den er damit hatte, aufgegeben. Haydn der die 500 f. wieder von einem Verleger zu erhalten hofft, liess dem Grafen Braun fragen, ob er gegen Wiedererstattung seines Geldes auf die Lieder Verzicht thun wolle! Braun war so höflich zu antworten, dass er das Geld nicht wieder, sondern nur eine Abschrift wolle, im Übrigen aber Haydn jede beliebige Disposition mit dem Originale überlasse. Diese Antwort bringe ich dem Haydn morgen oder übermorgen. Mollo quält den Haydn um die Lieder; ich habe ihn aber ersucht, seinen Freund Härtel in Leipzig nicht zu vergessen und er hat mir versprochen mit Mollo noch nicht abzuschließen. Seyn Sie so gütig, mir schnell zu antworten ob Sie die Lieder wollen (ich glaube es sind 1 Duzend) und wie viel Sie daran zu wenden gesonnen seyn? 2 Exemplare für den Russischen Kaiser und seine Gemahlinn müssten auf Velin[307] und sehr schön gedrukt werden. Haydn würde sie

[307] Velin-Papier, das manchmal für Vorzugsausgaben benutzt wurde.

[308] Beethoven hat sein Streichquintett op. 29 Breitkopf & Härtel für 38 Dukaten zur Publikation überlassen. Das Wiener Verlagshaus Artaria hat sich jedoch eine Abschrift des dem Grafen Moritz Fries gewidmeten Werkes verschaffen können und danach – ohne Beethovens Wissen und Zustimmung – eine Ausgabe vorbereitet. Das führte zu Mißverständnissen und Verärgerungen bei Härtel wie bei Beethoven.

[309] *Missa in Angustiis,* die sogenannte *Nelsonmesse,* Hob. XXII:11, komponiert 1798, deren Orchesterbesetzung neben Streichern und konzertierender Orgel nur drei Trompeten und Pauken vorsieht.

[310] In der 1803 bei Breitkopf & Härtel erschienenen Erstausgabe der Partitur dieser Messe sind auch Holzbläser vorgesehen, die die konzertierenden Passagen der Orgel übernommen haben. Diese erweiterte Instrumentation stammt von dem esterházyschen Vizehofkapellmeister Johann Nepomuk Fuchs (1766–1839).

durch den hiesigen Bothschafter nach Petersburg schiken …

Mit Beethovens Gesundheit steht es so übel nicht, als man Ihnen sagte; er leidet zuweilen an Verstopfungen im Unterleibe. Sein Bruder hat mir die Geschichte mit dem Ihnen überschikten Manuscripte welches hier nachgedrukt werden sollte erzählt.[308]

Streicher ist über Ihre splendide Bestellung höchlich erfreut …

Wien, 4. Dezember 1802

… Haydn sagte mir, er habe in der Messe, wovon Sie schrieben, die Blasinstrumente eigentlich auf die Orgel gesetzt, weil damals der Fürst Esterhazy die Spieler der blasenden Instrumente verabschiedet hatte.[309] Er rathe Ihnen aber, alles was in der Orgelstimme als obligat vorkommt, auf die Blasinstrumente überzutragen und so druken zu lassen.[310] Meinen Brief, worin ich Ihnen von den 13 Haydnschen Liedern schrieb, werden Sie erhalten haben. Ich habe jezt mit Haydn die Abrede genommen dass er dem Grafen Braun die Copie nicht eher zuschikt als bis der Druk, wenn Sie dieselben übernehmen, geendigt oder wenigstens stark avancirt ist. Diese Vorsicht ist nothwendig, weil ich weiss, wie gierig die hiesigen Verleger neuen Haydnschen Werken aufpassen und daß Graf Braun, wenn er die Copie einmahl in Händen hat, sie keiner hübschen Clavierspielerin abschlagen wird. Haydn verbürgte mir mit seiner Ehre dafür, dass bis jezt kein Mensch ausser ihm die Lieder besize und dass er sie nur Einmahl im vergangenen Winter bey Madame Saal producirt habe.

Griesinger dankt für schnelle Aufnahme des Artikels Madame Streicher betreffend.[311] *Ankündigung wird folgen.* Streicher will nur mit Ihnen zu thun haben.

Sie wissen gewiss schon dass weder Fries noch Beethoven den Nachdruck der Sonate bey Artaria befördert haben. Conti[312], der Violinspieler, welcher Graf Fries Lectionen giebt, erschlich das Manuscript und er ist allein das Werkzeug dieser escroquerie. Hofmeister ist jezt hier. So weit war ich in meinem Briefe, als ich durch einen Besuch vom Bruder des Beethoven unterbrochen wurde. Er bittet mich, den Vermittler zwischen Ihnen und seinem Bruder zu machen. Lezterer sey über Ihren Brief vom 20. November worinn Sie Ihm die Schuld wegen des Artariaschen Nachstichs allein zuschreiben, so aufgebracht, dass er ganz mit Ihnen brechen und das Geld gegen die an Kunze und Compagnon kürzlich überlieferten Variationen[313] zurükgeben wolle. Ich las den Brief das corpus Ihres delicti und fand, dass er so beleidigend nicht sey und dass Sie als Kaufmann nicht anders schreiben konnten. Der Bruder ist auch meiner Meynung, dass die Sache so viel Lärmens nicht verdiene, er gestand mir aber dass sein Bruder Louis durch seine Gesellschaffter, hiesigen Verleger und auswärtigen Correspondenten so verwöhnt sey, dass ihn der geringste Verdacht an seinem Ehrgefühle in Feuer und Flamme seze. Morgen früh gehe ich zu Beethoven und ich denke, es soll mir

311 Vgl. Anmerkung 306.

312 Giacomo Conti (1752–1805), Violinist in der Kaiserlichen Hofmusikkapelle und Kapellmeister an der k.k. Hofoper in Wien.

313 Beethoven hat Breitkopf & Härtel die Klaviervariationen op. 34 und 35 gegen ein Honorar von 50 Dukaten zur Publikation überlassen.

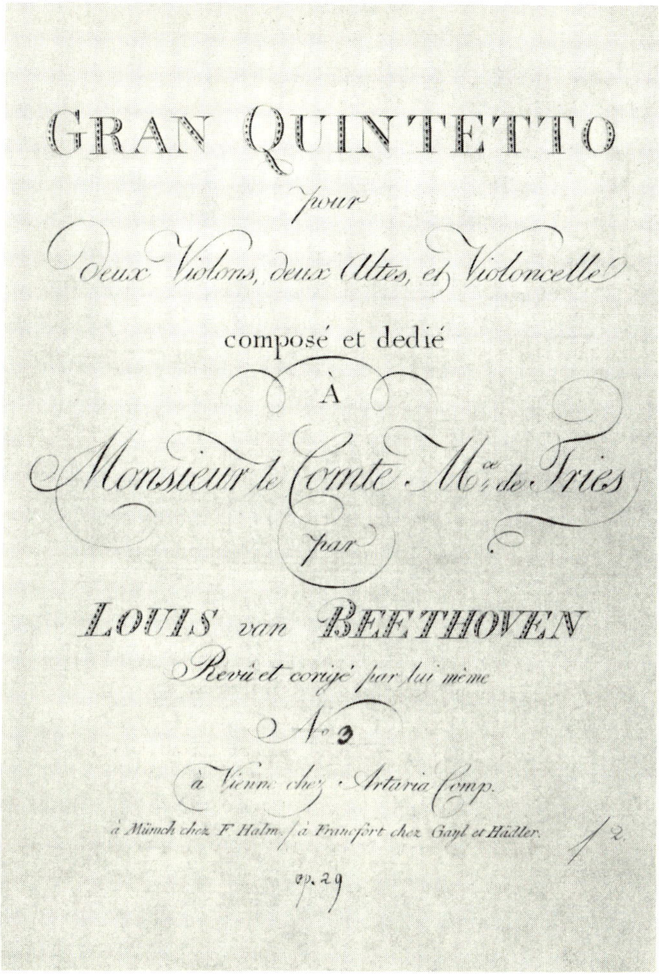

Ludwig van Beethoven: Streichquintett op. 29. Titelblatt der von Beethoven nicht autorisierten Erstausgabe im Verlag Artaria & Comp., Wien 1802 (Sommer)

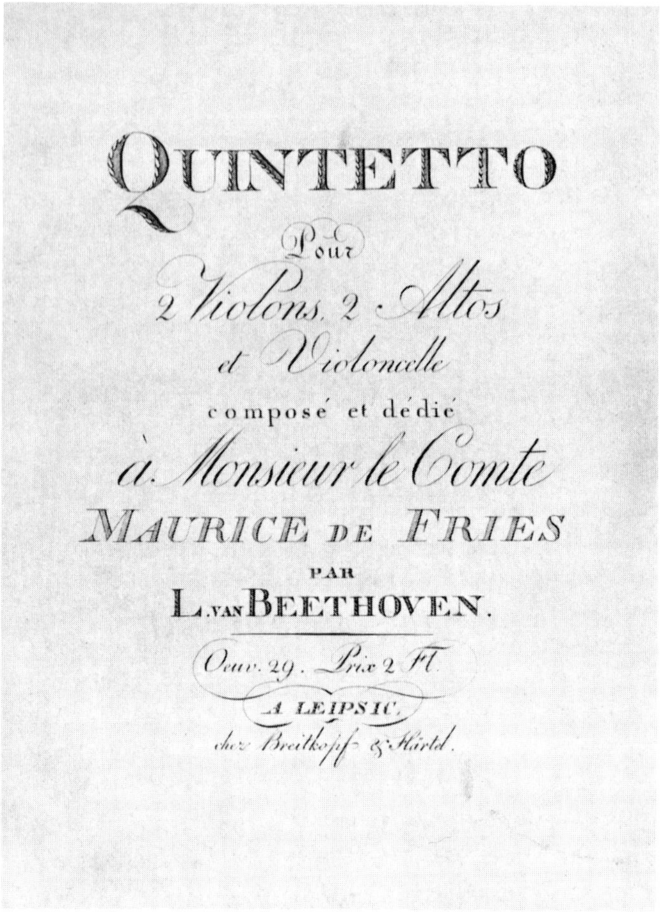

Ludwig van Beethoven: Streichquintett op. 29. Titelblatt der Originalausgabe im Verlag Breitkopf & Härtel, Leipzig 1802 (Dezember)

gelingen, tantas componere lites. Vorläufig habe ich den Bruder versichert dass Ihre Absicht keineswegs seyn könne, einen Fehdehandschuh auszuwerfen, dass Sie dem Beethovschen Talent alle Gerechtigkeit widerfahren lassen und so weiter. Sollten Sie ihm wieder einmahl schreiben so lassen Sie etwas Weihrauch in Ihre Tinte fallen; Künstler sind nun einmahl ein reizbares Völkchen...

Wien, 8. Dezember 1802

... Mein Besuch bei Beethoven hatte den erwünschten Erfolg, und er wird die Variationen, die er mir mit seinem bekannten Talent vorspielte, schiken. Die Geschichte mit dem Quintett verhält sich folgendermaßen: Beethoven hatte es an den Grafen Fries unter der Bedingung abgetretten dass er nach 6 Monaten darüber disponiren könnte. Nach Verfluss eines Jahres wurde es von Ihnen erkauft. Kaum war es in Leipzig, als Beethoven zufälliger Weise erfuhr, dass das Quintett bey Artaria gestochen werde. Sogleich eilte er hin. Artaria war so unverschämt zu behaupten dass es ihm vom Grafen Fries geschenkt worden sey. Fries wusste kein Wort davon und es entdekte sich daß Conti von dem Grafen Fries das Manuscript auf einige Täge geborgt hatte, unter dem Vorwande, für Artaria ein fehlerfreyes Exemplar darnach zu corrigiren. Beethoven ging zu einem Advokaten; dieser sagte ihm dass, ehe der Process völlig eingeleitet sey, Artaria die ganze Auflage fertig und verschikt haben könnte. Beethoven war so ehrlich, dem Artaria 2 neue Werke die er eben fertig hatte anzubieten wenn er die Auflage unterdrüken würde. Als auch dieses nicht wirkte, sagte er ihm die derbsten Wahrheiten und er erhielt durch Friesens Vermittlung dass Artaria das Quintett nur als Nachstich, und 14 Täge nach Erscheinung des Originals verkaufen wolle. Beethoven war über den verdammten Streich entsezlich aufgebracht und 8 Täge hindurch unfähig, nur eine Note zu sezen. Ihnen schrieb er in einigen Zeilen, vermutlich ohne ins Detail zu gehen, was geschehen sey; Ihre Antwort worinn Sie sich wie natürlich an Ihn halten, nahm Er, der doch alles mögliche zur Behauptung seiner Ehre gethan hatte, als eine neue Kränkung auf. Er habe, hiess es, nicht die gemeine Erziehung wie viele seiner Collegen genossen und sey unfähig, ein Manuscript das ihm einmahl bezahlt worden sey, zum 2ten mahle zu verkaufen; Papa Haydn habe sich dadurch genug prostituirt[314] usw. Es ist unnöthig, meine Antworten herzusezen die sich von selbst verstehen und die auch so viel wirkten als kaltes Blut gegen eine gereizte Empfindlichkeit wirken kann. Beethoven wird jezt dem Grafen Fries Ihren Brief schiken und Ihn bitten dass er den Artaria zur gänzlichen Unterdrükung der Auflage anhalte und sich darüber entweder eine schriftliche Versicherung geben lasse oder ihm die Platten abkaufe. Sie möchten, bis dieser Punkt in Richtigkeit ist, die Originalausgabe zurükbehalten. Durch Artarias bereits ausgestellte Versicherung seinen Nach-

314 Tatsächlich hat Haydn in früheren Jahren manchmal ein und dasselbe Werk annähernd gleichzeitig zwei verschiedenen Verlegern – etwa in Wien und in London – zur Publikation übergeben.

315 Die Anspielung ist nicht eindeutig zu erklären. Spricht Griesinger von Johann Georg Reichsgraf von Browne-Camus (vgl. Anmerkung 273) oder von Peter Freiherr von Braun (vgl. Anmerkung 35)?

stich erst 14 Täge nach Ihnen auszugeben, seyn Sie wenigstens provisorisch gedekt und können zögern ohne einen Nachtheil zu befürchten. Wenn Ihnen darum zu thun ist, mit Beethoven in gutem Vernehmen zu bleiben so lassen Sie in Ihren nächsten Brief einfliessen dass Ihre Absicht nie gewesen sey, ihn zu beleidigen, dass Sie ihn schäzen und dergleichen mehr.

Sehr empfindlich war es ihm dass Sie ihm die Geschichte mit Graf Braun[315] vorrükten, wo Beethoven doch so ganz unschuldig war und worüber er die überzeugendsten schriftlichen Belege vorweisen kann.

Griesinger hat dem Streicher die Ankündigung aufgesezt und zur Unterschrift geschikt.

Haben Sie nicht vergessen in das Intelligenz Blatt der Musicalischen Zeitung ein Wort wegen der Grassyschen Büste von Haydn einrüken zu lassen? Ich habe mich noch nicht getraut den Grassy zu besuchen, weil ich befürchte, er möchte mich einer Nachlässigkeit beschuldigen...

Wien, 18. Dezember 1802

...Ich gestehe Ihnen, dass ich mir nur geringe Hofnung machte Haydns Lieder um 300 f. zu bekommen nachdem ich Haydn selbst einigemahl sagen hörte Graf Braun habe ihn mit 500 f. noch nicht hinlänglich bezahlt, es seyn keine Lieder, wie man sie in Menge habe, sondern Singterzetten und Singquartetten mit Begleitung eines Fortepiano, dergleichen man keine oder nur wenige besize. Um zum Zwek zu gelangen musste also eine Aussicht auf die Russischen Rubel eröffnet werden, das wirkte und Haydn ist mit den

300f. zufrieden. Schiken Sie mir die Anweisung bald, ehe es den Papa gereut; bey Ueberlieferung des Geldes erhalte ich das Manuscript. Haydn wünscht dass Sie folgende Bedingungen eingehen: 1) Er übernimmt die Correctur; 2) Sie schiken 2 Exemplare auf Velin und gebunden für die verwittwete Kaiserinn von Rußland ehe noch die Ausgabe im Publicum verbreitet ist; 3) Sie möchten wegen des Grafen Braun noch nichts wegen der Lieder bekannt machen, bis der Druk vorgerükt ist; 4) den Druk bald übernehmen; 5) Es bleibt Ihnen überlassen, in welcher Ordnung Sie die Lieder abdruken lassen wollen; 6) Der Titel soll nicht Lieder, sondern Singterzetten und Singquartetten mit Begleitung eines Fortepiano seyn.[316]

Haydn ist von dem Projekt, die Lieder dem Kaiser zu dediciren, abgekommen, und will sie dessen Mutter

316 Der Titel der 1803 bei Breitkopf & Härtel erschienenen Erstausgabe dieser 13 drei- und vierstimmigen Gesänge (Hob. XXV:b/c) lautete schließlich: *Drey- und vierstimmige Gesaenge mit Begleitung des Pianoforte.*

317 Zwischen 11. November 1781 und 4. Januar 1782 weilten Großfürst Paul Petrowitsch, später Zar Paul I. (1754–1801) und seine Gattin Maria Feodorowna, geborene Herzogin Sophie Dorothea von Württemberg (1759–1828), incognito als Graf und Gräfin von Norden in Wien. Haydn konzertierte am 25. Dezember 1781 vor den hohen Gästen; wann er die Großfürstin unterrichtet hat, ist nicht nachzuweisen.

318 Es ist nicht eindeutig zu bestimmen, um welche Messe es sich handelt. Vom Pariser Conservatoire hat Haydn 1802 eine Medaille gewidmet erhalten. Am 11. Januar 1803 bedankte sich die Leitung des Concert des Amateurs in Paris bei Haydn für »un Paquet cacheté, contenant une Messe, une offertoire et un Te Deum«. Bei der Messe bzw. den drei kirchenmusikalischen Werken wird es sich wohl eher um Abschriften denn um Autographe gehandelt haben, auch wenn vermutet wurde, daß Haydn damals das Autograph seiner *Schöpfungsmesse* nach Paris gesandt haben könnte.

zuschiken weil er sie persönlich einst in Wien kannte, und ihr 2 Stunden Lection über eine seiner Compositionen gab.[317] Auf meine Frage wer die Dedication aufsezen sollte? antwortete Haydn: Herr Härtel soll das besorgen. Sie möchten nur in ein paar Worten sagen, dass da er einst persönlich das Glük gehabt habe ihr als einer Beschüzerinn und Freundinn zu huldigen, er es wage ihr die vielleicht lezte Frucht seines höhern Alters zu Füssen zu legen. – Sie möchten ihm aber die Dedication zum Lesen schiken und es werde hinreichend seyn wenn sie nur den 2 für die Kaiserinn bestimmten Exemplaren vorgedrukt werde.

Wegen des Quartetts, welches Haydn in der Arbeit hat, lässt er sich noch in keinen Handel ein; es ist zunächst auch für Fries oder Lobkowiz bestimmt; doch habe ich ihn von Ihrem Anerbieten benachrichtigt.

Ich habe Ihnen schon erzählt, dass Himmel in Haydn drang, eine Reise nach Paris zu machen; in der Hize der Unterredung äusserte Haydn er würde wohl hingehen wenn er wegen der Reisekosten gedekt wäre. Himmel nimmt dieses als Ernst auf, schreibt es nach Paris, und vor einigen Tägen erhält Haydn eine Einladung von einem Liebhaberconcert nebst einer Anweisung auf 4400 fl. zur Reise. Er nimmt es nicht an, aber der Eifer der Franzosen hat ihn geschmeichelt. Dem Fürsten Esterhazy welcher vor einigen Tägen nach Paris reiste, hat er eine Messe ans Conservatoire, welches ihm die Medaille schikte mitgegeben.[318]

Beethoven ist wegen der Geschichte mit dem Quintett äusserst ärgerlich. Er lässt Ihnen hiemit 2 Vorschläge machen: 1) er will die Hälffte des erhaltenen Honorars zurükgeben und Sie behalten den reversmässigen Vorsprung von 14 Tägen vor Artaria; oder 2) er bezahlt die 38 Dukaten ganz zurük, und Artaria braucht sich an keine Zeit zu binden. Er lässt sich entschuldigen dass er bey einer Geschichte wo Graf Fries denn doch auch einigermassen verwikelt ist keinen bessern Ausweg zu finden weiss, und verspricht feierlich, dass in Zukunfft nichts ähnliches vorfallen soll. Beantworten Sie mir diesen Punkt.

Abbé Mattuschek[319] schikt durch eine 3. Person und durch Griesinger Claviercompositionen an Breitkopf, der sich nach Belieben daraus wählen möge zum Druk.

Madame Stael hat noch Niemand, sie besteht »auf einen essai de 6 mois« wofür mich der Himmel bewahre!

Der Antrag hat mir nichts genützt, weil ich unter solchen Umständen nicht fest genug auftreten konnte. Sollten Sie einmahl von einem Antrage hören so gedenken Sie meiner bestens. Das historische Werk ist bis jezt nichts als Projekt. Die Krankheit der Gräfin, die dadurch veranlasste Unruhe im Hause, weil man doch auch nicht ohne Theilnahme am Pulte sizen konnte, die Berufsgeschäffte und Berufszerstreuungen da ich jezt den Knaben nicht mehr wie sonst der Mutter überlassen kann, sind vollgültige

319 Abbé Anton Mattauschek (Matouschek), im ersten Jahrzehnt des 19. Jahrhunderts in Wien lebender Priester und Komponist, der hauptsächlich mit Klaviervariationen an die Öffentlichkeit getreten ist.

320 Im Sinn von geschäftstüchtig.

321 Bei Breitkopf & Härtel waren kurz zuvor *Johann Sebastian Bachs Motetten in Partitur. Erstes Heft* (mit den achtstimmigen Motetten *Singet dem Herrn ein neues Lied, Fürchte dich nicht* und *Ich lasse dich nicht*) erschienen.

322 Vgl. Anmerkung 261.

323 Offensichtlich hat Härtel beabsichtigt, van Swieten ein Autograph von Johann Sebastian Bach zu verehren.

Entschuldigungen meiner gehemmten Thätigkeit. Vale et ama. Das Paket an Haydn ist überliefert. Die Themen werde ich vorlegen...

Wien, 26. Januar 1803

...Noch bin ich in voller Erwartung, wie Sie Haydns jüdisches Benehmen[320] aufnehmen werden. Ich war wieder bei Swieten, der mir sagte, er habe die Haydnschen Gesänge mit wahrer Bewunderung durchgegangen. Swieten besteht darauf dass er dieses dem Haydn mündlich sagen müsse, und dadurch werden wir wieder um einen Posttag verspätet. Er wollte die Motetten bezahlen[321]; ich versicherte ihn aber dass Sie sich dadurch beleidigt finden würden; er solle nur mit dem Alexanderfest[322] herausrüken. Mit den Bachschen Manuscripten werden Sie viel Ehre einlegen[323]...

Wien, 2. Februar 1803

...Ihr Entschluss, Haydn mit seinen Gesängen abzulehnen, hat mich keineswegs befremdet. Aber es schien mir doch bedenklich, ganz darauf Verzicht zu thun, denn 1) sind die Gesänge mit einer von Haydn selbst verfertigten Clavierbegleitung, also für Ihre Sammlung höchst brauchbar; 2) hat mir Swieten, ein bey aller Pedanterey sehr loyaler Mann diese Gesänge als etwas ganz vorzügliches geschildert; 3) bin ich moralisch überzeugt dass, wenn Haydn dem Mollo, Sonnleitner oder André in Offenbach einen Antrag gemacht hätte, diese sich ein grosses Vergnügen daraus gemacht haben würden, Sie herunter zu steigern; 4) muss man sich beeilen, Haydnsche Compositionen zu erhalten denn der Mann wird alt und kann nicht mehr schreiben; 5) wäre Haydn dem Swieten jezt wieder viel verbindliches über seine Gesänge gesagt hat, durch eine förmliche Abbrechung des Handels gewis stuzig und empfindlich geworden. Ist die Gunst verscherzt so hält es schwer, sie wieder zu erhalten; unser Verhältnis ist auch um so delicater, weil ich bis jezt von Haydn alles nur als einen Beweis seines persönlichen Wohlwollens verlangte und auch nur unter diesem (wahren oder trügerischen) Titel erhielt. Sie kennen mich zu gut, um zu glauben als ob ich mir dadurch das mindeste Gewicht geben wollte. Diess vorausgesetzt und weil Sie es mir freystellen den Umständen gemäs zu handeln, stekte ich eine Parthie Bankozettel zu mir, und ging damit zu Haydn, nicht in der Absicht aufzukünden sondern um über einen mezzo Termine mit ihm einig zu werden. So viel merkte ich bey dem ersten Anlaufe dass es bei der Ersten Taxe nicht bleiben würde, indem mir Haydn sagte das könnte wohl sein leztes Werk seyn wodurch er noch etwas verdienen möchte, die Gesänge seyn blos con amore in glüklichen Stunden, ohne Bestellung, componirt, der Verleger werde eine

324 Die Ausgabe erschien schließlich ohne Unterlegung einer Textübersetzung.

325 Als Dankgeschenk für die Widmung der Komposition. Die Ausgabe erschien schließlich ohne Widmung mit dem in Anmerkung 316 wiedergegebenen Titel sowie in den Bänden 8 und 9 von Breitkopf & Härtels *Oeuvres Complettes de Joseph Haydn*.

326 Die große heroische Oper in zwei Akten *Ercole in Lidia* von Simon Mayr (1763–1845) mit einem Text von Johann von Gamera hatte am 29. Jänner 1803 im Hofburgtheater Premiere.

treffliche Speculation dabey machen usw. Meine Gegenerklärungen fanden indessen ein geneigtes Ohr, und es wurde ausgemacht daß ich Haydn noch hundert Gulden nachzahlen sollte. Ich lege Ihnen die Quittung bey... Am 4ten oder 5ten gebe ich die Gesänge auf die Post, denn Haydn sieht sie noch einmahl durch. Er verlässt sich auf Ihren Correktor und hält es unnöthig, ihm Probebogen zu schiken; er lässt Sie bitten, das Werkchen gut auszustaffiren und wenigstens Eine Auflage anschliessend mit deutschem Text, so wie er das Ganze schikt, zu veranstalten; die Texte in mehreren Sprachen beleidigen das Auge und verwirren im Singen, der Nachdruk den der Compositeur auf eine Wendung des Textes lege falle bey der Uebersezung oft schief aus und dergleichen.[324] Auch das Kaiserliche Exemplar soll ich Ihrem, in dergleichen Fällen ohne Zweifel geübten Geschmak empfehlen. Die Dedication, die in den andern Exemplaren vorgedrukt wird, will Haydn in das Kaiserliche eigenhändig schreiben; also muss ein weisses Blatt hinter dem Titel eingeheftet werden. Sie möchten den Druk rasch beginnen (damit der Ring oder die Dose desto früher erscheinen[325]) und wo möglich erst 4 Wochen nach Absendung des Kaiserlichen Exemplares hieher, die übrigen ausgeben, weil der Transport langwierig ist und es der Kaiserinn, welche die Zeche bezahlen solle, missfallen könnte, wenn sich das ganze Publicum zu gleicher Zeit mit ihr zur Tafel sezen würde.

Seit dem 29. Januar wurde Hercule in Lidia von Simon Mayer[326], neue heroische Oper, 3 mal mit Beifall gegeben; Brizzi und Mademoiselle Saal in den Hauptstimmen; Musik reich an schönen Stellen, nur erinnert sie zuweilen an frühere Arbeiten desselben Verfassers. Abt Vogler bleibt den

Winter über hier.[327] *Man arbeitet an der Organisation eines Liebhaberconcerts für die Fastenzeit worinn sich die ersten Dilettanten und Dilettantinnen Wiens hören lassen werden.*[328]

Wien, 26. Februar 1803

Dem Papa Haydn wird Ihre Bereitwilligkeit wegen der Dedication sehr angenehm seyn; seine Absicht war nicht dieselbe vordruken zu lassen sondern nur die Exemplare mit einem eigenhändigen Brief an die Kaiserinn zu begleiten. Schreiben Sie mir, wie bald dieser Brief in Leipzing seyn soll. Ich habe Haydn seit 14 Tägen nicht gesehen; mein Graf war bedenklich krank, jezt geht es wieder besser. Bey dieser Gelegenheit kam auch die Verbesserung meines künftigen Looses zur Sprache und ich warte nur die völlige Genesung ab, um alles in Richtigkeit zu bringen.

Breitkopf scheint Griesinger Vorschläge wegen Redaction einer Zeitung in Wien gemacht zu haben. Folgen die Gegen-

327 Abbé Georg Joseph Vogler (1749–1814), Komponist und Organist, kam zu Beginn des Jahres 1803 nach Wien, um einem Kompositionsauftrag für das Theater an der Wien nachzukommen. Er lebte hier bis September 1804.

328 Einer der Versuche, in Wien mit ausübenden und unterstützenden (also zuhörenden) Mitgliedern Abonnementkonzerte zu installieren, die erst 1812 mit der Gründung der Gesellschaft der Musikfreunde zu einem bleibenden Erfolg führten. Das Projekt für die Fastenzeit 1803 konnte nicht realisiert werden.

329 Es ist nicht bekannt, für welche Zeitungen Griesinger als Korrespondent gearbeitet hat; derartige politische Berichterstattungen standen ihm als Diplomaten wohl auch nicht an.

330 Offensichtlich ein Mißverständnis: Gottfried Christoph Härtels Sohn Hermann (1803–1875) wurde am 27. April 1803 geboren.

gründe: Censur, Mangel an Mitarbeitern, Collision mit den Gehlenschen Erben, den Verlegern der Wiener Zeitung die für ihr Privilegium gegen 20 000 fl. bezahlen, litterarisch merkantile Verbindungen schlecht bestellt, kein Bedürfniss zu lesen, Bezahlung der Verleger wie man in Leipzig vor 30 Jahren zahlte. Ich bin (unter uns) Correspondent von 2 politischen Zeitungen[329], schreibe wöchentlich 2 Briefe, *dafür jährlich gegen 250 fl. Wenn Breitkopf Mittel und Wege weiss Griesinger durch Übersetzen, Theilnahme an Journalen etc. einige Nebenverdienste zu verschaffen, so erweist er ihm eine Gefälligkeit.*

Haben Sie Haydns Quittung für die 100 fl. erhalten und darf ich die 100 f. die ich zugelegt habe, bei Kunze & Compagnon abholen?

Das projektirte Liebhaberconcert kommt nicht zu Stande; es fehlt an vorzüglichen Sängern denn die vom Theater dürfen sich ausser demselben nicht hören lassen.

Wien, 16. März 1803

Härtel hat sein Söhnchen Hermann[330] durch den Tod verloren, Worte der Teilnahme.

Es scheint, Haydn sey zu schlechten Texten prädestinirt; eigentlich trägt er die Schuld seiner unwissenschaftlichen Bildung. Er hat mich die Lieder (eines, der Augenblik, ausgenommen) nie lesen lassen, sondern sie mir immer versiegelt entweder für Sie oder für Swieten, zugeschikt. Ihr Plan bey der Herausgabe wird der beste seyn. Ich habe dem Haydn einen Brief an die Russische Kaiserinn aufgesezt, den er nur abzuschreiben brauchte. Aus einem, mir ganz unerklärbaren Zartgefühl hat er aber die Idee mit der Dedication ganz aufgegeben. Ich begreife nicht, wie er einen Gewinn, dem er schon triumphirend entgegen sah, jezt so gelassen fahren lässt. Er befürchtet, sein Fürst und Swieten möchten ihn einer Betteley beschuldigen, und erfahren müssten sie es doch, weil ja die Kaiserinn ihr Geschenk durch Rasumovsky[331] schiken würde. Da die Besorgung des Dedicationsexemplars und die Versendung ein onus für Sie wäre, so habe ich mir keine grosse Mühe mehr gegeben seine Scrupel zu lösen. Schalten Sie nun mit Ihrem Eigenthum wie Sie wollen.

Den Exemplaren vom Messias sehe ich mit Sehnsucht entgegen um bey dieser Veranlassung das Alexanderfest abholen zu können. Swieten ist seit einiger Zeit fast immer krank und er sieht nur seine vertrautesten.

Vogler und Beethoven componiren ein jeder eine

331 Andreas Kyrillowitsch Graf Rasumowsky (1752–1836), russischer Botschafter in Wien.

332 Georg Joseph Voglers große heroische Oper in zwei Akten *Samori* mit einem Text von Franz von Huber wurde am 17. Mai 1804 im Theater an der Wien uraufgeführt. Beethoven sollte für das Theater an der Wien *Vestas Feuer,* ein Libretto von Emanuel Schikaneder, vertonen, doch brach er die Arbeit daran bald wieder ab. Nach unserer bisherigen Kenntnis hat Beethoven den Kompositionsauftrag für *Vestas Feuer* allerdings erst im Herbst 1803 erhalten, während er nachweislich schon im Januar oder spätestens Anfang Februar 1803 eine Dienstwohnung im Theater bezogen hatte. Stand vorerst ein anderes Libretto zur Diskussion, oder wurde überhaupt erst ein Libretto für ihn gesucht?

333 Am 5. April 1803 veranstaltete Beethoven im Theater an der Wien ein Konzert, in dem sein Oratorium *Christus am Ölberg,* op. 85, die 2. Symphonie, op. 36, und das 3. Klavierkonzert, op. 37, zur Uraufführung gelangten und auch die 1. Symphonie, op. 21, auf dem Programm stand.

334 Jean Victor Moreaus (vgl. Anmerkung 76) Gattin galt als ausgezeichnete Pianistin.

335 Friedrich Ernst Graf Marschall (1748–1832), Kämmerer.

Oper für das Theater an der Wien.[332] Hier (im Theater) wird in der Charwoche eine Cantate von Beethoven zu seinem Benefice gegeben.[333]...

Streicher arbeitet ausschliesse[n]d für Sie, um Ihren Bestellungen Genüge zu thun...

Sie haben ganz Recht; Haydn würde für die Partituren seiner Symphonien gar viel nicht thun und sich gut dafür bezahlen lassen. Ist Ihnen nicht um Umarbeitungen sondern nur um Correktheit zu thun, so würde er sich vielleicht doch entschliessen, wenn ihm geschriebene Partituren zugeschikt würden, dieselben durchzusehen und hier und da etwas zu ändern. Sein Fürst schrieb ihm kürzlich von Paris, er möchte ihm doch Claviermusik für die Gemahlinn des General Morau schiken. Haydn antwortete es sey ihm nicht möglich, bey seinen Gesundheitsumständen etwas neues zu componiren und schikte Ihm Heffte Haydnscher Claviermusik[334]...

Nachschrift.

Eben sagte mir jemand, dass man an Swietens Aufkommen zweifle. Das wäre fatal wegen der Händel Mozartschen Reliquien. Verlassen Sie sich darauf dass ich auch im schlimmsten Falle alles anwenden werde, um sie zu bekommen. Wie das zu machen wäre, wenn Swieten sterben sollte, weiss ich selbst nicht; ich würde aber darüber den Grafen von Marschall[335], einen intimen Freund Swietens, zu Rathe ziehen.

Wien, 2. April 1803

...Wegen der fortdauernden Unpäßlichkeit meines Grafen konnte ich seit einigen Wochen den Vater

Haydn in seiner entlegenen Wohnung nicht aufsuchen. Gestern brachte ich ihm die Musicalische Zeitung nebst dem 6ten Hefft seiner Werke welches ich von Träg erhielt. Er schien empfindlich darüber zu seyn, dass Sie seine Lieder nicht als ein eigenes Werk herausgeben, sondern in die Hefte einschalten wollen.[336] Er hält das als eine Verachtung seines Werkes, ungeachtet ich ihn versicherte, dass es blos um des Publicums willen, welches auf die Heffte subscribirt, geschehe. Ob Sie dann nicht damit zufrieden seyn, fragte er mich, er getraue sich, sie jedem Kenner vorzulegen und wer den Werth der Composition nicht bey dem ersten Anblike einsehe, der werde sich gewis bey tieferem Studium davon überzeugen. Nun wolle er Ihnen so bald nichts mehr geben; er habe sich schon gefreut seiner Fürstinn und einigen andern Bekannten die ihn um die Lieder angesprochen haben, Exemplare geben zu können. In dieser Stimmung wäre ich mit meiner Bitte um die lezte Messe übel angekommen. In Ansehung der Canons darf ich mir gar nichts versprechen, denn da sich diese in seinem Cabinet schon so oft meinen Augen darboten so können Sie leicht denken dass ich bey mehreren Gelegenheiten meine Lüsternheit darnach bezeugte. Immer erhielt ich zur Antwort: Er wolle auch etwas von seiner Arbeit ausschliessend besizen, die Welt habe genug von ihm.

Das Concert des Amateurs rue Clery hat dem Haydn kürzlich für einige demselben zugeschikten Messen eine kleine goldene Medaille (7 Ducaten

336 Vgl. Anmerkung 325.
337 Vgl. Anmerkung 318.

schwer) nebst einem verbindlichen Schreiben zugeschikt.[337] Das Gepräge der Einen Seite stellt 2 antike Leyern mit dem Sinnbilde der Wissenschaften und Künste vor; unten steht: Professeurs et Artistes; rings herum: Le même feu les anime. Die Kehrseite hat einen grün emaillirten Lorbeerkranz; in demselben ist ein weiss emaillirter Stern mit: à Haydn. Um den Kranz steht mit blauer Emaille: Le Concert des Amateurs.

Haydn versicherte mich, er habe, weil er den Kopf noch nicht frey fühle, seit 4 Wochen sein Clavier nicht angerührt. Er hat mehrere Partituren seiner Symphonien im Manuscript, die er einmahl für Swieten schreiben liess. Ich bat ihn um die Themen, und er versprach sie mir. So bald ich sie bekomme, schike ich sie Ihnen, denn da wäre Ihnen ja schon viel Mühe erspart.

Swieten hat, so oft er auch in seinem Leben davon sprach, doch kein förmliches Testament hinterlassen; jezt theilt sich sein Bruder und die Kinder einer verstorbenen Schwester in die Verlassenschafft. Graf Marschall sagte mir, dass ohne Zweifel seine Bibliothek und Musicaliensammlung im Aufstreich verkaufft werden würde; ich solle nicht zu viel empressement um die Mozart-Händelschen Manuscripte äussern, weil dadurch die Erben auf ihren Werth nur um so aufmerksamer würden. Jezt ist noch alles unter Siegel. Haydn schäzt Swietens Musiksammlung auf zehn tausend Gulden...

Unaufgefordert und unter den schmeichelhaftesten Aeusserungen stellte mir kürzlich mein Graf eine Verschreibung auf lebenslängliche Interessen à 6 per Centum von einem Capital von 4000 Rthl. zu...

Wien, 20. April 1803

... Herr Rellig[338] verfertigt jezt den Catalog von Swietens Bücher und Musicaliensammlung. Die Erben verkaufen alles in einer Licitation. Haydn sagte mir, dass vielleicht die Kaiserinn die Musicalien kaufen werde; den Erben ist davon noch nichts bekannt. Die Händel-Mozartschen Sachen sind mir nicht abgegeben worden, wie leicht zu vermuthen war.

Beethoven hat seine Symphonie und Concert an Sonnleitner um 700 fl. verkauft.[339] Zum Oratorium hatte er keine Lust weil der Text schlecht sey. Sonnleitner ist (unter uns) unzufrieden mit Ihnen, weil er Ihren Verlag unter den Bedingungen unter welchen Sie ihn ihm ablassen[340], unmöglich so wohlfeil als Träg verkaufen könne. Es werde Ihnen doch nicht gleichgültig

338 Karl Leopold Röllig (1754?–1804), Bibliotheksdiener in der k. k. Hofbibliothek, auch Komponist und als Glasharmonika-Spieler bekannt.

339 Beethoven hat über seinen Bruder Karl die 2. Symphonie, op. 36, und das 3. Klavierkonzert, op. 37, gegen ein Honorar von 600 Gulden Breitkopf & Härtel zur Publikation angeboten. Härtel wollte für beide Werke nur 500 Gulden bieten. Schließlich erwarb der Wiener Verlag Bureau des Arts et d'Industrie, an dem Joseph Sonnleithner beteiligt war (vgl. Anmerkungen 10 und 237), beide Werke um ein Honorar von tatsächlich 700 Gulden.

340 Offensichtlich erhielt der Musikalienhändler Johann Traeg von Härtel für sein Sortiment einen günstigeren Händlerrabatt.

341 Nicht der in Anmerkung 274 mit dem Musikverleger Thaddäus Weigl identifizierte »jüngere« Weigl, sondern dessen älterer Bruder Joseph Weigl d. J. (1766–1846), Sohn des Komponisten Joseph Weigl d. Ä. (1740–1820). Vgl. Anmerkung 365.

342 Der von Joseph Sonnleithner verfaßte Nekrolog erschien im Intelligenzblatt der Annalen der Literatur und Kunst in den österreichischen Staaten, 1803, Nr. 13.

343 Gertrud Elisabeth Mara (1749–1833), Sängerin von europäischer Berühmtheit.

seyn mit ihm in Verbindung zu stehen da sein Verlag bald eben so beträchtlich seyn würde als der Ihrige...

Streicher hat Bestellung auf 6 Fortepiano nach Paris erhalten...

Herr Hofrat Rochlitz wird ohne Zweifel schon mit dem jüngeren Herrn Weigel[341], der seine Oper componiren will, in Correspondenz stehen...

Wien, 7. Mai 1803

...Die Kaiserinn hat sich den Catalog von Swietens Musicalien ausgebeten. Ein anderer Competent ist der Fürst Lobkowiz. Da die Erben Hoffnung haben die Sammlung zu verkaufen so wird sie nicht versteigert werden. Herr Rellig hat den Catalog verfertigt. Ich sprach mit ihm wegen der Mozart- Händelschen Sachen. Er bedauerte dass sie für Ihren Verlag jezt fast so viel als verloren seyn und dass er sie selbst nicht noch zu Lebzeiten für die Kaiserliche Bibliothek habe abschreiben lassen. Sie müssen falsch berichtet seyn wenn Sie glauben, es circuliren davon Abschrifften in Menge in Prag und anderswo. Ich bat Herrn Rellig um Materialien zu einem Aufsaz über Swieten für die Musicalische Zeitung, weil er viel um Swieten war und durch ihn angestellt wurde. Er sagte mir dass jemand eine kleine Biographie von Swieten in die Oesterreichischen Annalen der Litteratur und Kunst (bey Degen) einrüken lassen werde und dass man das abwarten solle.[342] Ich kann Ihnen nicht sagen wie weh mir der Aufenthalt in Swietens verwaisetem Zimmer that; der Mann hatte doch schäzenswerthe Eigenschafften!

Auch hier hat Madame Mara[343] mit vielem Beyfall

gesungen. Wer sie vor 20 Jahren gehört hatte fand freilich, dass die Natur ihr Recht an ihr ausgeübt habe, aber ihrem Talent und Kunst gebührte grosses Lob...

Ich habe meinem Churfürsten von Würtemberg[344] einen Glükwunsch zu seiner Würde in Hexametern die mit vielem typographischen und Buchbinder-Luxus aufgepuzt waren, zugeschikt. Das Ding ist gut aufgenommen worden und hat mir eine ganz artige goldne Uhr eingetragen...

Wien, 18. Juni 1803

...Ich lege Ihnen eine getreue Abschrifft des Briefes bey, womit der Wiener Magistrat die dem Vater Haydn überschikte Bürgermedaille begleitet hat *(für die Musicalische Zeitung).* Meine Schuld ist es nicht wenn die Herrn Bürgermeister in einer Phrase sich etwas verwirrt ausgedrükt haben.[345] Haydn hat sich

344 Friedrich I. Wilhelm Karl (1754–1816), seit 1797 Herzog, 1803 Kurfürst, seit 1. Jänner 1806 König von Württemberg. Bei dem im Frühjahr 1803 zu Regensburg tagenden Reichsdeputations-Hauptausschuß sind vier neue Kurfürstentümer geschaffen worden, darunter Württemberg.

345 Das Schreiben des Magistrats der Stadt Wien vom 10. Mai 1803 ist vom Bürgermeister, vom Stadtoberkämmerer und vom Präses der Bürgerspital-Wirtschaftskommission unterzeichnet. Welche Formulierung Griesinger bemängelt, ist nicht erkennbar. Es wurde, ebenso wie Haydns Antwortschreiben, in der Nr. 40 vom 29. Juni 1803 der Allgemeinen Musikalischen Zeitung, Spalte 669–671, veröffentlicht.

346 Felix Franz Hofstätter (1741–1814), Exjesuit, Probst von Tomai, Direktor der Theresianischen Ritterakademie und Bibliothekar an der k. k. Universitätsbibliothek, seit 1803 zweiter Kustos an der k. k. Hofbibliothek, Schriftsteller.

347 Zur Komposition eines solchen Werkes kam es nicht mehr.

seine Antwort welche auch folgt, durch den berühmten Abbé Hofstätter[346] aufsezen lassen. Bald soll auch das Bürgerrecht dem Haydn übertragen werden. Sie können sich vorstellen dass alle diese Ehrenbezeugungen dem Papa gutes Blut machen. Er war einige Monathe hindurch wirklich ganz unthätig und zu nichts aufgelegt; jezt ist er durch die gute Jahreszeit und Bäder wieder gestärkt und er könne, wie er mir sagte »doch wieder e bisserl phantasiren.«

Ein dem Grafen Fries bestimmtes Quartett ist wie es scheint noch unter der Arbeit. Ich habe es Haydn gesagt dass Sie ihm nächstens in einem Briefe für die Lieder danken werden. Das sey doch ein Beweis, versezte er, daß Sie damit zufrieden seyn müssen und dass Sie die Acquisition nicht bereuen.

Haydn hat den besten Willen, die Cantate, deren Gegenstand das Lob der Musik ist zu componiren.[347] Auch Händel habe ein ähnliches Süjet bearbeitet. Das Terzett welches allerdings gut gerathen ist, hat ihm gefallen und ich musste es ihm überlassen. Ehe er aber die mindeste Verbindlichkeit übernimmt, wünschte er das ganze Gedicht zu lesen; daß kein falscher Gebrauch davon gemacht werden soll, will er mir mit seiner Ehre verbürgen. Gar zu gross dürfe das Gedicht nicht seyn und in der Ausführung höchstens Eine Stunde dauern. Schiken Sie, werthester Freund, den Text so bald als möglich; Während Esterhazy's Abwesenheit und der freundlichen Jahreszeit hat Haydn Kopf und Hände frey; späterhin möchte das nicht mehr der Fall seyn. Willigt Haydn ein, so ist es nöthig, ihn schrifftlich zu binden dass die Composition für Sie und keinen andern bestimmt sey. Da wird es nun natürlicher Weise über die Bedingungen zur Sprache kommen müssen, welche Sie bewilligen. Geben Sie mir also bestimmt zu erkennen, auf wie viel Sie Sich einzulassen gedenken, ob etwa ein Termin festzusezen wäre, innerhalb dessen die Composition geliefert seyn sollte? Lezteres könnte einen Mann wie Haydn vor den Kopf stossen. In Ansehung seiner Forderungen werde ich Haydn sondiren; passen seine Anträge mit den Ihrigen zusammen, so lässt sich das Eisen schmieden so lange es warm ist. Haydn lavirt gern, und gewinnt wie Sie wissen immer dabey. Diesen Vortheil kann ich ihm nicht anders nehmen als wenn ich genau weiss, wie weit ich gehen kann. Haydn soll nicht düpirt, aber doch genöthigt werden, bei seinen ersten Aussagen, die meistens billig sind, zu bleiben. Vorausbezahlung wäre nicht rathsam, Haydn würde sie auch nicht annehmen; der Alte geht aber gern sicher, er schäzt es sehr an seinen Englischen Verlegern dass er, so wie eine Arbeit fertig ist, gleich das Geld erheben kann. Eine Versicherung hierüber würde ihm ohne Zweifel Muth machen und erwünscht seyn.

348 Georg Friedrich Treitschke (1776–1842), aus Leipzig stammender Schriftsteller, lebte seit 1802 in Wien.

349 Cherubinis große Oper in 3 Akten *Les deux journées* wurde unter dem Titel *Die Tage der Gefahr* mit Treitschkes Text nach Jean-Nicolas Bouilly am 14. August 1802 im Kärntnertortheater erstmals gegeben. *Das zweyte Kapitel,* komisches Singspiel in einem Akt nach Emanuel Dupaty von Friedrich Treitschke, Musik von Jean Pierre Solié, hatte am 4. Februar 1803 im Kärtnertortheater Premiere. *Der Bernhardsberg* ist der deutsche Titel der von Joseph von Seyfried (nicht Treitschke!) besorgten Übersetzung von Cherubinis Oper *Eliza, ou le voyage aux glaciers du Mont Saint-Bernard,* die am 18. Dezember 1802 im Theater an der Wien erstmals aufgeführt wurde.

350 Im August 1802 hat der Wiener Verleger Giovanni Cappi unter dem Titel *Ganz neue Originalfantasie für das Clavier* eine Klavierbearbeitung von W. A. Mozarts Sonatensatz für Klavier und Violine, c-moll, KV 396, veröffentlicht.

Herr Treitschke[348] ist, so viel ich weiss, bey der Theaterkanzley mit 600 fl. angestellt, aber nicht Theaterdichter. Er übersezt französische Opern (Les deux journées, das 2te Capitel der Bernhardsberg[349]) aber eigene Produkte von ihm sind noch nicht erschienen...

Wegen der Schöpfungspartituren ein andersmahl... Haydn besizt die Platten noch und er schien nicht ungeneigt, sie Ihnen ganz abzutreten. Wie theuer? – 100 Ducaten antwortete er, das Zinn allein habe 100 Thlr. gekostet. – Indessen war das nur ein Wort, auf welches nicht zu bauen ist. Haydn hat vor Jahr und Tag ein Arrangement mit Artaria gemacht krafft dessen er bis zu einem gewissen Termin keine Abdrücke machen lassen will. Dieser Punkt muss jezt mit Artaria berichtigt werden.

Die Cappische Phantasie von Mozart ist ohne Zweifel eine alte frühe Composition.[350] Wegen der andern lasse ich jezt nachforschen...

Wien, 6. Juli 1803

...Mit den Platten der Schöpfung hat es folgende Beschaffenheit: Haydn hat vor Jahr und Tag dem Artaria seine vorräthigen 41 Exemplare verkauft, unter der Bedingung, so lange keine neuen Abdrüke zu machen, bis Artaria alle verschlossen habe. Haydn musste sich also vor allen Dingen erkundigen wie viel Artaria noch Exemplare habe; er erfuhr dass nur noch ein Duzend übrig bleiben. Da es mit dem Absaze derselben nicht mehr lange anstehen kann so hält sich Haydn für befugt, die Platten ganz zu verhandeln. Er hat in seinen Rechnungen nachgeschlagen und gefunden dass ihn das Zinn nicht 150 f. wie er anfangs glaubte, sondern 350 fl., jede Platte zu 30 Kreuzer gekostet habe; das wären 100 # zu wenig. Weil ich ihn kommen sah, so fiel ich ein, 200 # wären aber jezt doch auch zu viel. Er lächelte und sagte: nun, so machen wir die 800 f. rund (versteht sich in Bankozetteln). Wir wurden unterbrochen und ich versprach, Ihnen das zu schreiben. Wenn Haydn sehen wird, dass es mit dem Kaufe ernstlich gemeynt ist, wenn ich ihm werde gesagt haben dass die Emballage, die Fracht der Platten kostspielig ist so lässt er doch noch vielleicht etwas nach, und man könnte von 750 fl. sprechen. Der einzige delikate Umstand ist, dass wenn das Gebot unter Haydns Erwartung ist, er seine Waare einem hiesigen Käufer anbieten und Lust dazu erweken könnte. Wenn Artaria in etwa 1½ Jahren doch gegen 30 Exemplare absezt so muss er den Werth der Platten leicht berechnen können. Was Ihnen zu Statten kommt ist dass Haydn vor einigen Jahren gegen Sonnleitner mistrauisch geworden ist und in seiner Vorstadt Sonnleitners Thun und Treiben so zu sagen ignorirt.[351] Wo lezterer (doch das bleibe unter uns) mit Ihnen in Collision kommt da werden Sie meistens überboten werden; er ist ein thätiger Nebenbuhler. Mit seinen Geschäften auf der Ostermesse ist er überaus zufrieden, auch mit Ihnen scheint er sich jezt ausgesöhnt zu haben.

Das Resultat aller Nachfragen wegen der Mozartschen Themen läuft darauf hinaus: dass Mozart zwar

[351] Offensichtlich hat auch das Bureau des Arts et d'Industrie an den Stichplatten zur Schöpfungs-Partitur Interesse angemeldet.

[352] *Polyhymnia oder die Macht der Töne,* Libretto zu einer Kantate von Christian Schreiber (1781–1857). Vgl. Anmerkung 347.

alle componirt haben könne dass es aber entweder sehr frühe oder unvollendete und eilfertig entworfene Compositionen seyn möchten, disjecti membra poëta, die man zusammensucht, allenfalls auch ergänzt. Die Wittwe Mozart hat nichts mehr, es giebt so viel ich weiss hier keinen Mozartschen Manuscriptensammler, daher konnte mir auch niemand bestimmt sagen, wo ich sichere Auskunft einziehen könne. So viel ist sicher, dass die Themen hier nicht bekannt sind, und dass ihre Erlangung nur das Werk eines günstigen Zufalls ist.

Heute habe ich das Gedicht: Polymnia[352] erhalten, zuerst soll es Haydn mit Musse lesen, und wenn er sich hierauf zur Composition entschliesst, so will ich wegen Ihres Verlags das Nöthige besorgen und Ihnen seine Aeusserungen und Wünsche mittheilen.

Sonnenfels sieht mit Verlangen seinem Adelung *(nämlich 4 Bände)* und Haydn den Terzetten entgegen. Er hat kürzlich 50 Exemplare Schottischer Lieder bekommen, die meisterhaft gestochen seyn sollen. Möchten Sie mir dic Gefälligkeit erzeigen 1 Exemplar der Haydnschen Terzetten unter der Adresse: à Madame Madame la Comtesse Frédéric de Stollberg Wernigerode à Wernigerode am Harz abzuschiken? Einer von den Verehren der Stollbergs, Legationsrath Mattäi aus Dessau will ihnen eine Freude damit machen...

Wien, 9. Juli 1803

... Sie werden sich wundern wie Träg zu der Haydnschen Claviersonate gekommen ist an der er gegenwärtig drukt, und die der Fräulein Kurzbök, einer grossen Spielerin, auf ihr Verlangen dedicirt wird.[353] Die Sache verhält sich so: Haydn liess bey Träg das Manuscript der Isola disabitata holen das nemliche welches er retouchirte und Ihnen zuschikte. Nach einiger Zeit verlangt es Träg zurük oder einen Ersaz von 12 Ducaten. Haydn ergrimmt über diese Forderung, lässt Herrn Träg zu sich kommen, und wascht ihm in Beyseyn anderer Personen den Kopf so derb als möglich. Um aber alle Weitläufigkeiten zu vermeiden, gab er endlich die Sonate quaestionis her, die er in London einst componirte. Er thut mir leyd, dass sie Ihnen entgangen ist. Wie oft habe ich Haydn um Claviersachen für Ihre Sammlung gebeten, die Antwort war immer: er habe nichts!

Etwas hat er mir aber bey meinem lezten Besuch gezeigt worauf ich Sie aufmerksam mache. Es ist ein grosses Oratorium von Händel (Haydn sagt, das einzige welches er auf deutschen Text componirte) betitelt: der für die Sünden der Welt gemarterte und sterbende Jesus.[354] Die Königinn von England machte damit eigenhändig dem Haydn ein Geschenk. Swieten, der, wenn ich nicht irre, 24 Händelsche Oratorien hatte, besass dieses nicht und Haydn bezweifelt ob es

353 Magdalena Edle von Kurzbeck (1767–1845), angesehene Pianistin. Es handelt sich um keine Klaviersonate, sondern um das 1795 kompinierte Klaviertrio in es-Moll (Hob. XV:31), dessen Erstausgabe mit einer Widmung an Magdalena Edle von Kurzbeck im August 1803 bei Johann Traeg in Wien erschienen ist.

354 Komponiert 1716. Das Manuskript ist in Haydns Nachlaß-Verzeichnis mit dem Vermerk »Regalirt von der Königin aus England« angeführt.

355 Vgl. Anmerkung 352 und 347.

356 Die sogenannte *Harmoniemesse,* Hob. XXII:14, komponiert 1802. Die Erstausgabe der Partitur erschien erst 1808 bei Breitkopf & Härtel als sechste der dort verlegten Messen Haydns.

überhaupt in Deutschland existire. Es soll auch vortrefflich gearbeitet seyn. Das Manuscript ist in rothem Safian mit goldenem Schnitt gebunden, der Copist hat aber Schreibfehler gemacht die Haydn verbessern muss. Was dünkt Ihnen hievon? soll ich es Ihnen zu verschaffen suchen, und wie viel möchten Sie darauf bieten? Sagen Sie mir das beiläufig, damit wenn Haydn die Saiten nicht zu hoch spannt, die Sache gleich in Richtigkeit zu bringen ist. Sie müssen am besten wissen, wie hoch sich solche Werke verzinsen, und ob sich etwas damit unternehmen läßt. Könnte ich ein Wort von 20 und wenn das nicht geht von 30 Dukaten (in Papier) fallen lassen?

Ich habe das Gedicht[355] dem Haydn zugestellt mit dem Beysaze, dass ich nach 8 Tägen seinen Entschluss, ob er sich daran machen wolle, abholen werde.

Griesinger sah die Schottischen Lieder, Titel schön, Papier und Noten jedoch nicht so vorzüglich.

Jezt arbeitet Haydn wieder an neuen Schottischen Liedern; das geht schnell von der Hand und wird Englisch bezahlt. Es ist mir eingefallen dass der Handel mit Schöpfungsplatten eine gute Gelegenheit wäre, eine Messe wo möglich die neueste[356] zu erhalten. Sie können versichert seyn daß ich mein möglichstes versuchen werde...

Wien, 30. Juli 1803

...Ich begreife leicht, dass Haydns unentschlossenes und inconsequentes Benehmen Ihre Geduld ermüdet; stellen Sie sich aber meine Rolle vor, wenn, was Haydn an Einem Tage mit der verbindlichsten Willfährigkeit zu geben versprochen hat, am Anderen wieder zurückgenommen oder durch hundert Bedenklichkeiten erschwert wird. Was ist aber zu machen? Seltenen Geistern kann man ihre Schwächen verzeihen und im 70sten Jahr sieht man durch andere Gläser als im 30sten. Die Unterhandlung wegen der Schöpfungsplatten ist über alle meine Erwartung gut ausgefallen. Kaum hatte ich nach Anleitung Ihres Briefes dem Papa vorgestellt dass wenn Sie auch, wie es doch gar nicht wahrscheinlich sey, 100 Exemplare verkauften, Sie doch kaum Ihre Unkosten herausschlagen, und höchstens 100 # für die Platten geben könnten, als er mich in der Anwandlung seiner besten Laune mit den Worten unterbrach: »Nun, es ist ja Härtel, ich habe ihn lieb, es mag bey den 100 # bleiben.« Zur Bekräftigung gaben wir uns einen Handschlag. Eine andere Garantie habe ich nicht, ich hoffe aber, daß sie hinreichen werde...

Haydn hat sich noch nicht erklärt ob er das Gedicht: Die Kraft der Töne, componiren wird. Ich habe von 8 zu 8 Tagen deswegen angefragt, er sagte mir aber jedesmahl, ich möchte noch eine Weile zusehen, sein Kopf sey schwach, und er fühle sich gegenwärtig nicht stark genug, um ein grosses Werk zu unternehmen; das Gedicht sey schön, und aus seinen Händen solle es niemand bekommen. Mich dünkt dass man noch einige Wochen warten muss ob Haydn von lyrischem Feuer ergriffen wird oder nicht.

357 Vgl. Anmerkung 353.

358 Die Schwägerin war Haydns Jugendliebe Therese Keller, die 1755 als Novizin in das Wiener Nikolaikloster des Klarissenordens eintrat und dort den Klosternamen Josepha führte. Die

Ich habe Haydn wegen des Händelschen Oratoriums sondirt. Das Manuscript hat 400 Seiten und 10 Linien auf jeder Seite. Haydn hält es für eine grosse Seltenheit, die Königinn von England liess ihm sagen dass es niemand besize, und er glaubt dass nach seinem Tode die Kaiserinn das Werk zu bekommen trachten werde. Es endigt mit einem Choral, Haydn hätte Lust einen Schlusschor dazu zu fügen (doch hat er noch keinen Text). Der Preis? 200 f.! weil er es noch genau wegen der Schreibfehler durchsehen müsse. Dass es Haydn nicht aus den Händen giebt, davon bin ich zu lebhaft überzeugt als dass ich einen Versuch hätte machen mögen es zu fordern. Die Entschuldigung es sey noch nicht ganz corrigirt, lag ihm auch zu nah. Höchstens würde er einen Auszug von Themen und dem Texte zugeben, den ich etwa in seinem Zimmer machen könnte.

Ich habe dem Haydn auch gesagt dass Sie empfindlich darüber seyn, dass er die Claviersonate dem Träg gegeben habe. Er wiederholte mir, es sey nur deswegen geschehen, um dem Träg desto derber den Text lesen zu können.[357] Auf die Frage, ob er denn wirklich keine Manuscripte von Claviercompositionen besize, antwortete er mir: er würde erst nachsehen, er wisse es selbst nicht weil er seine Manuscripte nach und nach ordne. Kürzlich habe er aber ein Concert auf die Orgel und 1. Violine vorgefunden, daß er vor 50 Jahren für seine Schwägerinn bey ihrer Introduction in ein Closter componirt habe.[358] »Wenn Ihnen das Oratorium

angegebene Besetzung läßt an das Doppelkonzert in F-Dur Hob. XVIII:6 denken. Im Schreiben vom 6. Juni 1804 erwähnt Griesinger ein Orgelkonzert vom Jahre 1756 (»dasselbige wovon ich von Händel anstehe, so gebe er Ihnen dieses Concert in den Kauf; ich solle Ihnen aber sagen, welch einen alten Bart es habe.«

Haydn erzählte mir, dass Sie ihm »einen gar schönen Brief geschrieben hätten, worinn Sie ihm sagten dass seine Terzetten und Quartetten Aufsehen machen würden.« Graf Brown liess ihn fragen, ob es nicht noch möglich wäre, ein Blatt von Dedication an ihn in die Exemplare zu kleben.[359] Dazu ist es aber wohl schon zu spät. Sie haben auch vermuthlich nur eine kleine Auflage davon gemacht, weil Sie die Lieder in die Hefte vertheilt haben. Brown ist aber wohl im Stande zur Befriedigung seiner Eitelkeit ein paar Duzend Exemplare mit einer Dedication auf seine Rechnung zu

Ihnen schon eimahl schrieb«), das mit dem Konzert in C-Dur, Hob. XVIII:1 identifiziert werden muß, dessen Autograph mit 1756 datiert ist. Vielleicht hat Haydn erst das F-Dur- und dann das C-Dur-Konzert angeboten. Griesinger hat aber gemeint, es handle sich um dasselbe Konzert. (Im Brief vom 4. Januar 1804 heißt es, daß das für Härtel bestimmte Orgelkonzert verschwunden sei.) Vielleicht hat Haydn nicht mehr genau gewußt, ob er ein Konzert zur 1755 erfolgten Einkleidung oder zur 1756 erfolgten Ordensprofeß von Therese Keller geschrieben hat. Vielleicht hat aber auch Griesinger nicht den Unterschied zwischen Einkleidung und Profeß gesehen.

359 Es sind keine Exemplare mit einem eingeklebten Widmungsblatt bekannt. Der Titel dieser drei- und vierstimmigen Gesänge trägt keine Widmung (vgl. Anmerkung 316).

360 Georg August Griesinger: Denkwürdigkeiten aus der Geschichte der österreichischen Monarchie. Auf jeden Tag des Jahres gesammelt, Wien 1804.

361 Ein Mißverständnis Griesingers; mit Cholera bezeichnete man eine epidemische Krankheit, zu deren ersten Symptomen freilich auch Brechdurchfall zählte. Diese war im Sommer 1803 allerdings nicht aufgetreten. Beim geschwächten körperlichen Zustand Haydns hätte die Cholera überdies jedenfalls zum Tod geführt.

bestellen. Haydn hat 1 Exemplar der Kaiserinn zugeschikt, ferner seiner Fürstinn, der Fräulein Kurzbök. Er ist mit der Ausgabe sehr zufrieden. Im Texte fand er folgende Fehler: S. 22 »Der Mann nach seiner Jahre Ziel« muss heissen: Der Mann nach seiner Jahre viel. S. 54 ff das »günstiger Augenblik« statt schwacher Augenblik laute im Gesang zu hart u. S. 59 mache die 3 fache Wiederholung des »bringt« einen üblen Effekt.

Sagen Sie dem Herrn Hofrat Rochlitz, dass sein Lustspiel »Es ist die rechte nicht« im Hoftheater 2 mal gegeben worden ist...

Habe ich Ihnen schon gesagt dass Degen an meinem Österreichischen Gschichtskalender[360] drukt?...

Wien, 20. August 1803

...Ich schike Ihnen hiemit den Cessionsschein und die demselben einverleibte Quittung für 450 fl. Herr Kunz zahlte mir das Geld 3 Täge früher aus, weil Haydn heute am 20sten nach Eisenstadt gehen wollte; der gute Alte war kürzlich von einer starken Cholik und Erbrechen gequält, man nennt diese Krankheit hier die Cholera[361]; jezt geht es wieder besser, doch sind die Kräfte noch nicht ersezt. Herr Kunz versprach mir, daß er die Platten gestern oder vorgestern abholen lassen werde. Ich hoffe dass es geschehen ist, ich will aber noch anfragen. Haydn sagte mir, Sie machen einen guten Kauf, nur am Zinn, und fast schien es ihn zu reuen.

Er bietet Ihnen ein Stabat mater an, das zwar in England schon gestochen ist, zu dem er aber erst seit einigen Wochen mehrere Blasinstrumente gesezt hat, um es bey der Rükkehr seines Fürsten aus London (er wird alle Täge erwartet) aufzuführen.[362] »Viel könne er nicht dafür fordern und wenig zu verlangen schike sich nicht. Sie möchten ihm die Schreibgebühren für seinen Bedienten ersezen, er überlasse es Ihnen ob Sie etwas mehr thun wollen. Er ist ja reich und meine Krankheit kostet mich wieder viel, weil der Doctor alle Täge 2 mahl zu mir kommt.« Dieser charakteristische Zug bleibe unter uns; Haydn ist ja in anderer Rücksicht so gross!

Sein Schottischer Verleger Thomson hat ihn ersucht nur für ihn und nicht mehr für einen andern (ich glaube er heißt Wight[363]) zu arbeiten. Haydn antwortete, dass ihm dieser Wight für jedes arrangirte Lied zwey Guineen zahlt, Thomson nur Eine. Da ist es nun freylich nicht zu wundern wenn Haydn seine Waare von Jahr zu Jahr höher anschlägt, und sich vorzüglich mit solchen leichten Arbeiten beschäftigt. Zur Composition der Polymnia will er sich nicht eher entschliessen, als er sich wieder gestärkt und vollkommen wohl fühle; vielleicht werde ihm die Landschaft in Ungarn gute Dienste thun.

Wegen des Oesterreichischen Geschichtsalmanach der

362 Eine Partitur des *Stabat mater* (Hob. XXbis) war bereits 1782 in London und 1785 in Paris erschienen. Die erweiterte Besetzung wurde nicht von Haydn, sondern von Sigismund Neukomm besorgt. (Vgl. Griesingers Brief vom 2. November 1803). Mit unterlegtem deutschen Text ist die Partitur im Jahr 1803 bei Breitkopf & Härtel erschienen.

363 William Whyte, Verleger in Edinburgh.

364 Gemeint sind darunter die habsburgischen Länder. Nach »Österreich« fügte Pohl – offensichtlich ein Irrtum – nochmals ein: »u[nd] nur f[ür] O[esterreich]«.

zum neuen Jahr erscheint bittet Griesinger um erträgliche Aufnahme bey einigen Journalisten in Leipzig, zu erwägen ist daß das Buch nur für Oestreich[364] bestimmt ist also für ein Land, wo die Censur lächerlich streng ist (das Manuscript lag 15 Monate in der Staatskanzley!) wo unendlich weniger gelesen wird als im Norden, wo daher vieles nichts weniger als allgemein bekannt vorausgesetzt werden darf, wo endlich auch manches durch die Localität ein Interesse gewinnt, welches es anderswo nicht haben kann. Ein Sächsischer Geschichtskalender wird in Oestreich nie das Glük machen wie in Sachsen...

Herr Kunz hat die Platten schon in Händen...

Wien, 7. September 1803

Hofmeister ließ in die Zeitungen Annoncen einrüken, worinn die Arbeiten des Herrn Stein auf Unkosten seiner Schwester Nanette erhoben werden. Härtel soll bekannt machen, es sey gegen den Charakter Streicher's und seiner Frau, dem Verdienste eines dritten noch weniger eines nahen Verwandten zu nahe zu tretten, noch dem Publikum durch marktschreierische Lobpreisungen beschwerlich zu fallen. Nicht durch Worte sondern durch die That müsse sich der Werth ihrer Arbeiten beurkunden und in dieser Hinsicht unterwerfe Nanette Streicher ihre Instrumente der Prüfung und Vergleichung der strengsten Kenner.

Ich habe Ihnen neulich von Haydns Stabat mater geschrieben; kürzlich las ich aber in der Allgemeinen Zeitung, daß Sie es schon in der Ostermesse verlegt haben; Sie werden es also nicht mehr brauchen...

Wien, 17. September 1803

... Vorgestern erhielt ich von Träg die 2. Exemplare des Stabat Mater für Haydn; ich schike sie ihm heute nach Eisenstadt und frage zugleich an, ob es dasselbe Stabat Mater sey, wovon er mir sagte. Ich vermuthe es fast, denn Haydn redte mir davon als von einem schon in England gestochenen Werke, wozu er aber ganz neuerlich einige Blasinstrumente gesezt habe. Zugleich werde ich mich auch wegen der Messe erkundigen, und Ihnen Bericht erstatten, sobald ich eine Antwort habe ...

Hofrat Rochlitz hat wohl Ursache unzufrieden zu sein, aber Braun hat viel zu thun, Schreyvogel hätte ihn an das Manuscript erinnern sollen. Weigel hat seit 7 Monaten nicht an dem Manuscript gearbeitet[365]*, er will seine Capellmeisterstelle niederlegen, sich einige Monate in Leipzig aufhalten und im Einklang mit Rochlitz die Composition ausarbeiten, will dann nach Paris gehen, dann nach Wien zurük, dann soll die Oper etwa im September folgenden Jahres gegeben werden.*

Rüksichten auf die Localitäten Wiens sprechen für diesen Plan jezt sind nemlich die französischen Opern

365 Vgl. Griesingers Brief vom 20. April 1803. Soweit nachweisbar hat Joseph Weigl kein Libretto von Friedrich Rochlitz vertont; hat er mit der Arbeit überhaupt begonnen, so blieb das Werk unvollendet.

366 George Thomson wandte sich 1803 auch an Beethoven mit der Bitte um derartige Arbeiten, doch hat Beethoven erst ab etwa 1810 solche Bearbeitungen vorgenommen.

367 Josef Vincenz Degen Ritter von Elsenau (1761–1827), Buchdrukker und Verleger in Wien. Joseph August Schultes (1773–1831), Professor der Botanik an der Theresianischen Ritterakademie in Wien, redigierte 1802 bis 1805 die von ihm begründete und bei Degen herausgegebene Zeitschrift: Annalen der österreichischen Litteratur und Kunst.

an der Tagesordnung und eine deutsche Composition würde schon deswegen in der gegenwärtigen Periode wenig Glük machen. Weigel will dass das hiesige Publikum zuerst einige schlechte französische Opern höre, um von diesem Geschmak zurükzukommen und um seiner Arbeit eine günstige Aufnahme vorzubereiten...

Vor einigen Tägen erschien Mademoiselle Saal wieder nach einer tödlichen Krankheit auf der Bühne. Alles klatschte Beyfall; man warf ihr Blumen zu und aus den Logen flogen Gedichte zu ihrem Lobe. Ihre Stimme war noch etwas schwach, doch noch immer sehr angenehm.

Auch Beethoven hat jezt den Auftrag erhalten Schottische Lieder zu arrangiren, ich weiss aber nicht von wem.[366]

Zur Michaelismesse wird der Allmanach nicht mehr fertig.

Griesinger gefällt es nicht dass Degen vor den blos historischen Almanach Aussichten von Oestreich in Kupferstichen mit einer Beschreibung eines Professor Schultes[367], Redakteur der Oesterreichischen Annalen zu sezen gedenkt. Das Aeußere mag dadurch gewinnen aber der Hauptsache könnte es doch nachtheilig seyn...

Wien, 2. November 1803

...Haydn hat mir den Brief welchen ich ihm nach Eisenstadt schrieb nicht beantwortet; jezt ist er aber wieder zurükgekommen und ich hörte aus seinem Munde daß die Messe wovon Sie mir das Thema zuschikten wirklich seine vorlezte sey. Er vermuthet daß Sie dieselbe durch die Brüder Bek[368] in München bekommen haben, die deswegen stark in ihn drangen, ihr Gesuch mit einer leichten goldnen Tabatiere unterstüzten und dafür die Messe bekamen. Das Stabat mater welches Sie gedrukt haben, ist dasselbe welches Ihnen Haydn nur mit einer von seinem Schüler Neukomm unter seiner Aufsicht neu gesezten und vollständigeren Harmoniemusik anbot. Ist Ihnen jezt noch daran gelegen diese Zusäze zu bekommen so hoffe ich mit Haydn gegen die Schreibgebühren darüber einig zu werden.

Haydn ist von seinem Fürsten ersucht worden eine Claviersonate für die Generalin Moreau in Paris zu componiren. Sie soll nächstens abgeschikt werden.[369] Haydn sagt er sey nicht damit zufrieden. Das wäre nun doch etwas für Ihre Sammlung, ich wollte aber den Papa nichts davon merken lassen, damit er diese Gierde nicht zu seinem Vortheil nüze. Sagen Sie mir, was Sie davon denken und was Sie für diese Sonate (sie besteht aus 3 Theilen) höchstens zu bieten Lust hätten...

Haydn sagte mir, er arbeite jezt gar wenig, weil er

368 Die sogenannte *Schöpfungsmesse,* Hob. XXII:13. Ignaz und Anton Beck, Waldhornisten, kurfürstliche Hofmusiker in München, wo sie bei den Kirchendiensten in der Hofkapelle mitzuwirken hatten.

369 Vgl. Griesingers Brief vom 16. März 1803 und Anmerkung 334. Haydn übersandte das Klaviertrio es-Moll, Hob. XV:31 (vgl. Anmerkung 353) in einer Fassung für Klavier und Violine und einem mit 1. November 1803 datierten Widmungsbrief, der jedoch nur eigenhändig unterschrieben ist.

370 Joseph Schreyvogel, Schriftsteller, Hoftheater-Sekretär (vgl. auch Anmerkung 237).

371 Nicht eindeutig zu identifizieren.

372 Nicht eindeutig zu identifizieren (identisch mit dem im Brief vom 5. November 1803 genannten Meissner?).

sich nie besser befinde als wenn er blos seines Leibes pflege und alle Musik vergesse. In den Quartetten ist er nicht vorgerükt.

Griesinger sprach mit Schreyvogel[370]*, Secretär beim Hoftheater; die Oper ist angenommen; Rochlitz soll 15 Ducaten verlangen.*

Wien, 5. November 1803

... Ich komme so eben von Herrn Schanz; er bittet sich 8 Tage Bedenkzeit aus; nach und nach will er nur mit Härtel allein zu thun haben; mit Meissner habe er schon abgebrochen[371]; Hofmeister und Kühnel erhielten in diesem Jahr höchstens 4 Instrumente, er gebe lezteren auch nur so viel von seiner Arbeit als sie ihm zum voraus bezahlen; er möchte sie nicht gern beleidigen und auf Einmahl mit ihnen brechen, da er beyde schon lange, noch von ihrem Etablissement in Leipzig, kenne. *Schanz sehr gesucht, hat im lezten Jahre 130 Instrumente verfertigt, darunter wohl auch manche die er ausser der Werkstätte von ehemaligen Gesellen machen lässt, was bei Streicher nie geschieht.*

Wien, 12. November 1803

Wiederum wegen Schanz ... die Aussicht auf vermehrten Absaz ihrer Instrumente reizt Leute wie Schanz nicht denn er hat mit seinen 20 Gesellen schon so vollauf zu thun, dass er die Bestellungen kaum befriedigen kann. Schanz ist auch ein sehr vermöglicher Mann. *Mit Meusel*[372] *hat er gebrochen, da dieser an den Instrumenten Ausstellungen machte.*

Auf Haydn rechne ich wegen der Composition der Polymnia nicht mehr, ungeachtet er es noch nicht geradezu abgewiesen hat. Wollen Sie dass ich etwa mit Beethoven darüber spreche? Er componirt zwar gegenwärtig an einer Oper von Schikaneder[373], aber er sagte mir selbst dass er vernünftige Texte aufsuche. Meissner in Prag hat ihm einen angeboten: Der Weg durchs Leben[374], aber noch nicht zugeschikt...

Auf dem Couvert von Härtels Hand: von Beethoven bedinge ich für die Polymnia den Clavierauszug vor der Aufführung und zahle ihm bey Empfang 300 f. Oder er giebt mir eine andere Composition dafür.

Wien, 7. Dezember 1803

...Den Papa Haydn habe ich seit ihrem lezten Brief nicht sprechen können und ehe er der Bearbeitung der Polymnia definitiv entsagt ist es nicht schiklich mit

373 *Vestas Feuer,* vgl. Anmerkung 332.

374 August Gottlieb Meißner (1753–1807), Schriftsteller. Beethoven hat die Komposition des Textes nicht weiter erwogen.

375 Die große heroische Oper in zwei Akten *Cyrus* mit Text und Musik von Ignaz Ritter von Seyfried wurde am 22. November 1803 im Theater an der Wien uraufgeführt. Sie erlebte insgesamt nur elf Wiederholungen. (Entsprechend heißt es am 4. Januar 1804 in der Allgemeinen Musikalischen Zeitung – 6. Jg., Nr. 14, Sp. 224 –: »Die große Oper Cyrus machte, nachdem die Neugierde befriedigt war, herzliche Langeweile, ...«) Dieser ganze Absatz erschien im gleichen Wortlaut am 14. Dezember 1803 in der Allgemeinen Musikalischen Zeitung (6. Jg., Nr. 2, Sp. 180), so daß kein Regest, sondern eine Abschrift Pohls vorliegt.

376 Pauline Anna Milder (1785–1838), Sopranistin, war seit ihrem 16. Lebensjahr Gesangsschülerin von Sigismund Neukomm, debütierte 1803 im Theater an der Wien und wurde 1804 an die k. k. Hofoper engagiert.

Beethoven zu unterhandeln. Ihn und seinen Bruder fragte ich neulich, woher es denn komme dass sie Ihnen so übertriebene Forderungen machen. Sie antworteten daß sie nicht mehr begehren als was ihnen andere Handlungen auch bezahlen.

(Von Härtels bezeichnet durch Klammer, vermutlich zur Aufnahme in ihre Zeitung:) Seyfrieds Oper Cyrus 10 mal an der Wien[375] *gegeben; prächtige Aufzüge, schöne Decorationen loken das Publikum an. An der Musik nicht viel zu tadeln, sie zeichnet sich aber auch nicht durch besondere Schönheiten aus. Keine Wiederholung einer Arie verlangt obgleich die Execution öfters beklatscht wird.* Mademoiselle Mildner[376] machte den Cambyses; ihre Stimme tönt was so selten der Fall ist wie das reinste Metall, und sie giebt, da ihr Lehrer Neukomm aus der Haydnschen Schule ist lange kräftige Noten ohne Schnörkel und überladene Verzierungen.

Seit 14 Tägen verkauft Degen meinen Geschichts Almanach unter dem Titel: Taschenbuch von und für Oestreich...

Wine, 14. Dezember 1803

... Haydn getraut sich noch nicht seine lezte Sonate jezt schon zu verkaufen. Es ist noch keine Antwort aus Paris seit ihrer Absendung eingelaufen, und er sagt sein Fürst würde es ihm nie verzeihen, wenn er sie so früh im Publikum bekannt machte. Esterhazy hat auch noch eine kleinere Composition bestellt, an welcher Haydn arbeitet. Mit seiner Gesundheit geht es besser; er hat seinen Englischen Verlegern wieder ein Paket Lieder arrangirt. Die fehlenden Stimmen zum Stabat mater werde ich bekommen; er hat mir auch seine lezte Messe[377] versprochen, und die 10 Gebote in einem 4 stimmigen Canon[378], ein früheres Werk, das noch niemand besize; der Text sey nach dem alten Catechismus, es werden sich aber leicht besser gewählte Ausdrüke unterlegen lassen. Ich bezeugte den Wunsch, alles gleich mit mir zu nehmen; da hiess es aber, er wolle es erst zusammensuchen, gegen das Neue Jahr hin werde er mir aber ein Paket für Sie übergeben können. Da ich weiss, wie weit Haydns Generosität in dieser Sache gehen wird (denn mitunter sagte er auch, dass er gerne wieder ein Geschäfftchen mit Ihnen machen möchte weil jezt alles sehr teuer sey) so will ich den Wechsel von 200 f. noch hier behalten, aber ohne Ihre zuvor eingeholte Disposition nicht erheben.

Haydn war so gut gestimmt dass ich den Augenblik ihm wegen der Polymnia zu Leibe zu gehen nicht vernachlässigen konnte. »Zu dieser Composition, sagte er, gehöre eine anhaltende Gesundheit und das paga Pantalon.« O, versezte ich, wenn Sie nur deswegen besorgt sind, so bin ich meiner Sache schon halb gewis; bestimmen Sie einen billigen Preis, wird Härtel Ihnen entweder eine Summe vorauszahlen oder Sie wegen der künfftigen Zahlung hinlänglich versichern.

377 Vgl. Anmerkung 356.

378 Die zehn Kanons Hob. XXVIIa erschienen 1810 postum bei Artaria in Wien und bei Breitkopf & Härtel in Leipzig. Härtels Ausgabe konnte sich auf das Originalmanuskript stützen, das Haydn Griesinger zum Geschenk gemacht hatte und von Griesinger 1814 der Gesellschaft der Musikfreunde in Wien geschenkt wurde. (Vgl. Anmerkung 455.)

379 *Die Feyer der Töne* identisch mit *Polyhymnia oder die Macht der Töne?* Der Titel des von Rochlitz übersandten Librettos läßt sich nicht nachweisen.

Zum voraus, antwortete er, nehme er nichts, aber die Versicherung würde er nicht ausschlagen; er müsse aber noch das Gedicht einigemahle durchlesen ehe er einen Entschluß fassen könnte. Das war nun die Sache wieder auf die lange Bank geschoben; ich erzählte ihm also dass Beethoven gute Gedichte suche und dass er vielleicht froh wäre, die Polymnia bearbeiten zu können. Diese Nachricht machte so viel Eindruk dass mir der Papa auftrug (doch ohne ihn dabey zu nennen) das Gedicht dem Beethoven zu zeigen und von ihm zu erforschen, ob er es für eine musicalische Bearbeitung passend finde und glaube dass man dadurch eine Ehre einlegen könne. Diese Condescendenz des Papa wird Sie nicht weniger wundern als mich; allein dem ist einmahl so! Ich lief wie Sie leicht glauben können gleich mit der Polymnia zu Beethoven, der mir in Zeit von 8 Tägen seine Bemerkungen darüber mitzutheilen versprochen hat. Nach Beethovens Aeusserung wird sich also Haydn vermuthlich bestimmen. Sein Urtheil ist gewis competenter als das von Swieten den Haydn in solchen Fällen um Rath fragte. So viel ich Haydn kenne, ist das Gedicht vielleicht zu hoch für ihn geschrieben, denn ihm ist das triviale »süsse Liebe, reine Triebe« und so weiter geläufiger. Sollte er sich zur Composition entschliessen, so will ich suchen ihm den Plan des Ganzen und einzelne Ausdrüke so fasslich als möglich vorzutragen.

Beethoven sagte mir, daß ihm auch schon ein Gedicht: Die Feyer der Töne, wenn ich nicht irre, ebenfalls von Schreiber angetragen worden sey. Auch Herr Rochlitz schikte ihm einen Text zu.[379] Beyde seyn weit besser geschrieben als die hiesigen gewöhnlichen Fabrikate aber es fehle beyden an der Berechnung des musicalischen Effects im Grossen, die Situationen seyn weder vorbereitet noch frappant genug.

Die Brüder Erard in Paris haben dem Beethoven (wie früher dem Haydn) ein Geschenk mit einem Fortepiano von Mahony gemacht. Er ist so davon bezaubert dass er alle hiesigen Arbeiten für Quark dagegen hält. Da Sie einen starken Instrumentalhandel treiben so wird es Ihnen uninteressant seyn zu hören dass Beethoven den Ton der hiesigen Fortepiano schon früher immer als hölzern tadelte, desgleichen dass sie an ein kleines schwaches Spiel gewöhnen. Beethoven als Beethoven mag Recht haben; aber wie viele Spieler giebt es wie Er? Die Tastatur des Pariser Fortepiano ist selbst nach Beethovens Geständnis nicht so geschmeidig und elastisch wie die der Wiener Fortepiano. Einem Meister wie Beethoven ist das aber eine Kleinigkeit. Vermutlich werden die hiesigen Instrumentenmacher den Brüdern Erard ihren Vortheil anzulernen suchen und ich will deswegen auch in Streicher dringen, ob er gleich mit dem welches Haydn besizt, nicht zufrieden war...

Wien, 4. Januar 1804

...Aus den 8 Tägen, in welchen Beethoven das bewusste Gedicht prüfen wollte, sind 3 Wochen geworden. Beethoven war theils mit andern Arbeiten überladen theils krank und er hütet noch das Bett. Sein

[380] Im Brief vom 15. Februar 1806 spricht Griesinger von einem *Salve Regina* aus dem Jahr 1756. Handelt es sich auch in dem vorliegenden Brief um dieses Werk, so muß es mit dem *Salve Regina* in E-Dur, Hob. XXIIIb:1, identifiziert werden. Zum Orgelkonzert vgl. Anmerkung 358.

Urtheil über die Polymnia ist folgendes: das Gedicht sey gut geschrieben, aber es sey nicht genug Aktion darinn; der Anfang erinnere ganz an die Schöpfung von Swieten, es sey zu reich an Mahlereyen und dadurch einförmig. In der Art von Lehrgedichten habe Haydn durch die Schöpfung und die Jahreszeiten Meisterstüke aufgestellt, und er kenne in diesem Fache keinen glüklicheren Compositeur als Haydn. Ihm scheinen die dramatischen Oratorien dergleichen Händel bearbeitet besser zu musicalischen Compositionen geeignet; er wenigstens glaube in solchen besser zu reussiren. Ich möchte ihm die Polymnia noch einige Zeit lang lassen; bey wiederholtem Lesen könne er vielleicht doch nicht wiederstehen sie in Musik zu sezen.

Ich brachte nun meinen Rapport mit Auslassung der lezten Aeusserung dem Haydn. Der klagte aber gewaltig über den Einfluss der feuchten Witterung auf seine Gesundheit; wenn er nur eine ½ Stunde arbeite so bekomme er Schwindel, er müsse sich schonen sonst treffe ihn noch der Schlag am Clavier und so weiter. Es freute ihn sehr, dass Beethoven so günstig von ihm urtheilte, denn er beschuldigt diesen eines grossen Stolzes gegen ihn. Dass Beethoven dem Gedicht mehr Aktion wünsche schien ihm sonderbar, denn es soll ja nur ein Oratorium und kein Drama seyn; wenn er wieder zu Kräfften komme, sagte er endlich, wie schon öfters, so könnte er sich doch noch daran wagen: das ist nun freilich ziemlich ungewis.

Ich brachte ihm die Musicalien in Erinnerung, die er mir für Sie versprochen hatte. Er hatte es nicht vergessen, denn schon vor einigen Tägen, liess er mehreres zusammensuchen. Da fand sich aber, daß ein Salve Regina und ein Orgelconcert[380], zwey seiner frühesten aber noch nicht gestochenen Arbeiten, die er Ihnen bestimmt hatte, verschwunden waren. Er liess sogleich nach Eisenstadt schreiben, ob sie etwa unter seine dortigen Papiere gekommen seyn und er erwartet jetzt Antwort.

Die 10 Gebote sind auch von ihm fürs Clavier arrangirt.[381] Seine lezte Messe haben Sie schon.[382] Gegenwärtig arbeitet er in guten Augenbliken an Quartetten. Schreiben Sie dem Herrn Härtel, sagte er mir

[381] Ein Klavierarrangement dieser Kanons ist nicht weiter nachweisbar.

[382] Vgl. Anmerkung 356.

[383] Die große heroische Oper in 3 Akten *Kastor und Pollux* von Abbé Georg Vogler wurde am 22. und 23. Dezember 1803 in zwei Konzerten der Tonkünstler-Sozietät im Hofburgtheater unter Voglers Leitung konzertant aufgeführt. Haydns Oratorium *Die sieben letzten Worte unseres Erlösers am Kreuze* erklang am 26. Dezember in einem Wohltätigkeitskonzert für das Bürgerspital zu St. Marx; die Einnahmen betrugen 4000 Gulden. Cherubinis komische Oper in einem Akt *Die Gefangene* mit einem frei nach dem Französischen bearbeiteten Text von Joseph Ritter von Seyfried hatte am 31. Dezember 1803 im Theater an der Wien Premiere. Berichte über diese Aufführungen – offensichtlich von Karl Leopold Röllig (vgl. Anmerkung 338) – erschienen im 6. Jg. der Allgemeinen Musikalischen Zeitung am 11. Januar (Nr. 15, Sp. 250f.) und am 1. Februar 1804 (Nr. 18, Sp. 292f.).

[384] *Operngesänge von W. A. Mozart welche zu seinen bekannten Opern nicht gehören, sondern von ihm einzeln geschrieben worden sind. In Klavierauszug von C. Schulz.* Das erste Heft erschien 1804. Da eine Partiturausgabe Mozartscher Arien von Breitkopf & Härtel aus dieser Zeit nicht existiert, muß Griesinger diese Ausgabe gemeint haben. Oder handelte es sich um handschriftlich kopierte Partituren?

[385] Johann Caspar Lavater (1741–1801), Schweizer Theologe und Schriftsteller, berühmt durch seine Ideen über Physiognomik.

[386] Sarah Levy (1761–1854), Schülerin von Friedemann Bach und Großtante Felix Mendelssohn-Bartholdys.

[387] Karl Friedrich Zelter (1758–1832), Direktor der Berliner Singakademie.

beym Abschied, dass Er wahrscheinlich meine lezte Note bekommen wird.

Beethoven hat kürzlich dem Schikaneder seine Oper zurükgegeben weil ihm der Text gar zu undankbar schien. Er hat dagegen eine andere von einem bessern Dichter erhalten mit der er mehr Ehre einzulegen hofft. Ueber die Aufführung des Castor und Pollux, der Sieben Worte, der Cherubinischen Oper: die Gefangenen werden Sie schon etwas von Herrn Röllig gehört haben.[383]...

Wien, 25. Januar 1804

Werthester Freund,
Zuerst meinen verbindlichsten Dank für die Partitur der Mozartschen Arien.[384] Ich bildete mir ein, dass sie nur wenige Bögen ausmachen würde; das starke Volumen hat mir die Indiscretion meiner Bitte lebhaft genug vor Augen gestellt, und ich hätte mir sie nie erlaubt, wenn ich den Umfang des Werks gewusst hätte. Es ist Lavaters[385] Tochter in Zürich, die mich durch die dritte Hand um diese Noten ersuchen liess.

Eine gebildete und geistreiche Musikfreundin Madame Sara Levi[386], geborene Itzig aus Berlin, die ich vor einigen Jahren bei Haydn aufführte bat leztern, einige Fugen für die Singschule des Herrn Zelters[387] zu componiren, ohne alle Instrumentalmusik. Zelter bietet für jede 10 Friedrichs d'or und Freyheit mit dem Manuscript zu schalten und zu walten. Diesen Brief brachte ich gestern Haydn. Er entschuldigte sich aber, dass er wegen seiner so unbeständigen und wankenden Gesundheit alle solche Anträge ablehnen müsse.

Ich fragte den Papa ob er sich seines Versprechens, mir ein Paket für Sie einzuhändigen noch erinnere. Er sagte mir dass sich das Orgelconcert und ein Regina coeli[388] (4 stimmig) gefunden haben; an seinem Quartett ist er mit dem Allegro, einem Andante mit Variationen, dem Menuett und Trio fertig, es fehlt nur noch ein Allegro. Die 10 Gebote (als Canon) wünschte er erst nach seinem Tode erscheinen zu lassen. »Da könnten Sie ja auch zugleich über die 40 bis 50 Canons, die in Ihrem Schlafzimmer hängen, disponiren.« Diese Idee schien seinen Beyfall zu haben, er dachte eine Weile hin und her und endlich sagte er, er wolle Ihnen eine etwas sonderbare Proposition machen. Ich will sie Nummernweise hersezen:

1) Sie geben ihm 2 Jahre hindurch 150 fl. in beliebigen Terminen oder auf Einmahl zahlbar.

2) Dafür erhalten Sie sogleich sein Orgelconcert, das Regina coeli und das Händelsche Oratorium, welches er von der Königinn von England bekam; ferner die Versicherung dass sein jüngstes Quartett, an dem er arbeitet, in Ihrem Verlag (unter noch festzusezenden Bedingungen) erscheinen solle. Stirbt Haydn innerhalb dieser 2 Jahre so erhalten Sie krafft einer testamen-

[388] Wohl das im Brief vom 4. Januar 1804 erwähnte *Salve Regina* (vgl. Anmerkung 380). Ein *Regina caeli* von Haydn ist nicht bekannt.

[389] Das Zitat aus den Oden von Horaz (»Nicht ganz werde ich sterben«) wurde von Sigismund Neukomm 1814 als Rätselkanon für Haydns Grabstein vertont. Offensichtlich wurde aber schon 1804 das Zitat auf Haydn angewendet, und Haydn wußte davon.

[390] Nicht zu identifizieren – vielleicht auch nur ein Pseudonym (in der Vorlage heißt es Gr. Ruffo) –, wie denn überhaupt die in diesem Absatz besprochenen Verlagsangelegenheiten nicht im Detail verständlich sein können.

tarischen Zusicherung die 10 Gebote und die Canons in seinem Cabinet zum ausschließenden Eigenthum.

3) Ueberlebt Haydn die 2 Jahre so bleibt es mit den erstgenannten Musicalien wie vorher, aber in Ansehung der 10 Gebote und der Canons soll alsdann ein neuer Contrakt aufgesezt werden und Haydn will suchen, alsdann noch andere nicht gedrukte Werke hinzuzufügen.

Die Idee, nach seinem Tode noch einiges erscheinen zu lassen ist in Haydn fest eingewurzelt und er hat mir schon mehreremale davon gesprochen; er giebt sie selbst für eine Caprice aus, an der das non omnis moriar[389] zum Theil Schuld seyn mag.

Was sagen Sie nun zu Haydns Proposition? Ob sie Ihnen vortheilhaft seyn werde, hängt von dem Rufe des Knochenmanns ab, den Sie um dieser Sache willen gewis auch nicht um eine Minute früher, als es beschlossen ist, über den 72 jährigen Greis fallen lassen werden. Finden Sie die Sache annehmlich, so würde ich Sie bitten mir obigen Contract mit Ihrer Unterschrifft zu schiken, ich würde ihn alsdann abschreiben, und von Haydn auch unterschreiben lassen. Ich hätte sehr gewünscht zu wissen wie hoch Haydn das Quartett anschlagen würde; ehe es fertig ist mag er aber nie etwas bestimmen, »weil er ja nicht wisse, ob die Arbeit gut ausfallen werde.«

Graf Ruffo[390] läßt dem hochedlen Verweser der Fleischerschen Buchhandlung sagen, daß er in Leipzig keinen Menschen kenne, also auch niemand beauftragen könne, die vorräthigen Exemplare in Empfang zu nehmen. Weis der hochedle Vorsteher eine Buchhandlung in Leipzig, die vielleicht dem Werke einigen Debit geben könnte, so würde er unverzüglich eine Vollmacht zur Ablieferung der Exemplare schicken. Ist aber keine Aussicht vorhanden, so sey es doch billig, daß die Fleischer-Buchhandlung ihre schriftlichen engagemens ferner halte, und durch sehr niedrige Preise, Tausche und dergleichen des Werks los zu werden suche. Eine Versendung der ganzen Auflage nach Frankreich oder anderswohin würde nur neue Transportkosten verursachen, ohne den Debit zu versichern, und Ruffo ist weit entfernt, deswegen Ausgaben zu machen, da die bisherigen schon groß genug sind.

Ihr Wechsel liegt noch immer in meinem Pulte; soll ich ihn retour gehen lassen, oder noch länger behalten? Leben Sie wohl, schätzbarster Freund,

Ihr ergebenster Diener

Griesinger

Wien, 1. Februar 1804

8 Seiten langer Brief, nach welchem Griesinger als Vermittler zwischen Streicher, Breitkopf & Härtel, und Bernhard wegen Geschäftsangelegenheiten im Fortepiano-Verkauf eine verwikelte Bestellungsgeschichte ins Reine zu bringen sucht, die seit 1799 im Gange ist.

391 Johann Michael Vogl (1768–1840), seit 1794 Mitglied der k. k. Hofoper, später mit Schubert befreundet und als Sänger Schubertscher Lieder bekannt.

392 Franz Xaver Süßmayr (1766–1803), Schüler Mozarts, Komponist und Kapellmeister. Vogl und Süßmayr besuchten schon gemeinsam das Stiftsgymnasium in Kremsmünster (Oberösterreich) und gingen von dort gemeinsam nach Wien.

393 Die Urkunde ist mit Datum vom 1. April 1804 ausgefertigt. Mit ihr wurde Haydn zum Ehrenbürger ernannt.

Wien, 25. Februar 1804

Härtel beruhigt. – Sänger Vogel[391] am Hoftheater versprach einen Aufsatz über Süssmayer[392], mit dem er vertraut lebte; Griesinger kennt Vogel nicht, der ein fähiger Kopf sein soll; er zögert vielleicht wegen Honorar. Wie hält es Härtel damit? er soll sich direct an Vogel wenden.

In der vorigen Woche hat Haydn für seine Sonate ein verbindliches Briefchen von Madame Moreau erhalten. Er getraut sich wegen seines Fürsten nicht sie schon zu veräussern; doch soll niemand anders als Sie dieselbe bekommen...

Daß Sie den bewussten Vorschlag nicht eingegangen haben schien Haydn nicht zu befremden. »Er fühle selbst daß es ihm nachtheilig seyn könnte wenn die Welt einst erfahren sollte daß er bey lebendigem Leibe für Werke die nach seinem Tode herauskommen sollen, bezahlt worden sey.« Er wolle einen Catalog seiner ungedrukten Sachen machen und Ihnen denselben zuschiken; wegen der testamentarischen Disposition will er noch mit sich zu Rathe gehen...

Wien, 2. May 1804

...Sie haben wie ich hoffe die neu gesezten Stimmen zu dem Stabat mater in einem von den Streicherschen Fortepiano eingepasst gefunden.

Haydns Bedienter hatte die Abschrift besorgt.

Vor 10 Tägen ist Haydn von einer Deputation des Magistrates das Bürgerdiplom überreicht worden.[393]

Bey einem Besuche, den ich ihm gestern machte hörte ich, dass ihm Clementi gewaltig zuseze dass er ihm etwas von seinen ungedrukten Claviersachen überlassen möchte. Haydn hat einiges gefunden; er will aber, ehe er einen Handel mit Clementi schliesst zuerst erfahren ob Sie die Sachen für Ihre Sammlung brauchen können. Es besteht

1) in einem Andante u. Finale fürs Clavier[394], welches Haydn für eine Dame in England sezte die das Original behielt und dafür Haydn eine Abschrifft von ihrer Hand zustellte;

2) eine Arie (Adagio) auf ein Englisches Lied, worinn Mißtress Hunter (Tochter des berühmten Wundarzts) von Haydn Abschied nimmt[395];

394 Die Klaviersonate D-Dur, Hob. XVI:51, komponiert 1794. Die Erstausgabe erschien 1805 bei Breitkopf & Härtel. Eine Ausgabe Clementis ist nicht bekannt.

395 *O tuneful Voice,* Lied für eine Singstimme und Klavier, Hob. XXVIa:42. Der Text stammt von Anne Hunter, der Gattin – nicht Tochter – des Londoner Chirurgen John Hunter (1728–1793); Haydn vertonte mehrere ihrer Gedichte. Das Lied erschien 1806 annähernd gleichzeitig bei Clementi in London und (mit deutscher Übersetzung) bei Breitkopf & Härtel in Leipzig.

396 *Dr. Haringtons Compliment* für Sopran-Solo, Chor und Klavier, Hob. XXVIb:3. Dr. Henry Harington, etwa um fünf Jahre älter als Haydn, war Arzt und Ratsherr in Bath, aber auch angesehener Musikdilletant und Begründer der dortigen Harmonic Society. Wohl bei Haydns Besuch in Bath (2. bis 6. August 1794) hat er Haydn eine ehrenvolle Verszeile gewidmet, die dieser in Musik gesetzt hat. Die Erstausgabe (mit deutscher Übersetzung) erschien 1806 bei Breitkopf & Härtel. Eine Ausgabe Clementis ist nicht bekannt.

397 Karl Leopold Röllig (vgl. Anmerkung 338) verstarb am 4. März 1804.

398 Johann Elßler (vgl. Anmerkung 203). Griesinger sieht in dem Geldgeschenk einen nur kleinen Gewinn für Elßler, weil dieser mit der geheimen Anfertigung illegaler weiterer Kopien der ihm zur Kopiatur überlassenen Werke Haydns weit größere Gewinne hätte erzielen können.

Banco-Zettel, 1 Gulden, Wien 1800

Banco-Zettel, 5 Gulden, Wien 1806

3) ein gewisser Harrington Doktor der Tonkunst in Bath schikte Haydn ein von ihm in Musik geseztes Lobgedicht zu; darauf antwortete Haydn mit den Worten: What Art expresses and what Science praises, Haydn the Thema of both to Heaven raises, welche zuerst einstimmig als Adagio, dann mit einem Tutti, einer kleinen Variation und wieder einstimmig gesezt sind.[396] Die Englischen Texte wären mit leichter Mühe ins Deutsche überzutragen. Diese drey Stüke machen geschrieben zusammen 15 Seiten aus. Was glauben Sie dass Haydn dafür verlange? stellen Sie sich vor, – fünf und zwanzig Dukaten! (in Banknoten.) Er bemerkte meine Verwunderung, sezte deswegen gleich hinzu: es ist das Mark aus meinen Knochen, jezt wäre ich um den 10 fachen Preis nicht mehr im Stande, etwas ähnliches zu machen. Schreiben Sie mir ob Ihnen damit gedient ist oder nicht...

RöllIigs[397] Tod hat mich sehr geschmerzt...

Wien, 6. Juni 1804

Haydn seit 12 Tagen bezahlt, die Musik erhielt Griesinger erst gestern und schikt sie ab.

Das Geschenk von 30 f. an Haydns Bedienten[398] *(wegen der Copie des Stabat mater, siehe 2. Mai; Griesinger konnte ihm nichts dafür geben da er ihn seit langer Zeit nicht sah)* machte großen Effekt; es giebt Leute die über einen kleinen Gewinn den grössern fahren lassen.

»Haydn müsse kindisch seyn sagte mir jemand, dass er drey seiner Compositionen um 25 # gebe.« Ausser diesen 3 Stüken erhalten Sie aber noch ein

Haydnsches Orgelconcert[399] – in den Kauf. Es ist vom Jahre 1756, also vielleicht über die Epoche des heutigen Geschmaks, aber in seiner Art und dem Sammler Haydnscher Musik gewis merkwürdig. Es ist dasselbige wovon ich Ihnen schon einmahl schrieb. Schiken Sie das Original zurük wenn es abgeschrieben ist. Haydn machte mir Hoffnung zu der Claviersonate, die er für Moreau componirt hat, aber er will aus Rüksicht für seinen Fürsten noch nicht damit herausrüken...

Im März traf unsern Legationssecretair der Schlag; seit der Zeit versehe ich mit Genehmigung des Kurfürsten seine Geschäffte. Durch den Gebrauch der Bäder ist der Secretair ziemlich hergestellt und ich werde ihm das Hefft bald wieder abtretten. Dieser Posten wäre meinen Wünschen ganz angemessen gewesen aber dem Grafen und der Gräfin Schönfeld will es nicht gefallen dass ich die Erziehung ihres Sohnes nicht endigen soll. Mir selbst thut das leyd, der Kleine hängt mit Leib und Seele an mir. So lange der Secretair auf den Beinen ist mag alles auf sich beruhen; sollte aber ein Rükfall erfolgen so muss ich sehen, wie sich mein und des Grafen Egoismus zusammen vereinigen lassen...

Wien, 22. August 1804

...Schon vor einiger Zeit sagte mir Haydn, er habe die Moreausche Sonate nicht mehr, sein Fürst habe ihn so

399 Vgl. Anmerkung 358 und Griesingers Briefe vom 4. Januar und 25. Januar 1804. Zu den drei Kompositionen vgl. Anmerkung 394 bis 396.

400 Vgl. Anmerkung 253.

401 Allgemeine Musikalische Zeitung, 6. Jg., Nr. 31, 2. Mai 1804, Sp. 513–529.

pressirt daß er in der Eile Partitur und alles ihm übergeben habe. Ich hielt das damals für eine von den feinen Ausflüchten, besonders weil er dieses Umstandes bey Erwähnung dieser Sonate sonst nicht gedacht hatte und begnügte mich mit dem Versprechen, dass er suchen wolle, sie aus dem Gedächtniss wieder aufzuschreiben. Nach wiederholten Anfragen kann ich jezt kaum mehr zweifeln, dass die Sonate wirklich in Haydns Händen nicht mehr ist; es ärgert ihn selbst, denn sie hat ihm aller Versprechungen seines Fürsten ungeachtet, nichts als ein höfliches Briefchen eingetragen. Er erinnert sich ihrer auch so wenig, dass er daran verzweifelt, sie je wieder zusammen schreiben zu können. Das ist nun fatal, aber nicht zu ändern.

Haydn hat seiner Gesundheit halber aller Arbeit entsagt, nur ein Quartett woran schon 2 Stüke beendigt sind, ist das Schooskind, welches er jezt noch pflegt und dem er wiewohl mit Mühe manchmahl eine Viertelstunde widmet. Dagegen beschäfftigt er sich jezt mit dem vollständigen Catalog seiner Werke[400], den er Ihnen, wenn er geendigt ist schiken wird. Er findet eine Menge Sachen wovon nichts in Ihren Cahiers steht; aber leider hat er selbst von vielen nichts als das Thema das heisst die paar ersten Täkte. Haydn selbst erstaunt über die Fruchtbarkeit seines Kopfes. Bey dem Durchwühlen seiner Manuscripte hofft er zu finden womit Ihnen gedient seyn könnte; er zeigte mir eine deutsche Arie, die er schon zur Seite gelegt hat. Zur Veräusserung seiner Canons kann er sich nicht entschliessen; es gehört ein Accompagnement fürs Clavier dazu, welches er mich sehen liess. Die Recension seiner Jahreszeiten[401] ist ihm noch nicht zu Gesicht gekommen; er lässt Sie um die rükständigen Blätter der Musicalischen Zeitung bitten, so wie um das 10te Hefft seiner Claviersachen wenn es herausgekommen ist.

Bemerkungen über eine mögliche amtliche (diplomatische Cariere) oder bürgerliche Existenz in Sachsen.

Wien, 10. November 1804

... Längst hätte ich Ihnen gern geschrieben und schreiben sollen. Sie haben mir stets so vielen freundschaftlichen Antheil bezeugt, und seit sechs Wochen hat mein Schiksal eine ausnehmend günstige Wendung genommen. So lange ist es her, daß ich als Sächsischer Lega-

402 Mit Patent vom 11. August 1804 nahm Kaiser Franz II. die erbliche Würde eines Kaisers von Österreich an. Das Patent wurde am 7. Dezember 1804 in Wien verkündet. Am 8. Dezember berichtete darüber die Wiener Zeitung. An eben diesem 8. Dezember zogen der Kaiser – als Kaiser von Österreich Franz I. – und die Kaiserin in feierlichem Zug von der Hofburg zum Stephansdom, wo der Wiener Fürsterzbischof Sigismund Anton Graf Hohenwart ein feierliches Te Deum hielt. Die Hofmusikkapelle musizierte ein Te Deum von Antonio Salieri. Der Diplomat Griesinger war also schon lange vor der Verkündigung des Patents über dessen Inhalt und die weitere Terminplanung informiert. Es spricht für sein vertrauensvolles Verhältnis zu Härtel, daß er diesem sein Wissen anvertraute.

403 Die in diesem Brief nicht genannten »5 Compositionen«, über deren Verlagnahme Griesinger im Auftrag Härtels mit Beethoven verhandelte, waren (nach Karl und Ludwig van Beethovens Korrespondenz mit Härtel) eigentlich nur vier Werke: die Klaviersonaten op. 53 und 54, die 3. Symphonie op. 55 und Partitur und Klavierauszug zum Oratorium *Christus am Ölberg*, op. 85. Bezüglich der Opera 53 bis 55 kam es zu keiner Einigung; Partitur und Klavierauszug von *Christus am Ölberg* erschienen – nach mehrfacher Unterbrechung der Verhandlungen – erst 1811 bei Breitkopf & Härtel.

tions Secretär in Wien mit tausend Rthl. Gehalt eingestellt bin ... Wer könnte sich mit aufrichtiger freuen als Sie?

Von einer Kaiserkrönung ist vor jezt noch nicht die Rede, sondern nur von einem feyerlichen Te Deum, welches am 8ten December dieses Jahres in der Stephanskirche gehalten werden sollte.[402] Es heißt, daß es auch bey diesem Tage nicht bleiben werde, sondern daß die Feyerlichkeit auf eine bestimmte Zeit verschoben sey. Das ist das neueste, was ich Ihnen über diesen Gegenstand schreiben kann.

Vale iterum atque iterum.

Wien, 24. November 1804

... Ich bin seit 14 Tägen in der Unterhandlung mit Beethoven um keinen Schritt weiter gekommen.[403] Das Formular des Contraktes nebst einer Quittung habe ich dem Ludwig Beethoven überbracht und ihm dabey vorgestellt dass Sie nicht aus Mistrauen gegen ihn, sondern um ihre Verlagsrechte gegen Collegen zu sichern, auf dem Buchstaben dieses Contraktes bestehen. Damit schien er ganz zufrieden; weil er aber sich um das Merkantilische seiner Compositonen gar nicht zu bekümmern pflegt so schikte er mir seinen Bruder zu. Dieser sagte mir es sey noch nichts ins Reine geschrieben und er müsse, ehe er etwas abschliessen könne, einen Brief von Ihnen abwarten worinn Sie den Zeitpunkt, in welchem die Werke erscheinen müssen, bestimmen werden. Es wurde hierauf ausgemacht dass er mich sogleich benachrichtigen würde sobald er den Brief bekommen hätte. Das ist nun gewis schon erfolgt und Beethoven lässt nichts von sich sehen. Ich vermuthe dass Ihre Vorsicht in Ansehung des Contrakts nicht überflüssig seyn wird. Ludwig Beethoven äusserte selbst gegen mich dass er für die Simphonie[404] vom Fürst Lobkowiz ausser 700 f. in Bancozetteln noch ein Geschenk von 80 Dukaten in Gold erhalten habe. Wer weiss nun, ob es mit den andern Werken nicht eine ähnliche Bewandtniss hat welche dem Com-

404 3. Symphonie, op. 55.

405 Ferdinand Freiherr von Geramb (1772–1848) hat 1804 in Wien das historisch-allegorische Gedicht *Habsburg* unter seinem Namen veröffentlicht. Auch Karoline Pichler spricht in ihren Denkwürdigkeiten davon, daß Geramb dieses Gedicht nur verfassen ließ. Seine prachtvoll gestaltete Ausgabe enthält das Gedicht in allen wichtigen europäischen Sprachen, so daß die von Griesinger überlieferten Kosten von 25000 Gulden glaubwürdig erscheinen. In der Hoffnung auf Ehrengeschenke sandte er Exemplare dieser Ausgabe nicht nur an österreichische Honoratioren, sondern auch an europäische Potentaten. 1805 erhielt er dafür vom Kaiser, vom König von Preußen sowie von den Kurfürsten von Pfalzbayern und Württemberg reich mit Brillanten besetzte Tabatièren. Antonio Salieri hat das Gedicht 1805 vertont. (Vgl. auch Griesingers Brief vom 26. Januar 1805). Geramb war eine überaus schillernde Persönlichkeit, die immer wieder auf sich aufmerksam machte. Er war – obwohl in Lyon geboren – der Sohn eines Wiener Seiden- und Goldzeugfabrikanten, lebte erst als Privatier in Wien und machte als solcher viele Reisen, stellte 1805 ein Freicorps auf, mit dem er sich am dritten Koalitionskrieg beteiligte, 1806 war er am Ätna mit einem englischen Obersten in ein Duell verwickelt. In den folgenden Jahren kämpfte er in verschiedenen Armeen gegen Napoleon. Dann versuchte er in England ein Freicorps aufzustellen, wurde aber 1812 des Landes verwiesen und von den Franzosen gefangengenommen; 1814 in Paris wieder freigelassen, verblieb er nun dort, wo er 1815 in den Trappistenorden eintrat, dessen Generalabt er 1837 wurde. – Es wirft ein bezeichnendes Licht auf Griesingers überaus korrekten Charakter, daß er für eine solche unruhige, flatterhafte Persönlichkeit, die erst in ihrem vierten Lebensjahrzehnt zu einer inneren Ruhe kommen sollte, nur beißenden Spott übrig hat.

positeur die Hände binden? ... Sie dürfen versichert seyn dass ich den Wechsel nicht herausgebe bis ich die 5 Compositionen und den unterschriebenen Contrakt habe. Ist er aber einmahl unterschrieben so fallen alle Folgen blos auf Beethoven, wenn seine Mecäne ihre einzelne Abschrift nicht verwahren.

Papa Haydn kämpft gegen die Schwächen des Alters und klagt dass ihm jede Anstrengung zuseze; bey meinen lezten Besuchen fand sich kein günstiger Moment, um mir etwas für Sie auszubitten. Er trug mir aber auf, Ihnen die Musicalische Zeitung die er gern liest ans Herz zu legen; sie fehlt ihm von April an und er hat noch nicht einmahl die Recension seiner Jahreszeiten zu Gesicht bekommen. Eben so verlangt ihn nach den lezten Hefften seiner Claviersonaten...

Mein Brief war schon geschrieben, als mir Beethoven (der homme d'affaires) sein Schreiben zum Einschluss brachte. Er schien zu wünschen dass man nicht auf der Unterschrift des Notars bestehe; mit dem Züricher und Pariser Verleger habe er nie solche Weitläufigkeiten nöthig. Ich antwortete man könne davon nicht abweichen. Eben so hatte er im Sinne, mir die 5 Compositionen nach und nach zuzustellen; darauf erwiderte ich dass da der Contract auf alle 5 Compositionen zusammen geschlossen sey, ich auch alles zusammen bekommen müsse und auf Einmahl bezahlen werde...

Wien, 15. Dezember 1804

Griesinger spricht über ein Geramb'sches Gedicht[405]*, für das der Verfasser 25 000 f. verwendet haben will, er überschikte* *der Kaiserinn ein Exemplar des prachtvoll ausgestatteten Werkes; Niemand glaubt dass er der Verfasser sei.*

Beethoven hat sich noch nicht bey mir sehen lassen; Sie können Sich aber darauf verlassen dass ich von Ihren Instruktionen keinen Schritt abgehen werde...

Wien, 29. Dezember 1804

...Dass Ihnen Beethovens Verzögerungen verdächtig und unangenehm seyn müssen, begreife ich leicht. Ludwig van Beethoven ist ein Mann ohne Falsch und Trug, der mir noch vor 8 Tagen sagte: wenn ich Nebenabsichten mit den für Herrn Härtel bestimmten Compositionen hätte, so würde ich ganz und gar kein Geheimniss daraus machen. Dem Bruder ist aber weniger zu trauen und ich vermuthe selbst dass er sich einige Accidentien verschafft, von denen wahrscheinlich Louis Beethoven nichts weiß. Es ist mir lieb dass Sie diese Sache ohne mich ins Spiel zu bringen geendigt haben. Um so eher könnte ich, wenn Sie in der Zukunfft diese Verbindung zu erneuern für gut fänden wieder als Mittelsperson dienen.

Hier folgt der von Herrn Kunz acceptirte aber aus meinen Händen nie gewichene Wechsel von 1100 f. zurük. Ich hatte vorgestern das Exemplar welches

[406] Herzog Albert von Sachsen-Teschen (1738–1822), Feldmarschall, Gemahl der Erzherzogin Maria Christine.

[407] Friedrich August Kanne (1778–1833), aus Delitzsch in Sachsen stammender Musikschriftsteller und Komponist, der seit 1801 in Leipzig lebte (wo er gelegentlich als Korrektor für Breitkopf & Härtel arbeitete). Kanne wurde schließlich in Wien ansässig, wo er später zum engeren Freundeskreis Beethovens zählte.

Geramb dem Herzog Albert[406] übergab in Händen; es ist allerdings schön, besondes bey der Kürze der Zeit die zur Ausführung gestattet war. Man sagt Geramb speculire auf ein Ungarisches Kronlehen und er habe auf sein Gedicht den grösten Theil seines Vermögens aufs Spiel gesezt. Vom Kaiser und von der Kaiserinn ist das Gedicht gut aufgenommen worden. Der Herzog Albert hat ihm einen Ring von 1000 f. am Werth zustellen lassen...

Hr. Kanne[407] aus Delizsch ist jezt hier; ich habe ihn zu Haydn, Beethoven und anderen geführt. Er scheint keine geringe Meinung von seinem Talente zu haben und nicht zu zweifeln dass er hier sein Glük machen werde. So leicht dürffte das aber bey der Concurrenz mit vielen wahrhaft grossen Meistern doch nicht seyn. Haydn, Mozart, Vogler, Beethoven, Salieri, sind hier einheimisch; diesen muss man nicht nur gleich seyn, man muss sie übertreffen, um Aufsehen zu erregen.

Haydn umarmte mich herzlich bey der Uebergabe der musicalischen Zeitung und dankt Ihnen aufs verbindlichste. Gestern liess er mir sagen dass N: 7–13 abgehen; er lässt Sie höflichst darum bitten und er wird schon Bedacht darauf nehmen, Sie auf andere Art zu entschädigen. Attentionen von der Art machen ihn äußerst geschmeidig...

Wien, 26. Januar 1805

... Vielleicht haben Sie auch von dem Gerüchte gehört, welches sich selbst in Wien viele Tage hindurch erhalten hatte dass Haydn, vom Schlage gerührt plözlich gestorben sey.[408] Ich erkläre Ihnen hiemit dass diese Nachricht grundfalsch ist und dass ich Haydn vor einigen Tagen ganz munter und aufgeräumt angetroffen habe. Er schont sich, vermeidet alle Anstrengung, feuchte und kalte Luft, und dadurch hat sein animalisches Leben diesen Winter wirklich gewonnen. Er hofft, wenn es so fortgeht, im Frühjahr wieder Kräffte zum Componiren zu haben; jezt giebt er sich nur mit schottischen Liedern von Zeit zu Zeit ab. Mit seinen Catalogen wird er auch bald zu Ende seyn. Unter diesem Geschäfft findet sich hie und da eine bestäubte Arie und dergleichen die im Publicum noch nicht bekannt sind. Ich bat ihn, solche Novitäten für Sie zurük zu legen, und er hat es mit der grösten Bereitwilligkeit zugesagt.

Wie stehen Sie denn mit Geramb? Außer einem Ringe vom Herzog Albert der gegen 1 000 Gulden werth ist, hat das Capital so viel ich weiss, noch nicht gewuchert. Er erzählte mir dass er noch 2000 fl. daran wenden wolle, um das Gedicht von Salieri in Musik sezen zu lassen. Ferner soll aus jeder Vignette ein colossalisches Gemählde werden, welches bey Aufführung des Gedichts dem Publicum wie ein Theatervorhang anschaulich seyn soll. Man lacht hier über diese extravaganten Ideen, die wohl nie zur Wirklichkeit kommen werden.

408 Das Gerücht von Haydns Tod drang bis England und Frankreich. Wo und wie es seinen Ursprung nahm, ist unklar.

409 Griesinger irrt, die Verhandlungen zogen sich noch bis Juni 1805 dahin.

410 Die von Johann Friedrich Reichardt herausgegebene Berlinische Musikalische Zeitung begann 1805 zu erscheinen und wurde schon 1806 wieder eingestellt.

411 Beethoven übersandte Härtel am 16. Januar 1805 die Klaviersonaten op. 53 und 54 und die 3. Symphonie, op. 55.

Seine Frau hatte in den Ungarschen Bergwerken eine Revenüe von 6 bis 8 tausend Gulden; eine Kleinigkeit für einen der jährlich 3 mahl mehr verthut; dennoch soll sein Aufwand keinen andern reellen Fond als das Vermögen seiner Frau haben das aber bey solchen Umständen nothwendig stark hypothecirt seyn muss.

Griesinger sieht mit Sehnsucht seiner sächsischen Jurisprudenz entgegen, in dies Fach einschlagende Werke, um die er Härtel gebeten hatte, die ihm eines seiner wesentlichsten Bedürfnisse *sind.*

Seit der Zeit dass Sie dem Beethoven den Handel aufgekündet haben[409], sah ich ihn Einmahl im Theater; ich gratulirte ihm zu dem ungemessenen Beyfall den seine Simphonie bei Lobkowiz und andern wo sie aufgeführt wurde, gefunden hatte. – Nun, diese bekommt Härtel, war seine Antwort. Ich sagte nichts dazu und fing ein anderes Gespräch an. Sollte Ludwig Beethoven wirklich in einem Irrthum hierüber steken? –

Reichhard in Berlin sucht hier einen Correspondenten für eine Musicalische Zeitung die er projektirt.[410] Man hat mir den Antrag dazu gemacht, den ich aber natürlicher Weise ablehnte. –

Pichl Capellmeister des Erzherzog Ferdinand ist im 63sten Jahr gestorben, auch Conti, ein guter Violinspieler, bey dem Hoftheater angestellt. Vale iterum atque iterum.

Wien, 13. Februar 1805

...Daß Beethoven Ihnen die Composition dennoch schikt[411] selbst nachdem Sie darauf renuncirt hatten klingt freylich etwas verdächtig und Sie werden wohl daran thun, Ihre Vorsichtsmassregeln zu nehmen. Ich bin dem Bruder, der unfehlbar hierinn allein agirt, schon einigemahle begegnet aber er erwähnte dieser ganzen Sache mit keiner Sylbe und ich beobachtete daher ein gleiches Stillschweigen. Die Simphonie habe ich nicht selbst gehört; die Gräfinn Schönfeld liegt an der Auszehrung ohne Hoffnung einer Rettung krank, und daher lebe ich eingezogener, und besuche grosse Versammlungen seltener als sonst. So viel kann ich Sie aber versichern dass die Simphonie in zwey Akademien, bey dem Fürsten Lobkowiz und einem thätigen Liebhaber, Nahmens Wirth[412], mit ungemeinem Beyfall gehört worden ist. Für ein geniales Werk höre ich sie von Verehrern und Gegnern Beethovens rühmen; jene sagen: hier ist mehr als Haydn und Mozart, die Simphonie-Dichtung ist auf einen höheren Stand-

412 Der Großhändler Joseph von Würth veranstaltete in den Jahren 1803 bis 1807 in seinem Hause regelmäßig Akademien von hohem musikalischem Standard, bei denen als Orchesterdirektor der Geiger Franz Clement – der Widmungsträger von Beethovens Violinkonzert – fungierte. Wann genau die erste Aufführung von Beethovens 3. Symphonie bei Fürst Lobkowitz und die bald darauf folgende zweite bei Joseph von Würth stattfand, ist unbekannt.

413 Anton Eberl (1766–1807), Schüler W. A. Mozarts, Komponist. Es hat sich um die Es-Dur-Symphonie op. 33 gehandelt, komponiert 1804, in Stimmen erschienen 1807 bei Ambrosius Kühnel (Bureau de Musique) in Leipzig.

414 Wohl seine Manuskript gebliebene Symphonie in C-Dur aus dem Jahr 1805.

415 Johann Baptist Vanhal (1739–1813) in Wien lebender Komponist, dessen symphonisches Schaffen teilweise dem Haydns an die Seite gestellt wurde.

416 Vgl. Anmerkung 402. Salieri hat allerdings für diesen Anlaß kein neues *Te Deum* komponiert, sondern auf ein älteres Werk zurückgegriffen.

punkt gebracht! Diese hingegen vermissen die Rundung des Ganzen, sie tadeln das Anhäuffen der colossalischen Gedanken. In solchen Fällen hat jeder Recht nehmlich nach den Begriffen die er zur Beurtheilung des Werks mit sich bringt.

8 Tage nach Aufführung der Beethoven Simphonie wurde bey Wirth eine neue von Eberl[413] gegeben, und 14 Täge später eine von Kanne.[414] Jene fand man schon ganz matt und kahl, aber diese fiel gar durch. Der Verfasser, so hiess es, muss noch einige Jahre studiren, ehe er uns regaliren kann; seine Arbeit steht unendlich weit unter Vanhalls[415], Girowetzens und anderer guter Meister Simphonien, und schon diese hört man nach Haydn und Mozart nicht gern. Ich theile Ihnen das im Vertrauen mit denn ich möchte dem jungen Manne nicht schaden. Kanne war selbst bey dem Begräbniss seiner Simphonie; er will jezt wesentliche Veränderungen daran machen und alsdann soll sie bey Hofmeister gestochen werden.

Vogler wird, wie ich höre, die Correspondenz für Reichardts Musicalische Zeitung besorgen.

Salieri hat das Te Deum geschrieben welches bey Gelegenheit der Oesterreichischen Kaiserwürde gehalten wurde.[416] Diese Arbeit hörte ich sehr loben; einige andere seiner neuen Arbeiten sollen aber mittelmäßig ausgefallen seyn. Ich weiss dass es dem Salieri wie andern hiesigen Compositeurs geht; es fehlt ihm an tauglichen Texten; das wäre auch unfehlbar seine Antwort wenn ich ihm Ihren Antrag machte. Könnten Sie ihm keinen Text zu einer Cantate vorschlagen? In der deutschen Sprache ist er auch nicht sonderlich bewandert; daher wäre ein italienischer Text für ihn angemessener.

Anfrage wegen Liebhabern in Leipzig für eine Violine Nicolaus Amati in Cremona 1655, mit reinem und singendem Ton; hier werden sie mit 50 u. 60 #, Notabene in Papier, bezahlt. Die Violine liegt in Steyermark. Haydn hat sie vor 30 Jahren in Händen gehabt und zweifelt nicht an ihrer Aechtheit.[417]...

Wien, 16. März 1805

Gräfin Schönfeld todt, daher verspätete Antwort.

Dem Grafen Fries wurde aus Paris geschrieben ob nicht von Haydn eine Symphonie im Manuscripte zu erhalten wäre? Man würde gern 3 bis 400 Dukaten dafür bezahlen. Ich machte dem Papa den Antrag. Ein solches Gebot, sagte er, wäre wohl im Stande meinen alten Kopf zu weken; so lange Er sich aber noch schwach fühle, könne Er nichts versprechen, Er wolle

417 Bei wem in der Steiermark sich damals eine Violine von Nicola Amati (1596–1684) befand und bei welcher Gelegenheit Haydn diese in Händen gehabt haben konnte, ist nicht festzustellen.

418 Zur Komposition einer Symphonie kam es nicht mehr.

419 Franz Xaver Wolfgang Mozart (1791–1844) sollte mit diesem Konzert im Theater an der Wien dem Wiener Publikum vorgestellt werden; er war eines der beiden überlebenden Kinder Wolfgang Amadeus und Konstanze Mozarts. (Vgl. auch Griesingers Brief vom 17. Februar 1802.) Das Konzert war ursprünglich für den 31. März – Haydns Geburtstag – geplant, mußte dann aber auf den 8. April verschoben werden. Die aufgeführte Kantate zu Joseph Haydns Geburtstag ist nicht erhalten.

420 Josef Lange (1751–1831), Schauspieler, auch Maler und Musiker, Schwager W. A. und Konstanze Mozarts.

421 Friedrich Heinrich Kraus(s)enek, Hof- und Gerichtsadvokat in Wien.

422 Holsteiner: Pferderasse; Prater: Erholungsgebiet der Wiener.

abwarten, ob ihn die gute Jahreszeit und der Gebrauch der Bäder in Begeisterung verseze; vor dem Monat August könnte Er nicht fertig werden weil Er sich schonen müsse.[418]

Am 8. April wird der junge Mozart zum Erstenmahle in einem öffentlichen Concerte auftretten. Er hat eine Cantate componirt auf Joseph Haydn's Geburtstag, die (unter uns gesagt) den ersten Chor ausgenommen von mir ist.[419] Streicher versichert mich, dass eine Arie die darinn vorkomme selbst seinem Vater keine Schande machen würde. Haydn war zu Thränen gerührt als wir ihm das Projekt mittheilten. Um den Eintritt des hofnungsvollen Jünglings feyerlicher zu machen, wird sein Oncle, der Schauspieler Lang[420], eine kleine Anrede ans Publicum halten, und unserem Plane nach hätte ihn Haydn an der Hand dem Publikum vorstellen sollen. Der Enthusiasmus über eine solche Scene würde unbeschreiblich seyn; leyder wird man sie aber nicht ausführen können, weil zu befürchten ist dass Haydn dadurch allzu sehr erschüttert würde...

Wien, 30. März 1805

Handelt von Geramb, von dem Härtel Geld zu fordern hat, Advokat Krausenek[421] hat die Angelegenheit übernommen weil periculum in mora sey. *Geramb fährt noch mit 4 schönen Hollsteinern im Prater herum.[422] Vom Kaiser und vom König von Preussen hat er reiche Tabatieren bekommen etc.*

Auf das Mozartsche Concert ist die Erwartung sehr gespannt. Die Mutter will ihren Sohn selbst vorführen, um in keine Collision weder mit Lange noch Schikaneder zu kommen die beyde dazu bereit waren...

Wien, 3. April 1805

... Ich theile Ihnen hier einen Brief von der verwittweten Russischen Kaiserinn an Haydn mit, der in der Musicalischen Zeitung wohl ein Pläzchen verdient.[423] Haydn schikte ihr durch seinen Schüler Neukomm die von Ihnen verlegten deutschen Lieder. Die Antwort, von einem kostbaren Ringe begleitet lautete also:

»Herr Kapellmeister Haydn. Der Brief und die Composition, die ihr Schüler Neukomm Mir von ihnen überbracht hat, haben Mir viele Freude gemacht und Ich habe Mich mit Vergnügen dabey erinnert, sie in Wien persönlich gekannt zu haben. Dieses sowohl als das Lob, welches sie dem Überbringer ertheilten bewogen Mich, ihn sogleich vor Mir spielen zu lassen und Ich habe seinen Lehrer in ihm nicht verkennen können. Ich danke ihnen recht sehr für die überschikten schönen Gesänge, und wünsche von ganzem Herzen, dass sie, bey fortdauernder guter Gesundheit, noch lange von allen Musikfreunden durch ihr ausgezeichnetes Talent und ihre Meisterstüke die Bewunderung einärndten, die ihnen so rechtmäßig zu Theil wird. Ich hoffe dass das musikalische Publicum bald wieder mit einem neuen Werk von ihnen erfreut wird,

423 Vgl. Anmerkung 317. Der Brief wurde nicht in der Allgemeinen Musikalischen Zeitung veröffentlicht.

424 Schikaneders Ehrengedicht wurde nicht in der Allgemeinen Musikalischen Zeitung veröffentlicht.

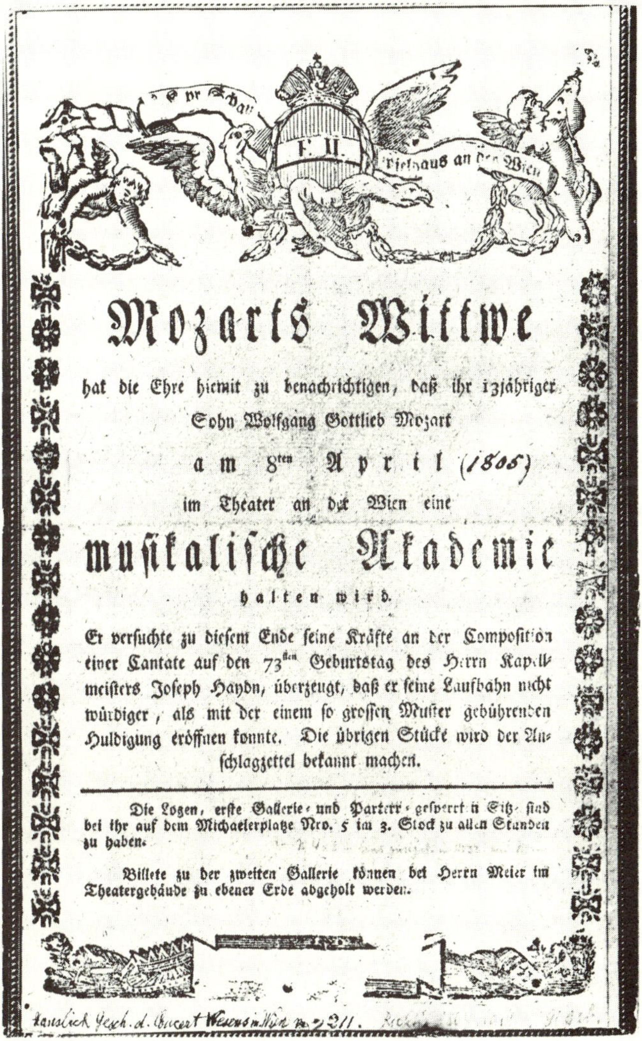

Mozarts Wittwe

hat die Ehre hiemit zu benachrichtigen, daß ihr 13jähriger
Sohn Wolfgang Gottlieb Mozart
am 8ten April (1805)
im Theater an der Wien eine

musikalische Akademie

halten wird.

Er versuchte zu diesem Ende seine Kräfte an der Composition einer Cantate auf den 73sten Geburtstag des Herrn Kapellmeisters Joseph Haydn, überzeugt, daß er seine Laufbahn nicht würdiger, als mit der einem so grossen Muster gebührenden Huldigung eröffnen konnte. Die übrigen Stücke wird der Anschlagzettel bekannt machen.

Die Logen, erste Gallerie- und Parterr-gesperrt-Sitze sind bei ihr auf dem Michaelerplatze Nro. 5 im 3. Stock zu allen Stunden zu haben.

Billete zu der zweiten Gallerie können bei Herrn Meier im Theatergebäude zu ebener Erde abgeholt werden.

Hanslick Gesch. d. Concert Wesens in Wien p. 211.

Plakat zum Konzert von Mozarts Sohn Wolfgang Gottlieb,
Wien 8. April 1805

Haus in der Vorstadt Windmühle in Wien, in dem Haydn am 31. Mai 1809 starb. Unbezeichnete Lithographie, Wien 1840

und bitte sie beyfolgendes Andenken als einen Beweis des aufrichtigen Wohlwollens anzusehen mit welchem ich stets bin

St. Petersburg den 15. Februar 1805.

ihre wohlaffectionirte Maria.«

...

Wien, 13. April 1805

...Noch ein musicalischer Brief! Die Wittwe Mozart wünschte sehr, folgendes in der Musicalischen Zeitung zu lesen[424]:

Den Tag nach dem Concert, in welchem Mozart der Sohn sich hören liess, schikte ihm Herr Schikaneder eine Dose von Werth, mit seinem Bilde, und darinn folgende Zeilen:

Hätt mich das Glük gesezt auf einen Fürstenthron,
Ich würde ein Geschenk dir hoffnungsvoller Sohn,
des grössten Künstlers, der je aus des Schöpfers Händen
auf diese Erde trat von Diamanten schenken.
Du zeigtest gestern schon, wie Du die steile Bahn
der Kunst gesinnet bist so rühmlich fortzuschreiten.
Doch fahre künftig fort wie Du bisher gethan!
Nur Eifer, Mühe, Fleiss, die können Dich geleiten
allein zum höchsten Ziel. – Dich schreke nicht
des Neides Tadel höher dich zu schwingen,
Noch blende Dich das falsche Licht
des übertriebnen Lobs, und wähne nicht
Du hättest schon zum Ziel, das du sollst einst erringen,
emporgehoben Dich! Noch weit hast Du dahin,
und weiter wird es immer von Dir weichen,

anstatt sich Dir zu nahn, willst Du Dich nicht bemühn
des Vaters grosses Vorbild zu erreichen.
Wie Du es kannst das lehren dich die Werke,
die Er Dir hinterliess. O lese fleissig sie!
denn jede Not ist ausdruksvoll; ... die Stärke,
die Zauberkraft der Harmonie,
das Schmelzende der sanften Melodie,
die Er entlehnt den hohen Himmelschören,
Wer kann es besser Dich als dieser Meister lehren?
Mit diesem guten Rath, der herzlich ist gemeint,
empfange hier mein Bild! nicht Stolz bestimmt mich
es dir zu geben; nein erinnern soll es dich,
wenn meinen Geist der Tod mit Mozarts Geist vereint,
an deines Vaters wärmsten Freund.

Emanuel Schikaneder.«

...

Wien, 21. August 1805

Wegen Abwesenheit des Grafen von Schönfeldt hat Griesinger viel zu thun.

425 Luigi Cherubini (1760–1842) traf Ende Juli 1805 in Wien ein, weil er einen Opernauftrag (*Faniska*) für das Kärntnertortheater erhalten hatte. Er überbrachte Haydn eine Gruß- und Ehrenadresse des Pariser Conservatoire.

426 *Swetards Zaubertal,* große Zauberoper in zwei Akten von Anton Fischer mit einem Text von Emanuel Schikaneder, wurde am 3. Juli 1805 im Theater an der Wien uraufgeführt. Das von Beethoven zurückgelegte Libretto Emanuel Schikaneders *Vestas Feuer* wurde von Joseph Weigl d. J. – allerdings im Hinblick auf seinen Bruder Thaddäus der ältere Bruder – vertont; diese große heroische Oper in zwei Akten wurde am 10. August 1805 im Theater an der Wien uraufgeführt.

Die Besuche bey Vater Haydn lasse ich mir aber nicht nehmen. Seine Hülle wird leyder stets gebrechlicher, und jedes rauhe Lüfftchen sezt ihr zu. Er hat selbst die Hoffnung, das angefangene Quartett beendigen zu können aufgegeben. Mit dem Catalog alles dessen was er sich erinnert vom 18ten bis zum 73sten Jahre componirt zu haben ist Er aber jezt fertig. Nur die Anfangstäkte machen ein Volumen von gegen 60 Blättern. Liegt Ihnen daran dieses in seiner Art gewis interessante Aktenstük zu besizen so schreiben Sie mir nur ein paar Sylben; Haydn hat mir noch gestern versprochen dass Er es für Sie abschreiben lassen würde.

Unter seinen Musicalien liegt gewis noch manches das nicht gedrukt worden ist; ich forderte ihn dringend auf, mir etwas für Sie auszusuchen, aber da braucht es schon einen Entschluss, biß sich der gute Alte aus seinem Zimmer macht, die Treppe hinunter geht und in der etwas kühleren Atmosphäre einer Kammer in den Papieren herumwühlt. Ich muss suchen seinen Bedienten dazu zu bewegen.

Cherubini hat den Vater Haydn in den ersten Tagen seines hiesigen Aufenthaltes aufgesucht[425]; »er ist ein hübsches Mandel, voll Art« sagte Haydn von ihm.

Swetards Zauberthal componirt von Fischer, und Vestas Feuer componirt von Weigl dem Älteren sind auf dem Wiener Theater mit ungemeinem Beyfall aufgenommen worden[426]; der Pomp in den Decorationen und Aufzügen hatte dazu vieles beygetragen. Als Weigl sich ans Clavier sezte, wurde er bey der ersten Aufführung ehe noch eine Note ertönte, mit 3 mahligem Beyfallklatschen empfangen, eine Ehre die man sonst nur dem Hof erweist. Nach Endigung des Stüks wurde er herausgefordert und wieder beklatscht…

Wien, 21. September 1805

... Mit der gestrigen fahrenden Post ist das Verzeichniß sämmtlicher Haydnscher Compositionen an Sie abgegangen.[427]...

Wien, 26. Oktober 1805

... Vater Haydn bestimmt Ihnen 12 Compositionen, die Er endlich auf vieles Zureden hervorgesucht hat: 1) eine eingelegte Opern-Arie mit dem Texte: Sono le donne capricciose etc.[428] 2) ein Salve Regina[429]; 3) eine Messe, die Er in Seinem 24sten Jahre componirte und die sich in dem hiesigen Servitenkloster vorfand.[430] 4) neun große Scenen aus einer Oper: Orpheo e Euri-

427 Vgl. Anmerkung 253.

428 Der Presto-Teil der Arie *Dice benissimo chi si marita,* Hob. XXIVb:5, mit dem korrekten Text: *Sono le femine si maliziose, si capricciose.* In dieser Form war die Arie (mit deutschem Text) schon 1802 bei Johann Treag in Wien erschienen, 1806 erschien sie mit italienischem und deutschem Text bei Breitkopf & Härtel. Beide Ausgaben sind Klavierauszüge.

429 Das E-Dur-*Salve Regina* aus dem Jahr 1756 (Hob. XXIIIb:1), von dem Griesingers Brief vom 15. Februar 1806 die Rede ist. Vgl. auch Griesingers Brief vom 4. Januar 1804 und Anmerkung 380.

430 *Missa brevis* in F-Dur, Hob. XXII:1, die erste Meßkomposition Haydns (vgl. Griesingers Brief vom 15. Februar 1806).

431 *L'Anima Del Filosofo Ossia Orfeo Ed Euridice.* Dramma per Musica, Hob. XXVIII:13. Klavierauszug und Partitur erschienen 1806 und 1807 bei Breitkopf & Härtel.

432 Carlo Francesco Badini, in London lebender italienischer Librettist.

433 Sir John Gallini (?–1805), Impresario.

434 Giacomo Davide (1750–1830).

435 Zu dieser Publikation kam es nicht.

dice.[431] Der Text ist von Battini[432], und Haydn componirte diese Oper in England um 3000 fl. Für den Entrepreneur Gallini.[433] Der berühmte Sänger Davide[434] sollte darinn als Orpheo singen; schon waren die Rollen einstudirt, als dem Gallini von Seiten des Londner Magistrats bey schwerer Strafe verboten wurde, ein Theater zu eröfnen, welches er ohne alle Erlaubniß hatte errichten lassen. Dadurch kam Haydn um die Freude seine Oper zu hören... Für alle 12 Stücke zusammen wünscht Haydn 100 Dukaten in Papiergelde zu bekommen... Wenn es mit diesem Kauf richtig werde, so wolle er noch ein anderes »Pakerl« durchsuchen, worinn Er noch verschiedenes zu finden hoffe...

Wien, 6. November 1805

Schäzbarster Freund,

Vater Haydn läßt es gerne geschehen, daß Sie das Verzeichniß seiner Compositionen herausgeben.[435]... Zu den 9 Scenen aus der Oper Orpheo e Euridice, wovon ich Ihnen schrieb, sollen noch zwey hinzugefügt werden, ohne den Preis zu erhöhen...

Wien, 22. Januar 1806

[Griesinger war in Brünn, Olmütz und Troppau und ist nun seit 14 Tagen wieder in Wien.]

Wien, 15. Februar 1806

... Ich rükte mit dem Antrag von 200 fl. heraus, und er wurde angenommen. »Ich will dem Herrn Härtel zeigen, sezte er hinzu, daß ich nicht unerkenntlich bin; Er soll um diesen Preis alles bekommen, was Ihm zugedacht war:«

So eben erhalte ich eine Messe (die erste, welche Haydn in seinem 18ten Jahre componirt hat[436]), 11 Arien und Duetten aus der Oper Orpheus und Euridice, eine eingelegte Opernarie von 1780 und ein Salve Regina von 1756. Beyde lezteren sind eigenhändige Manuscripte, um die Haydn Sie zu seiner Zeit wieder ersuchen läßt. Die 200 fl. habe ich sogleich für Ihn erhoben und bezahlt. Künftigen Dienstag soll Alles mit dem Postwagen expedirt werden.

Ich theilte Herrn Haydn Ihre Bemerkung mit, daß sein Catalog nicht vollständig sey. Er gab es gerne zu, daß manches ausgelassen seyn könnte, und Er wünscht, daß Sie so glüklich seyn mögen es zu ergänzen...

436 Vgl. Anmerkung 430. Tatsächlich müssen wir annehmen, daß diese Messe um 1750 entstanden ist. Wenn Griesinger im Brief vom 26. Oktober geschrieben hat, daß Haydn die Messe im 24. Lebensjahr komponiert habe, so dürfte er mit dieser Altersangabe das 1756 komponierte *Salve Regina* gemeint und diese nur irrtümlich zur Messe gesetzt haben.

437 Hob. III:83.

438 Mit dem Zitat »Hin ist alle meine Kraft«, Beginn des vierstimmigen Gesanges *Der Greis,* Hob. XXVc:5. Der Text stammt nicht von Christian Fürchtegott Gellert (1715–1769), sondern von Johann Wilhelm Ludwig Gleim (1719–1803).

Wien, 19. Februar 1806

... Ich komme eben theuerster Freund, mit einem hinkenden Boten nach. Vater Haydn ließ mir gestern sagen, Er habe vergessen, mich zu erinnern, daß sich die Kosten des Abschreibens der Messe und der 11 Opern Scenen auf 17 fl. 40 × belaufen. Das sollte nun eigentlich dem Verleger nicht aufgebürdet werden; ich antwortete jedoch, daß ich es Ihnen melden würde. Mit der fahrenden Post ist gestern das Paket an Sie abgegangen...

Wien, 12. März 1806

[Über den Abschiedsbesuch Cherubinis, der seit August 1805 in Wien gelebt hatte, bei Haydn; Cherubini vergoß einen Strom von Tränen.]

[Über Haydns Lied »Der schlaue Pudel«, Hob. XXVIa:38, das Breitkopf & Härtel verlegen wollten; Griesinger erfuhr, daß es Haydn vor 24 Jahren komponiert habe.]

Wien, 2. April 1806

... Hier mein Freund, folgt Haydns Schwanengesang, seyn 83stes Quartett im Original (Manuscripte).[437]...

Zur Entschuldigung, daß das Quartett nicht vollständig ist, überschikt Ihnen Haydn seine charakteristische Visitencarte; die Worte sind von Gellert.[438] Zwar giebt Haydn nicht alle Hofnung auf, daß Er in einem günstigen Momente noch ein kleines Rondo hinzuzufügen im Stande seyn werde. Wir wollen es wünschen, aber es ist wenig darauf zu rechnen, daß, was Haydn seit 1803 nicht vollenden konnte, jezt noch ergänzt werde. Sollte es daher nicht passend seyn anstatt des fehlenden Rondos die Visitenkarte abdrucken zu lassen? Fries ist damit ganz einverstanden; wo immer dieses Quartett ertönt, wird man sogleich aus den paar Worten erfahren, warum es nicht vollständig ist und in wehmütige Empfindungen dadurch versezt werden...

Beethoven hat seine Oper Fidelio verändert aufführen lassen.[439] Sie erregte Furore und brachte dem Verfasser den ungestümsten Beifall ein. Der Fürst Lobkowiz will die Partitur der Königin von Preußen schikken.[440]...

Wien, 12. April 1806

[Haydn hat einen Revers unterschrieben; sein leztes Streichquartett wird von Breitkopf & Härtel veröffentlicht.]

[439] Die zweite Fassung von *Fidelio* erlebte im Kärntnertortheater am 29. März und am 10. April 1806 nur zwei Aufführungen. Danach verlangte Beethoven in einem Streit mit dem Intendanten Peter Freiherr von Braun die Partitur zurück.

[440] Dazu kam es nicht.

[441] Aufführung unter Neukomms Leitung am 22. und 23. Dezember 1808 in zwei Konzerten der Tonkünstlersozietät im Hofburgtheater. Der Anschlagzettel vermerkte, daß Neukomm das Oratorium »aus Wohlwollen für die Gesellschaft neu bearbeitet« habe.

Wien, 25. Oktober 1806

[Griesinger kündigt die Übersendung eines Verzeichnisses von Haydns ungedruckten Werken an.]

Wien, 29. Oktober 1806

[Griesinger berichtet, daß Haydn mit den Ausgaben des Klavierauszuges von Orfeo e Euridice und des lezten Streichquartetts sehr zufrieden sei. Allerdings sei dieses Quartett nicht – wie auf dem Titel fälschlich angegeben – das 82., sondern das 83. Vor der Wiedergabe der Visitenkarte ist die Bezeichnung »Canon« falsch:] Das Lied, hin ist alle meine Kraft, sey kein Canon...

Auf meine dringende Bitte erhielt ich beyliegendes Verzeichniß ungedrukter Manuscripte...

Wien, 9. September 1807

Werthester Freund,

Sie haben keine Zeit zu unnöthigen Briefen und ich eben so wenig... Haydn hat durch seinen geliebten Schüler Neukomm in Petersburg sein ersten Oratorium Il ritorno die Tobia, in vollständiger Partitur überarbeiten und dem heutigen Geschmak in der Musik angemessener zustuzen lassen, um es hier bey den jährlichen großen Concerten für die Wittwen und Waisen der Musiker aufführen zu lassen.[441] Haydn ist mit Neukomms Arbeit nicht ganz zufrieden, weil er mehrere gute Stellen ausgelassen habe, und in dieser Gestalt möchte Er es in vollständiger Musik nicht geben. Er glaubt aber, daß dieses Werk im Clavierauszug sein Glük machen könnte.[442]...

Wien, 1. Juni 1808

[Über den »jungen Mozart«, Joseph Weigel und Friedrich August Kanne]

Wien, 15. Juni 1808

[Über Carl Lange[443]]

442 Härtel konnte sich nicht zur Herausgabe eines Klavierauszuges von Haydns *Il Ritorno di Tobia* (Hob. XXI:1) entschließen.

443 Carl Lange (1786–?), Sohn von Joseph Lange (vgl. Anmerkung 420), siehe Griesingers Brief vom 13. Juli 1808.

444 Härtel hat am 12. Mai 1808 Franz Xaver Wolfgang Mozart um eine Form der Mitarbeit – wohl an den Bänden mit Klavierwerken – an seiner Serie von W. A. Mozarts *Oeuvres Complettes* gebeten. Von der Serie I mit den Klavierwerken war 1806 der 17. und letzte Band erschienen. Härtel hoffte wohl, über den Sohn, von dem er nun auch das allerdings erst 1811 erschienene Klavierkonzert in C-Dur, op. 14, in Verlag genommen hat, noch weitere unbekannte Werke vom Vater zu erhalten. Die Hoffnungen darauf mußte ihm der Sohn in einem Schreiben vom 1. Juni 1808 nehmen, die Mitarbeit sagte er aber gerne zu: »... wozu mir aber der Besitz der bey Ihnen erschienenen Sammlung von Clavierkompositionen meines Vaters unumgänglich notwendig ist. Ich ersuche Sie daher, mir Ihrem gefälligen Antrage gemäß, selbe so bald wie möglich zu überschicken, so wie auch die Anfangstakte der Ihnen zwar bekannten, aber in Ihrer Sammlung nicht erschienenen Sachen...« Diese Zusendung urgiert nun Griesinger.

445 Am 22. Oktober 1808 reiste Franz Xaver Wolfgang Mozart nach Podkamien bei Lemberg, um dort eine Stelle als Hausmusiklehrer bei Graf Viktor Bawarowski anzutreten.

Wien, 18. Juni 1808

[Über Carl Lange]

Wien, 13. Juli 1808

Griesinger schikt einen gewissen Carl Lange, der sich schmeichelt in Allem eingeweiht zu seyn was die Wiener in der neuesten Periode an den Instrumenten vervollkommt haben und manches angeben zu können, was vielleicht in Leipzig noch nicht bekannt ist.

Noch ehe Sie mir von dem Vorschlage, welchen Sie dem jungen Mozart gemacht haben[444], schrieben, hat mich dieser und seine Mutter um Rath gefragt, ob sie darauf eingehen sollten und ich habe natürlicher Weise bejahend geantwortet. Schiken Sie mir die Materialien bald, denn der junge Mozart hat Hofnung unter guten Bedingungen in der Gegend von Lemberg[445] angestellt zu werden. Ich sage Ihnen aber im Vertrauen dass Ihnen die Wittwe Mozart bey diesem Geschäfte nicht überflüssig seyn, und dass Sie wahrscheinlich das Meiste machen wird, in dem Ihr die Arbeiten ihres Mannes (die von seiner frühesten Jugend ausgenommen) noch besser bekannt sind als dem Sohne. Sie will aber dabey nicht genannt seyn und die Furcht, den Contrakt mit André zu verlezen, nach welchem Sie keinem andern Verleger etwas aus ihres Mannes Nachlasse geben darf, macht sie äusserst bedenklich und verlegen. Darinn wird Sie von ihren nächsten Umgebungen bestärkt und nur diesen kann ich es zuschreiben, dass ursprünglich schon der ganze Handel nicht mit Ihnen sondern mit André zu stande gekommen ist. Die Wittwe Mozart und ich haben es schon oft bedauert, dass ich damals nicht als Mittelsperson gebraucht werden konnte. Alles dieses ist nur für Ihre Privat Notiz...

Wien, 12. Oktober 1808

[Über Franz Xaver Süßmayer]

Wien, 12. November 1808

[Über Gottlieb Holl[446]]

Störmthal, 18. Juni 1809

[Johann Elßler und Andreas Streicher haben Griesinger von Haydns Tod informiert.]

446 Ohne nähere Hinweise nicht eindeutig zu identifizieren.

447 Um einen europäischen Befreiungskampf gegen Napoleon zu initiieren, erklärte Österreich am 9. April 1809 Frankreich den Krieg. Allerdings blieb Preußen neutral und Rußland mit Frankreich verbündet. Am 10. Mai erreichten französische Truppen die Vorstädte Wiens, am 13. Mai mußte Wien kapitulieren.

448 Biographische Notizen über Joseph Haydn erschienen zwischen 12. Juli und 23. August in den Nummern 41 bis 47 der Allgemeinen Musikalischen Zeitung (11. Jg. Sp. 641–649, 657–668, 673–681, 689–699, 705–713, 721–733, 737–744). Ein Nachtrag dazu erschien noch am 6. September in der Nr. 49 (Sp. 776–781).

449 Dasselbe erschien unter gleichem Titel 1810 bei Breitkopf & Härtel in Buchform. Zu einer zweiten Auflage kam es 1819.

...Der Tod des guten Vater Haydns geht mir umso näher, weil ich überzeugt bin, daß er durch die neusten Ereignisse in Wien[447] beschleunigt worden ist. Am 3. May sah ich ihn zum letztenmahle, und am 31sten war er nicht mehr...

Störmthal, 17. August 1809

[Über Streicher]

...Von der musicalischen Zeitung habe ich N° 41 und 42. Möchten Sie nicht die Güte haben, mir die folgenden Blätter, worin von Haydn die Rede ist zu schiken[448]...

[Griesinger denkt an eine Biographie Haydns.[449]]

Störmthal, 20. August 1809

...Hier schike ich Ihnen werthester Freund das Finale von Haydns Leben, auch einen Catalog Haydn'scher Simphonien, über den ich ehestens mit Ihnen correspondirt habe, und auf dessen leztes und vorleztes Blatt Haydn einige Texte niederschrieb...

Störmthal, 22. August 1809

...Haydn war weit davon entfernt, ein Geheimniß aus seinen Lebensschicksalen zu machen, er erzählte sie (damahls noch) bey guter Laune jedem, der ihn darüber befragte,...

[Carl Bertuch[450] hat einen Auszug aus Haydns Werkverzeichnis angefertigt.]

Dresden, 11. Februar 1810

Wahrscheinlich wird ein neuer Minister für Wien ernannt und wird Griesinger bis zu dessen Abreise als Geschäftsträger auftreten daselbst; Griesinger möchte aber durch vorlaute Aeusserungen den guten Grafen von Schönfeld nicht kränken.

Reichard hat kürzlich durch den Westphälischen Minister anfragen lassen, ob er die vakante Capellmeisterstelle erhalten könne, weil er sonst einem Rufe nach

450 Carl Bertuch (1777–1815), Sohn eines Weimarer Buchhändlers, besuchte Haydn 1805 und berichtete über ihn in seinen Bemerkungen auf einer Reise aus Thüringen nach Wien im Winter 1805 bis 1806, 2 Bde., Weimar 1808–1810. Sein von Griesinger erwähnter Auszug ist eine statistische Zusammenfassung aus Elßlers Katalog (vgl. Anmerkung 253).

451 Johann Friedrich Reichardt wurde 1807 in dem von Napoleon errichteten kurzlebigen Königreich Westfalen zum Theater- und Orchesterdirektor in Kassel ernannt, fiel dort aber in Ungnade und wurde unter dem Vorwand, Sänger anwerben zu müssen, nach Wien abgeschoben, wo er im Winter 1808/09 lebte. Er bemühte sich um eine Anstellung in Wien, es gab auch Gerüchte, daß er Kapellmeister an den Hoftheatern werden solle, doch wurde aus all dem nichts. Wichtigste Frucht seiner Reise nach Wien war sein 1810 in Amsterdam erschienenes zweibändiges Werk: Vertraute Briefe geschrieben auf einer Reise nach Wien und den Österreichischen Staaten zu Ende des Jahres 1808 und zu Anfang 1809.

452 Vgl. Griesingers Brief vom 13. Januar 1802 und Anmerkung 234.

453 Nicolas Étienne Framery: Notice sur Joseph Haydn ... Contenant quelques particularités de sa vie privée, relatives à sa personne ou à ses ouvrages, Paris 1810.

454 Dazu ist es weder bei Breitkopf & Härtel noch in einem anderen Verlag gekommen.

Wien folgen würde.[451] Es wurde ihm geantwortet dass man ihn davon nicht abhalten wolle. Man hat auch bereits einen wenig bekannten Capell Meister aus Italien verschrieben und darüber die Unterhandlungen mit dem wakern Weigel, der bereits eingewilligt hatte, abgebrochen. Reichardts Urtheil dass die hiesige Capelle nicht mehr wie sonst beschaffen sey, möchte ich unterschreiben. In der catholischen Kirche wo das Lokale so überaus günstig ist, fiel es mir weniger auf als in der Oper...

Dresden, 9. April 1810

Griesinger reist übermorgen als Geschäftsträger nach Wien; Gesandter noch unbestimmt. Griesinger freut sich, wieder in das heitere und genussreiche Wien zurükzukommen.[452]

Ist Ihnen nicht folgende Piece zu Gesicht gekommen: Notice sur J. Haydn par Mr. Framery, Paris 1810, imprimé de Brasseur ainé. Prix 1 Fr. Nach einem Auszuge zu urtheilen der im Journal de l'Empire (in der ersten Hälfte des März) steht, wird über Haydn in dieser Schrift viel gefabelt.[453]

Griesinger wünscht das Heft zu besitzen.

Wien, 12. May 1810

Griesinger begegnet in Wien Clementi.

Elsler giebt sich Mühe, die hie und da zerstreuten Haydniana aufzusuchen, und er schikt Ihnen nächstens einige Motetten. Er glaubt es wäre eine gute Speculation, wenn man die Trio auf das Baryton als Claviersonaten herausgäbe.[454] Neukomm (jezt in Paris) hatte vor einigen Jahren diese Idee als Haydn in Geldverlegenheit war. Elsler meynt, Artaria könnte die 10 Gebote von einem Kaufmann Reich[455] erhalten haben, dem Haydn einmahl eine Abschrift davon gab. Es wäre wohl vergebliche Mühe der Sache auf den Grund kommen zu wollen, aber ich kann Sie auf Ehre versichern dass ich mein Original niemand als Ihnen anvertraut habe. – Wenn Sie die 10 Gebote so wie die Canons mit verändertem Text druken lassen, so sollten Sie doch den ursprünglichen daneben sezen, damit vom

455 Artaria hat 1810 knapp vor Breitkopf & Härtel – obwohl nur dieser die Verlagsrechte erworben hatte – die Kanons veröffentlicht (vgl. Anmerkung 378). Die Hofspezerey-Handlung Johann Georg Reich sel. Erben im Haus Zum weißen Rössel auf dem Hohen Markt (das Haus existiert nicht mehr) wurde von den Brüdern Joseph und Franz Reich geführt. Ob einer der beiden oder ihr Vater die Abschrift von Haydn erhalten hat, bleibt unbekannt.

456 Erst 1820 kam es zur Überführung von Haydns sterblichen Überresten vom Hundsturmer Friedhof in Wien, wo er zuständigkeitshalber bestattet worden war, in eine von Nikolaus II. Fürst von Esterházy de Galantha gewidmete Gruft nach Eisenstadt.

457 Nach dieser Anekdote soll Haydn das Menuett Hob. IX:27 für die Hochzeit der Tochter eines Metzgermeisters komponiert haben; der Vater habe ihm als Honorar dafür einen Ochsen verehrt. Das Menuett war in verschiedensten Ausgaben stark verbreitet; um 1809/10 ist es in Ambrosius Kühnels Verlag Bureau de Musique in Leipzig erschienen.

458 Giuseppe Carpanis Buch: Le Haydine, ovvero lettere su la vita e le opere del celebre maestro Guiseppe Haydn ist erst 1812 in Mailand erschienen.

459 Albert Christoph Dies (1755–1822): Biographische Nachrichten von Joseph Haydn. Nach mündlichen Erzählungen desselben entworfen und herausgegeben von Albert Christoph Dies, Landschaftsmaler, Wien 1810. Im Vorwort hält Dies, der Haydn 1805 erstmals besucht hat, fest, daß er für dieses Buch auch Griesingers biographische Aufsätze in der Allgemeinen Musikalischen Zeitung benützt habe.

Eigenthümlichen nichts verwischt werde. Die schlechten Texte charakterisiren auch Haydns Composition, und mögen es Andere probiren aus wenig so vieles zu machen! – Elsler scheint für das was er Ihnen geliefert hat, keine grosse Ansprüche zu machen (ist mit allem zufrieden was man ihm schikt).

Streicher und seine Frau grüssen Sie herzlich. Ich musste ihm die Haydnsche Biographie geben, die hier wenig bekannt wurde; er versicherte mich dass er sie 5 mahl hinter einander mit seiner Frau und Kindern lesen könnte, so sehr habe ihn die Wahrheit der Darstellung angezogen ... Streicher drang darauf dass ein besonderer Abdruk davon gemacht werde. – Jezt da Haydns Leichnam nach Eisenstadt versezt werden soll[456] wird seines Nahmens Andenken den Wienern wieder auf neue interessant. Ich habe bereits einige Zusäze notirt. – Die Anekdote mit dem Ochsen-Menuett gebe ich, wie ich schon gegen Herrn Kühnel äusserte, kek für eine Fabel aus.[457] Framery wird mir nichts Neues sagen aber es ist vielleicht hie und da ein schiklicher Plaz, seine falschen Data zu berichtigen. – Carpani lässt sein Buch über Haydns Leben und Kunst nächstens bey Degen in Wien in italienischer Sprache erscheinen[458], zuvor will er es aber mit meinen Notizen vergleichen. Er sagte mir: j'y ai embelli beaucoup de circonstances à ma façon, j'en ai voulû faire un ouvrage à moi – er habe auch viel musicalische Erudition darein gemischt, und Ansichten über Haydns Werke gegeben, über die er erwarte, derb gegeisselt zu werden. Das Manuscript des Mahler Dies[459] liegt, wie mir Elsler sagt, jezt bei einem Secretär des Fürsten Esterhazy.

Ich bin jezt in meinem lieben Wien wieder so einheimisch als zuvor; nach dem Luxus der hier herrscht ahndet man von dem was vorgefallen ist gar nichts und für diejenigen welche von gutem Gelde leben, ist die Theuerung[460] nicht drükender als in Leipzig.

Graf Schulenburg[461] *von Klosterrode wurde zum Gesandten nach Wien ernannt.*

Ich danke Ihnen noch einmahl für die Gefälligkeit wegen des Fortepiano, welches Sie der liebenswürdigen Comtesse in Störmthal[462] überließen.

Für die Musicalische Zeitung Wien 12. May.[463] Fürst Esterhazy hat bereits die Erlaubniss von der Regierung erhalten den Leichnam seines grossen Capellmeisters Haydn aus dem hiesigen Gottesaker nach Eisenstadt in Ungarn abführen zu lassen, wo er in der ehemaligen Grufft der Franziskaner, jezt der Ruhestätte eines Luigi Tomasini[464] und anderer um die Esterhazysche Capelle verdienter Künstler und Künstlerinnen beygesezt wird. So bald der Fürst aus Paris zurükkommt, soll der Sarg ausgegraben werden und man wird bey dieser Gelegenheit noch ein feyerliches Requiem veranstalten weil dasjenige welches im vorigen Jahr mitten im Sturm und Drang des Krieges gehalten wurde weder eine allgemeine Theilnahme noch die gehörige Sammlung der Gemüther gestattete. Alle Wiener, denen die

460 Vgl. Anmerkung 137.

461 Friedrich Albrecht Graf von der Schulenburg (1772–1853).

462 Nicht eindeutig zu identifizieren; sicher keine Tochter von Johann Hilmar Adolf Graf Schönfeld.

463 Die Nachricht erschien am 13. Juni 1810 in der Allgemeinen Musikalischen Zeitung (12. Jg., Nr. 37, Sp. 590).

464 Luigi Tomasini (1741–1808), Geiger und Komponist, Mitglied der esterházyschen Kapelle.

465 Die Versteigerung fand am 16. März 1810 und an den folgenden Tagen statt.

466 Johann Elßler.

Kunst etwas werth ist wissen was sie an ihrem Haydn verloren haben.

Bey dem Verkaufe seiner Effekten war eine ganz ungewöhnliche Steigerung[465]; selbst Leute von niedrigem Stande überboten und rissen sich darum wie um die Reliquien eines Heiligen. Die Medaillen, womit Haydn beehrt wurde, seine musicalischen Bücher, Schriften und Manuscripte (50 Nummern wovon aber nur wenige unbekannt sind) hat Fürst Esterhazy erstanden...

Wien, 26. Mai 1810

...Der getreue Johann[466] hat mir beyliegende Motetten überliefert um sie Ihnen zu schiken. Er erhielt sie aus der Capelle in Eisenstadt...

Wien, 20. Juni 1810

...Wenn Sie glauben dass die Notizen über Haydn, besonders abgedrukt, nicht Makulatur bleiben, so würde ich Ihnen verschiedene Zusäze schiken... Framery hat wie ich höre seine Notizen aus Pleyels Munde und die meisten sind Lügen oder sehr entstellte Geschichten. Hier kennt man sie nur aus Auszügen... Carpani hat in seinen Briefen über Haydn, die bey Degen herauskommen sollen, einen solchen Auszug aus Framery auch widerlegt.

Kürzlich las mir Carpani einen Brief von Salieri vor, worin dieser Haydn in Ansehung der Instrumental-Musik großes Lob giebt aber seinen Gesang bitter tadelt und ihm die Geschiklichkeit Opern zu komponiren so ziemlich abspricht; auch die Messen kamen übel weg, denn es sey darinn mescolanza di tutti generi und grobe Sünden gegen den Kirchstyl. Deswegen haben sie auch bis auf die Zeiten des jezigen Kaisers nicht dürfen in der Hof-Kapelle (wo Salieri dirigirt) aufgeführt werden.

Ihre Aufträge an Elsler wegen der Barytonstüke sollen richtig besorgt werden...

Beethoven geht mit dem gescheiden Gedanken um, nach England zu gehen; es darf aber nicht laut werden. Dort wird er bald mehr von sich reden machen als hier.[467] Eine Ouverture von seiner Composition nebst der Musik zu den Zwischenakten für Goethe's Egmont wurde in voriger Woche mit großem Beyfall auf dem

467 Derartige Gerüchte wie Pläne gab es mehrmals; es kam allerdings nie zu einer Realisierung.

468 Am 15. Juni 1810.

469 Erzherzog Rudolph von Österreich (1788–1831) war etwa seit Ende 1803 oder Anfang 1804 Schüler Beethovens. Daß Beethoven damals in Schönbrunn gewohnt habe, ist sonst nirgends belegt und wenig wahrscheinlich.

470 Raymund Härtel (1810–1888), der jüngere Sohn Gottfried Christoph Härtels ist am 9. Juni 1810 geboren worden.

471 Vgl. Anmerkung 450.

472 Johann Veit Friedrich Schnorr von Carolsfeld (1764–1841), Maler und Radierer in Leipzig.

473 Carl August Schwerdgeburth (1785–1878), Zeichner, Stahl- und Kupferstecher in Leipzig.

474 Die in Anmerkung 459 genannte Biographie erschien nicht im Kunst- und Industrie-Comptoir (vgl. Anmerkung 10), sondern im Verlag von Albert Camesina in Wien.

475 Von Nikolaus II. Fürst von Esterházy de Galantha war keine Bewilligung zur Publikation der Biographie nötig, wohl aber eine Bestätigung, daß er die vorgesehene (und erfolgte) Widmung der Biographie akzeptierte.

Burgtheater gehört.[468] Er giebt dem Erzherzog Rudolph Unterricht in der Composition und lebt meistens in Schönbrunn.[469] Thomson in Edinburg ist mit den Schottischen Liedern die ihm Beethoven arrangirt hat äusserst zufrieden und bezahlt ihn reichlich, doch weiss ich dass Beethoven eine Anweisung von Thomson die seit Monathen bey einem hiesigen Banquier liegt noch nicht erhalten hat und vielleicht spannt er seine Forderungen gegen Sie höher, weil er kein Geld braucht ...

Wien, 7. Juli 1810

Raymundus geboren.[470]

Zu den Notizen über Haydn will ich Ihnen einige Zusäze schiken, im Ton und in der Anlage glaube ich aber nichts ändern zu müssen, in dem ich mich aufs Polemisiren und Auskramen ästhetischer Urtheile nicht einlassen kann. Die Medaillen wären eine nicht uninteressante Zugabe, auch ein Facsimile von Haydns Buchstaben und Notenschrift wovon Sie unter Ihren Manuscripten genug finden werden. Bertuch[471] in Weimar hat von Schnorr[472] ein Portrait Haydns nach seiner Büste stechen lassen und darunter ein sehr wohl gelungenes facsimile: »Joseph Haydn d. 16. Jan 1806 im 74sten Jahr meines Alters« gesezt; der Stich ist von Schwerdgeburth.[473]

Das hiesige Industrie-Comptoir[474] hat schon den Druk einer Haydnschen Biographie begonnen welche der Mahler Dies mit Bewilligung des Fürsten Esterhazy[475] geschrieben hat; sie wird auch dem Fürsten dedicirt welcher darin (unverdient!) in einem schönen

Lichte erscheint. Schreyvogel beschleunigt den Druk nicht sehr.

Elsler hat 24 Baritonstücke für Härtel in Arbeit.

Wien, 28. Juli 1810

Griesinger schickt die Zusätze zu den Haydnianas erst jetzt.

Ich wollte die Ankunft eines alten Freundes von Haydn aus Ungarn eines gewissen Herrn Wammerl[476] abwarten, durch dessen Anstiften das Harrachsche Monument in Rohrau gesezt wurde und von dem man mir sagte daß er vieles von Haydn zu erzählen pflege.

Wammerl mit allem einverstanden, Griesinger sey besser unterrichtet als er.

Ueberhaupt ist die Nachlese wenig ergiebig ausgefallen als ich hofte, denn die Meisten erzählen blos vom Hören Sagen ohne alle Critik. Aus dem Englischen Tagebuch habe ich noch etwas eingeschaltet weil Clementi jene Urtheile sehr interessant fand...

Elsler sagte mir dass Träg 72 Haydnsche Baritonstüke besize die er alle nach und nach zum Copiren bekomme...

Berlin, 26. April 1814

[Griesinger hörte Chöre Haydns ohne Instrumentalbegleitung.] Politische Angelegenheiten. Griesinger nicht gern in

476 In Haydns erstem Testament vom 5. Mai 1801 bestimmte er für »Herrn Wammerl vormaliger Kammerdiener beim Herrn Grafen von Harrach« 50 Gulden, in seinem zweiten Testament vom 7. Februar 1809 sogar 100 Gulden.

Berlin, freut sich auf Wien und dessen Frohsinn und Gemüthlichkeit. Wie glücklich will ich mich preisen wenn ich wieder den Stephansthurm sehen werde!...

Berlin, 21. Juni 1814

Politischen Inhalts

Berlin, 4. Juli 1814

desgleichen

Berlin, 19. Juli 1814

desgleichen

Berlin, 9. August 1814
desgleichen

Schluss: Um einige Exemplare der Haydnschen Biographie werde ich öfters geplagt, und ich wünschte damit dienen zu können. Nun Gott befohlen! Sagen Sie mir bald, wie es bei Ihnen steht.

Totus tuus.

Griesinger

Wien, 13. September 1817

...Elsler, Haydns ehemaliger Bedienter ist durch die Zeitumstände und als Vater von sechs Kindern in sehr beschränkter Lage, und bat mich, ihm behülflich zu seyn, einige Original-Manuscripte von Joseph Haydn[477] ... so vorteilhaft als möglich abzusezen...

Wien, 12. November 1817

...Ihr Gedanke, die Haydnschen Originalmanuscripte, die Elsler besizt, durch die Musicalische Zeitung und Englischen Musikhändlern anzubieten, scheint mir vortrefflich. Könnte man nicht den Preis den Liebhabern überlassen? Elsler schmeichelt sich, dadurch mehr zu bekommen...

Wien, 3. April 1819

...Beethovens Harthörigkeit hat sich allerdings verschlimmert; es ist auch wahr, daß er schon vor einiger Zeit überfahren worden ist, doch ohne viel beschädigt zu werden.[478]...

477 Am 4. März 1818 erschien eine diesbezügliche Anzeige in der Allgemeinen Musikalischen Zeitung (20. Jg., Nr. 9, Intelligenzblatt II). Interessenten sollten sich mit dem Bemerken für E[lßler] J[ohann] W[ien] an die Redaktion wenden (vgl. Griesingers Brief vom 12. November 1817). Es handelte sich um die Autographe der Symphonien Hob. I:101, I:102, I:104.

478 Über diesen Unfall Beethovens gibt es sonst keinerlei Nachrichten.

ZUR TEXTGESTALTUNG

Die vorliegende Edition der Briefe Georg August Griesingers an Gottfried Christoph Härtel stützt sich in erster Linie auf Abschriften, die Carl Ferdinand Pohl (1819–1887), Archivar der »Gesellschaft der Musikfreunde« in Wien und verdienstvoller Haydn-Biograph, anfertigte. Er benützte dafür ein liniertes Schreibheft mit Halbleinenrücken und marmoriertem Einband im Format 20,5 × 25,2 cm und beschrieb darin 77 – von ihm paginierte – Seiten. Seine ursprüngliche Beschriftung des Titelschildchens (in Bleistift) ist kaum mehr lesbar. Später schrieb er selbst darüber »Haydn«, eine andere Hand »C. F. Pohl«. Pohls überaus klare und saubere Abschriften sind in Tinte geschrieben. Wohl zur rascheren Orientierung bei der Benützung hat er ihm wesentlich erscheinende Namen und Fakten mit Blaustift unterstrichen. Auf der letzten beschriebenen Seite hat Pohl zwei Daten notiert: »Wien 5. Apr[il] 882 C[arl] F[erdinand] P[ohl]« und »Auszüge beendet am 9. Juli 1882. Ab[en]ds 11 Uhr unter heftigem Sturm.«

Pohl hat also für diese Abschriften die Briefe nach Wien entlehnt gehabt. Es ist anzunehmen, daß die beiden Daten den Zeitraum seiner Arbeit eingrenzen. Pohl selbst spricht von »Auszügen«, die er aus den Briefen gemacht hat. Auslassungen hat er durch

Punkte gekennzeichnet; wo ihm der originale Wortlaut nicht wichtig erschien, hat er den Inhalt zusammengefaßt. Meist sind solche Zusammenfassungen in eckige Klammer gesetzt, in wenigen Fällen geht er – ohne die Klammer zu schließen – unmittelbar von der Zusammenfassung wieder in die Abschrift über; hier mußte für die Edition vorsichtig nach Inhalt und Stil zwischen Zusammenfassung und Zitat getrennt werden.

Pohls Manuskript kam mit seinem wissenschaftlichen Nachlaß in das Archiv der »Gesellschaft der Musikfreunde«, wo es unter der Signatur 16586/111 inventarisiert ist.

Nach Pohl haben noch weitere Autoren Griesingers Briefe studiert und exzerpiert. Vergleicht man deren Arbeit mit jener Pohls, so kann man feststellen, daß Pohl am ausführlichsten exzerpiert bzw. kopiert hat. Er war nicht nur an jenen Briefstellen interessiert, die im engeren Sinn für Haydns Biographie oder Œuvre wichtig sind, sondern an wohl allen Nachrichten zur Wiener Musikszene, aber auch an Details zur Kulturgeschichte und zu Griesingers persönlichem Schicksal. Allerdings scheint es, daß Pohl einige Briefe nicht vorgelegen haben; nur so wäre zu erklären, daß einige – wichtige – Briefe bei ihm übergangen sind. Gestützt wird diese Vermutung auch dadurch, daß Pohl seine Briefabschriften durchgehend gezählt und auch von ihm nicht wichtig erscheinenden Briefen zur fortlaufenden Nummer wenigstens das Datum und ein Kurzregest notiert hat.

Insgesamt vermittelt uns aber Pohls Abschrift die am weitesten gehende Kenntnis von Griesingers Korrespondenz. Stellen, die bei Pohl fehlen, wurden für die vorliegende Edition – um einen möglichst vollständigen Text zu erhalten – aus anderen Exzerpten bzw. deren Editionen übernommen, die *Günter Thomas* (Griesingers Briefe über Haydn. Aus seiner Korrespondenz mit Breitkopf & Härtel, in: »Haydn-Studien«, I/2, München–Duisburg 1966, S. 49–114) und *Edward Olleson* (Georg August Griesinger's Correspondence with Breitkopf & Härtel, in: »The Haydn Yearbook/Das Haydn Jahrbuch« III, Wien 1966, S. 5–53) – ohne Kenntnis des Pohlschen Manuskripts – zusammengestellt haben. Im Textvergleich zeigt es sich, daß Pohl ein Vielfaches von dem kopiert hat, was die anderen Benützer der Korrespondenz zusammen exzerpiert haben, und daß die Pohlschen Aufzeichnungen nur mit einem ganz kleinen Teil aus den Aufzeichnungen anderer zu ergänzen waren.

Es ginge über den Zweck und den Charakter der vorliegenden Veröffentlichung hinaus, anzumerken, womit welche Stellen des Pohlschen Manuskripts aus welchem anderen Exzerpt ergänzt wurden. Auch Irrtümer und Fehldatierungen anderer Exzerpte bzw. Veröffentlichungen, die durchwegs nur einzelne Sätze betreffen, sind hier nicht angemerkt. Das sei einem diesen quellenkritischen Fragen gewidmeten Aufsatz vorbehalten, der im »Haydn-Jahrbuch« erscheinen wird.

Somit bietet die vorliegende Publikation erstmals den gesamten heute noch zugänglichen Text der Korrespondenz Griesingers, soweit er glaubwürdig authentisch und datiert überliefert ist. Einzelne wenige aus dem Zusammenhang gerissene oder nur sinngemäß wiedergegebene Sätze, die von einigen Autoren – ihre bibliographische Aufarbeitung bietet Günter Thomas – ohne Datumsangabe zitiert wurden und die nicht eindeutig in einen größeren Zusammenhang gebracht und einem bestimmten Brief zugewiesen werden konnten, mußten für die Ergänzung des Pohlschen Manuskripts unberücksichtigt gelassen werden. Nochmals sei aber betont, daß der weitaus überwiegende Teil der hier publizierten Texte auf Pohls Abschrift basiert. Ihre Transkription für die vorliegende Publikation besorgte mit Akribie und Liebe Frau Marietta Reznicek, was hier dankbar vermerkt sei.

Die Wiedergabe von Griesingers Briefen bzw. Briefstellen folgt in Orthographie und Interpunktion genau der Vorlage; Unregelmäßigkeiten, etwa in der Setzung von -ß- und -ss-, die wohl in erster Linie auf den oder die Abschreiber zurückgehen, wurden nicht vereinheitlicht. Der fortlaufende Text wurde zusätzlich zu vorhandenen in weitere sinnvolle Absätze gegliedert, Abkürzungen wurden – mit Ausnahme folgender – aufgelöst, wofür nach Möglichkeit Griesingers Schreibweise verbindlich war:

F, f, FL, fl, F., f., Fl., fl.: Gulden (Währungseinheit in Österreich und allen habsburgischen Ländern)
x, xr, x., xr.: Kreuzer (1 Gulden zählt 60 Kreuzer)
#: Dukaten
Thlr.: Thaler
Rthlr.: Reichsthaler
usw.: und so weiter
etc.: et cetera

Durch einen Verdopplungsstrich angedeutete Verdopplungen von Konsonanten wurden ausgeführt, also etwa statt m̄ mm geschrieben. Aufgelöst und ausgeschrieben wurden die oft nur in Abkürzungen angedeuteten hochgestellten Schlußsilben bei Ordnungszahlen. Auf die Wiedergabe unregelmäßig angewandter Unterstreichungen verschiedener Art wurde verzichtet. Die eigenartige Verwendung der Anführungszeichen bei der Wiedergabe von Zitaten oder von direkter Rede ist eine Schreibgewohnheit Griesingers, auf die eigens hingewiesen sei – ebenso wie auf seine Verwendung des Plurals, wenn vom Verlag Breitkopf & Härtel die Rede ist, aber nur ein Name der beiden Kompagnons genannt wird.

Ort und Datum der Briefe sind in gleichbleibender, heute üblicher Form angeführt. Wo es sich eindeutig um Exzerpte handelt, wurde dies am Anfang und Ende des zitierten Brieftextes durch Punkte ersichtlich gemacht. Zusammenfassende Inhaltsangaben von Briefen bzw. Teilen von Briefen stehen in Kursivschrift. In der überwiegenden Anzahl der Fälle stammen sie von Pohl. Sind sie vom Herausgeber auf der Grundlage anderer Exzerpte oder Regesten formuliert, so stehen sie in eckiger Klammer. An den wenigen Stellen, an denen vom Herausgeber im Brieftext ein Versehen korrigiert werden mußte, wurde dies ebenfalls mit eckiger Klammer erkenntlich gemacht.

Personennamen, topographische Angaben, Werk-Erwähnungen, Ereignisse und Zusammenhänge sind in Anmerkungen kurz erläutert. Bei Personennamen sind nach Möglichkeit Lebensdaten angegeben. Für die Kommentierung in Anmerkungen wurde eine große Anzahl von Literatur und Quellen konsultiert. Verweise darauf konnten nicht in die Anmerkungen aufgenommen werden, weil diese dort dann in der Regel umfangreicher als der eigentliche erläuternde Text geworden wären. Das Literaturverzeichnis nennt die wichtigste Literatur zu Georg August Griesinger und seiner Korrespondenz, soweit diese bekannt ist.

Verzichtet wurde im Kommentar auch auf die weiterführende wissenschaftliche Auswertung des Textes, die mit dessen vielen neuen Informationen dem Benützer vorbehalten bleiben soll. Die Edition dieser Brieftexte will als Lese-, Arbeits- und Nachschlagebuch für den Musikfreund wie den Wissenschaftler verstanden sein. Daher sei der Beschäftigung damit, die unter vielfachen Gesichtspunkten erfolgen und zu vielfältigen Ergebnissen führen kann, nichts vorweggenommen.

LITERATURVERZEICHNIS

Anonym:
Nekrolog, in: Leipziger Zeitung, 22. Mai 1845, Nr. 122, S. 2029
Georg August v. Griesinger, in: Neuer Nekrolog der Deutschen, 23. Jg. 1945, 1. Teil, Weimar 1847, S. 264–266
R. Bernhardt:
Der für die Sünden der Welt gemarterte Jesus. Eine Händel-Partitur aus Joseph Haydns Besitz, in: Die Musik, 21. Jg., Stuttgart–Berlin–Leipzig 1929, S. 249–252
W. A. Mozarts Messias-Bearbeitung und ihre Drucklegung in Leipzig 1802–03, in: Zeitschrift für Musikwissenschaft, 12. Jg., Leipzig 1929/30, S. 21–45
Aus der Umwelt der Wiener Klassiker. Freiherr Gottfried van Swieten (1734–1803), in: Der Bär. Jahrbuch von Breitkopf & Härtel auf die Jahre 1929/30, Leipzig 1930, S. 74–164
H. Botstiber:
Joseph Haydn. Unter Benutzung der von C. F. Pohl hinterlassenen Materialien, 3. Bd., Leipzig 1927
C. M. Brand:
Die Messen von Joseph Haydn (Musik und Geistesgeschichte. Berliner Studien zur Musikwissenschaft, hg. von Arnold Schering, Bd. 2), Würzburg–Aumühle 1941
V. Gotwals:
Joseph Haydn. Eighteenth-Century Gentleman and Genius, Madison 1963
G. A. Griesinger:
Biographische Notizen über Joseph Haydn. Mit einem Nachwort und Anmerkungen neu hg. von Franz Grasberger (Der Musikfreund, Bd. 1), Wien 1954

H. von Hase:
Joseph Haydn und Breitkopf & Härtel. Ein Rückblick bei der Veranstaltung der ersten vollständigen Gesamtausgabe seiner Werke, Leipzig 1909
W. Hitzig:
Aus den Briefen Griesingers an Breitkopf & Härtel entnommene Notizen über Beethoven, in: Der Bär. Jahrbuch von Breitkopf & Härtel auf das Jahr 1927, Leipzig 1927, S. 23–34
J. G. Meusel:
Das gelehrte Teutschland im neunzehnten Jahrhundert, nebst Supplementen zur fünften Ausgabe desjenigen im achtzehnten, 1. Bd., Lemdo 1808, S. 501
E. Olleson:
Georg August Griesinger's Correspondence with Breitkopf & Härtel, in: The Haydn Yearbook/Das Haydn Jahrbuch, III, Wien 1966, S. 5–53
A. Sandberger:
Neue Haydniana. I. Zu Haydns Briefwechsel, in: Jahrbuch der Musikbibliothek Peters, 40. Jg. (1933), Leipzig 1934, S. 28–35
W. Schmieder:
Joseph Haydns Kopist und Bediensteter schreibt einen Brief. Unveröffentlichtes aus einem alten Geschäftsarchiv, in: Allgemeine Musikzeitung, 64. Jg., Berlin–Leipzig–Köln–München 1937, S. 425–427
E. Rheinwald:
Die Brüder Ludwig Friedrich Griesinger, Jurist und Politiker, 1767–1845, und August von Griesinger, Sächsischer Legationsrat in Wien, Musikfreund, 1769–1845, in: Schwäbische Lebensbilder. Im Auftrag der Württembergischen Kommission für Landesgeschichte hg. von Hermann Haering, 5. Bd., Stuttgart 1950, S. 115–138
F. Th. Richter:
Griesinger (Georg Andreas), in: J. S. Ersch und J. G. Gruber: Allgemeine Encyklopädie der Wissenschaften und Künste in alphabetischer Folge von genannten Schriftstellern bearbeitet, 1. Section, hg. von Hermann Brockhaus, 91. Teil, Leipzig 1871, S. 41–42

M. F. Robinson:
An Early Biography of Paisiello, in: The Haydn Yearbook, XVI (1985), Cardiff 1986, S. 208–246
G. Thomas:
Griesingers Briefe über Haydn. Aus seiner Korrespondenz mit Breitkopf & Härtel, in: Haydn-Studien. Veröffentlichungen des Joseph Haydn-Instituts Köln, hg. von Georg Feder, Bd. I, Heft 2, München–Duisburg 1966, S. 49–114
H. Volkmann:
Beethoven in seinen Beziehungen zu Dresden. Unbekannte Strecken seines Lebens, Dresden 1942, S. 163–176 (Ein Diplomat im Dienste Beethovens)

ABBILDUNGSVERZEICHNIS

Quellennachweis: Sämtliche Bilder stellte das Archiv der Gesellschaft der Musikfreunde in Wien zur Verfügung.

REGISTER

INHALT